BEATRICE BELLMANN

Mit **Leichtigkeit** ins neue **Leben**

Wie ich meine Trennung und Scheidung meisterte

novum ◢ pro

www.novumverlag.com

Bibliografische Information
der Deutschen Nationalbibliothek:

Die Deutsche Nationalbibliothek
verzeichnet diese Publikation in
der Deutschen Nationalbibliografie.
Detaillierte bibliografische Daten
sind im Internet über
http://www.d-nb.de abrufbar.

Alle Rechte der Verbreitung,
auch durch Film, Funk und Fernsehen,
fotomechanische Wiedergabe,
Tonträger, elektronische Datenträger
und auszugsweisen Nachdruck,
sind vorbehalten.

© 2022 novum Verlag

ISBN 978-3-99131-069-3
Lektorat: Volker Wieckhorst
Umschlagfotos: Beatrice Bellmann,
Risto Hunt | Dreamstime.com
Umschlaggestaltung, Layout & Satz:
novum Verlag

Gedruckt in der Europäischen Union
auf umweltfreundlichem, chlor- und
säurefrei gebleichtem Papier.

www.novumverlag.com

Vorwort

Ich wurde von meinem Ehemann, mit dem ich neuneinhalb Jahre zusammen und knapp acht Jahre verheiratet war, verlassen. Er war für mich im Jahr 1998 aus der Türkei nach Deutschland gezogen. Drei Tage vor Weihnachten, im Jahr 2011, sah ich ihn wieder. Zum zweiten Mal nach dem Tag unserer Scheidung im März 2007, an dem auch unser letzter Kontakt stattfand. Ich drehte in der Mittagspause eine Runde um den Block. Als ich um die letzte Ecke bog, sah ich ihn rauchend am Eingang eines Geschäftes lehnen, das drei Eingänge entfernt von meinem Büro war. Ich war mir zunächst nicht sicher, ob er es ist, meinte ich doch schon manchmal, ihn gesehen zu haben. Als ich einige Meter weiterlief und ihn fixiert hatte, war ich mir sicher. Ich bekam einen Schreck und schaute beim Weiterlaufen geradeaus, um mich einen Moment zu sammeln und dann auf ihn zuzugehen, um einige Worte mit ihm zu wechseln. In diesen Momenten meines Sammelns muss er mich gesehen haben, denn als ich nur noch wenige Meter von ihm entfernt war, drückte er rasch seine Zigarette aus und stürmte in das Geschäft hinein. Es bestand kein Zweifel, er hatte auch einen Schreck bekommen und flüchtete vor mir. Ich sah ihm nach und ging dann weiter zu meinem Büroeingang. Mein Büro befand sich in der siebten Etage. Als ich oben war, schaute ich aus dem Fenster. Er lehnte mit drei Männern an einem Lieferwagen. Anscheinend warteten sie auf etwas. Ich schloss das Fenster, ging an meinen Schreibtisch und horchte in mich hinein. Wie fühlte ich mich? Nicht schlecht und auch nicht gut. Ich war etwas aufgeregt und konnte erst einmal nicht mit der Arbeit beginnen. Noch an diesem Abend sowie an den beiden darauffolgenden Tagen ging es mir nicht gut. Es belastete mich, dass wir beide es nicht geschafft hatten, so lange nach unserer Trennung wenigstens ein paar nette Worte zu wechseln. Es tat weh, für jemanden, mit dem man einmal glücklich war, nicht mehr existent zu sein, und ich fühlte mich einsam. In der

Nacht träumte ich, dass er acht- und wortlos an mir vorbeiging und ich ihn mehrmals bat, kurz mit mir zu sprechen. Dieser Bitte kam er nach. Ich fragte ihn, ob er glücklich sei und ob seine Mutter noch leben würde. Er bejahte beides. Dann wachte ich auf. Ich fühlte mich sehr erleichtert, wenigstens im Traum mit ihm gesprochen zu haben.

Weihnachten fühlte ich mich wieder gut, dachte jedoch viel an ihn. Den ersten Weihnachtsfeiertag verbrachte ich wie geplant allein zu Hause, da es an diesem Tag keine Familienfeier gab und ich mich erholen wollte. Ich dachte, ich hätte ihn schon lange komplett abgeschlossen, merkte aber, dass das noch nicht ganz der Fall war. Ich wurde sehr aktiv: Ich öffnete die Kiste mit den Fotoalben und Filmen aus unserer gemeinsamen Zeit, die in meinem Arbeitszimmer stand und deren Inhalt noch keinen Platz in meinen Schränken gefunden hatte, da ich noch eine räumliche Trennung von ihr bevorzugte. Ich schmiss unsere Hochzeitspost in den Müll, ebenso die Hochzeitszeitung sowie die Fotos unserer standesamtlichen Trauung, sah mir die Urlaubsfilme an, von denen ich ebenfalls einige in den Müll schmiss. Ich löste die Kiste auf und verstaute die Fotoalben neben den anderen Alben im Schrank. Danach räumte ich die ganze Wohnung auf und mistete nebenbei einige Dinge aus. Am Abend fühlte ich mich wieder wohl und befreit. Nach Weihnachten ging ich zu einem Goldankauf und verkaufte meinen Ehering. Das Geld spendete ich einem wohltätigen Zweck.

Mein Ex-Kollege Richard, mit dem ich mich kurz nach Neujahr zum Mittagessen traf und dem ich von der Begegnung und meiner Aktion berichtete, meinte dazu, ich hätte sie noch gebraucht, um endgültig abzuschließen. Und wirklich – dachte ich bisher, ich hätte es schon getan, weil ich selten an meinen Ex-Mann denke und ihm auch schon lange nicht mehr nachtrauere, so war es doch jetzt irgendwie noch befreiender. Warum Dinge aufheben, die keine Bedeutung mehr haben? Richard sagte, dass dieser endgültige Abschluss dazu führen würde, dass, sollte ich meinem Ex noch einmal begegnen, ich noch nicht einmal aufgeregt wäre, sondern ihn wie einen alten Bekannten betrachten würde, den ich zufällig wiedergetroffen hätte und mit dem ich dann spräche oder nicht. Falls nicht, würde mich das nicht mehr belasten.

Ein Jahr zuvor, im Jahr 2010, hatte ich ihn schon einmal gesehen. Nach drei Jahren und sieben Tagen nach unserem Scheidungstermin. Ich fuhr mit dem Auto an ihm vorbei, in der Nähe meiner Wohnung. Ich hatte schon öfter gehofft, ihm zu begegnen, aber dass es heute passierte und in einer Gegend, in der ich es nicht erwartet hätte, haute mich um. Gestern hatte ich an ihn gedacht, als ich einen alten Koffer entsorgte, auf dessen Kofferschild sein Name stand. Ich hatte mir vorgestellt, dass er nun eine Frau und ein Kind hatte und dass er mich hoffentlich nicht vermisste, denn dann wäre unsere Trennung umsonst gewesen. Er stand an der Fahrertür eines Autos. Mein Körper reagierte sofort mit schwerer Atmung und zittrigen Händen. Bei der nächsten Gelegenheit wendete ich auf dem Mittelstreifen, in der Hoffnung, einige Sätze mit ihm sprechen zu können. Beim Vorbeifahren an ihm auf der Gegenspur bemerkte ich eine zweite Person. Es war dieselbe Frau wie damals. Ich war nicht mehr sicher, ob ich anhalten sollte. Als ich wieder wendete und auf die beiden zufuhr, gingen sie auf dem Bürgersteig, und dann sah ich das kleine Kind vor ihnen herlaufen. Es war zirka eineinhalb bis zwei Jahre alt. Ich hielt nicht an, sondern fuhr weiter – aber nur einige hundert Meter, dann fuhr ich rechts heran, denn ich konnte kaum noch atmen und das Lenkrad halten. Ich rief meine Freundin Katharina an.

Nach dieser ersten Begegnung ging es mir sehr schlecht. Nicht deswegen, weil ich seine Frau oder sein Kind, sondern weil ich ihn gesehen hatte. Ich musste unaufhörlich an ihn denken und viel weinen, ansonsten war ich apathisch. Diese Heftigkeit überraschte mich selbst, und sie hielt tagelang an. Ich vergoss zu dieser Zeit seinetwegen nur noch selten und wenige Tränen. Unsere Beziehung war für mich mittlerweile gefühlte zehn Jahre her, obwohl es erst dreieinhalb Jahre waren, weil in meinem Leben zwischenzeitlich so viel passiert war. Wenn ich damals noch manchmal weinte, dann deshalb, weil ich nostalgische Minuten hatte oder mich manchmal einsam fühlte. Es war ungefähr so, als ob ich um meine tote Großmutter weinte, um etwas, an das man sich in sentimentalen Minuten wieder erinnert. Oder so, als wenn man einen gefühlvollen Film sieht und man mit den Schauspielern zusammen weint. Wenn eine Liebe lange zurückliegt, dann weint man nicht aus Schmerz, sondern aus Erinnerung.

Das, was ich gesehen hatte, hatte ich geahnt, denn er wollte ein Kind. Aber etwas zu ahnen und zu sehen sind zwei verschiedene Dinge für die Psyche. Ich war erstaunt darüber, dass es sich um dieselbe Frau handelte. Ich musste an seine damaligen Worte denken, an dem Tag, an dem ich ihn zuletzt sah: „In meinem ganzen Leben habe ich nur eine Frau geliebt." Damit meinte er mich. Meine Logik und das Analysieren menschlichen Verhaltens sagten mir immer, es könne nicht die Frau von damals sein, mit der er mittlerweile eine Familie gegründet hatte. Aber ich war mir sicher, dass sie es war, die ich gesehen hatte.

Ich hatte noch keine neue Liebe gefunden. Ich hatte in den letzten Jahren drei Liebschaften gehabt, aber leider hielten sie nicht. Für mich ist es unvorstellbar, dass auf eine große Liebe gleich wieder eine neue Liebe folgt. Und Metin war meine große Liebe gewesen. Wenn man sich nach einer Trennung, die man nicht wollte, schnell wieder bindet, ist die neue Beziehung in den meisten Fällen nicht von Dauer.

Ich hatte damals gehofft, ihn einmal zu treffen, allein zu treffen. Ich würde ihn vielleicht kein zweites Mal sehen und niemals die Gelegenheit haben, mit ihm zu sprechen, und das machte mich noch trauriger. Mittlerweile war auch die zweite Gelegenheit verstrichen, die aber dazu führte, ihn wie einen Fremden zu sehen, mit dem man vor langer Zeit einmal bekannt gewesen war.

Eine Trennung wird wissenschaftlich in vier Phasen geteilt: Zuerst kommt die Schockphase, in der man das Gehörte bzw. Gesehene nicht wahrhaben kann. Das Gehirn gaukelt einem noch vor, alles wäre in Ordnung und nur ein böser Traum. Man kann die neue Situation nicht mit dem Verstand erfassen, so wie man es zum Beispiel auch nicht kann, wenn ein Mensch stirbt. Man denkt noch wochenlang: Morgen, wenn ich aufwache, ist alles wieder so, wie es einmal war. Dies gilt besonders, wenn man noch unter einem Dach wohnt, was bei uns nach der Trennungsaussprache noch sechs Wochen der Fall war.

Die zweite Phase ist die der aufbrechenden Gefühle. Der Schock, in dem man unfähig ist, auf die Extremsituation zu reagieren, weicht der Phase, in der man nur noch weinen kann und unsäglichen Schmerz hat, der den ganzen Körper einbezieht und mitreißt. Man kann nicht mehr klar denken, wie es noch in der Schockphase möglich ist, sondern man ist in dieser Extremsituation gefangen und denkt in jeder Sekunde an den Schmerz. Jede neue Situation zerreißt einen, man regiert und agiert, und doch hilft es nicht weiter, weil man weiß, dass die Trennung – und wie in meinem Fall auch die Scheidung – nicht rückgängig gemacht werden kann.

Ab der dritten Phase wird man wieder ein Mensch. Der Verstand schaltet sich ein, man sieht klarer und rationaler, ist wieder fähig, anderen Menschen zuzuhören und die Zukunft zu planen. Der Schmerz weicht Wehmut und Trauer.

In der vierten Phase atmet man auf. Man vergibt sich (und dem anderen) seine Fehler, schaut voller Tatendrang nach vorn, plant und ordnet sein Leben neu. Das alte Leben ist abgeschlossen, und man spürt Lebensfreude und Energie.

Die Länge der Phasen hängt ab von der Persönlichkeit, dem Alter, der Schwere der Trennung und den Lebensumständen. Es gibt hier verschiedene Theorien. Einmal las ich, dass sie die Hälfte der Dauer der Beziehung ausmachen kann, ein anderes Mal erfuhr ich, dass Frauen im Durchschnitt zweieinhalb Jahre und Männer eineinhalb Jahre leiden. Diese Behauptung machte mich sehr wütend, da ich nicht so lange leiden wollte. Selbst eineinhalb Jahre erschienen mir zu lang. Eine andere Theorie besagt, dass man pro Jahr des Zusammenseins einen Monat leidet.

Ich hatte mir von Anfang an vorgenommen, mich nicht gehen zu lassen, ging morgens geschminkt und gut gekleidet zur Arbeit, und ich saß nicht zu Hause herum, sondern ging viel aus. Ich nahm mir auch von Anfang an vor, diese vier Phasen abzukürzen und auf maximal ein Jahr zu reduzieren. Ich wollte nicht jahrelang leiden, ich wollte nicht, dass es mir lange schlecht geht, und ich bin stolz, dass ich nach zehn Monaten sagen konnte: Ich habe es geschafft, eine neuneinhalb Jahre lange Beziehung zu überwinden und voller Freude nach vorn zu blicken. Und nach einem Jahr war ich soweit, dass ich wirklich sagen konnte: Ich schaue nur noch nach vorn, es geht mir wieder sehr gut, ich habe alles hinter mich gelassen und denke nur noch selten, ganz nüchtern und vor allem dankbar, an meinen Ex und die gemeinsame Zeit. Ich schaffte es nicht zuletzt deshalb, weil ich ein Mensch bin, der gut analysieren, das Wesentliche vom Unwesentlichen trennen kann und einen starken Willen hat. Ich habe hart daran gearbeitet, diese Beziehung zu überwinden, ich nenne es „Extrembewältigung". Ich bin durch den Schmerz hindurchgegangen und habe nie etwas verdrängt. Als es mir wieder gut ging, habe ich sogar mehrmals gedacht, dass es ein Glück und ein Geschenk war, diese schmerzhafte Zeit zu erleben, denn dadurch konzentrierte ich mich ganz auf mich selbst, wuchs über mich hinaus, lernte neue Menschen kennen, und letztendlich befreite ich mich auch von der Vergangenheit, vor allem von den unglaublich erdrückenden Selbstzweifeln und -vorwürfen.

Ich habe alle Gedanken, Gefühle und Worte, die ich in dieser unsagbar schweren Zeit gehabt, durchgemacht und gehört habe, aufgeschrieben. Ich musste schreiben und schreiben, das half mir bei der Trauerbewältigung. Die Dialoge haben sich so zugetragen wie beschrieben. Ich las meine Zeilen immer und immer wieder, weil es für mich so unfassbar war, was mir passierte. Ich möchte mit diesem Trauertagebuch allen Frauen helfen, die in derselben Situation sind, Mut zu haben, nach vorn zu blicken und immer daran zu denken, dass das Leben weitergeht, auch ohne den geliebten Partner, von dem man verlassen wurde oder den man verließ, aus welchem Grund auch immer. Der so oft angewendete Satz „Die Zeit heilt alle Wunden" klingt in der Anfangs-Trauerzeit, in der man glaubt, niemals darüber hinwegzukommen, wie Hohn und ist ein schneller, aber schlechter Trostspender von Freunden und Verwandten, die am Anfang genauso unter Schock stehen, sogar mitleiden und helfen möchten. Aber er stimmt wirklich. Wenn die Gefühle dem Verstand weichen und man nach und nach die alte Beziehung rein rational betrachten kann, verschwinden Gefühle wie Trauer, Wut, Schmerz, Enttäuschung, Ärger und Verachtung. Die Zeit heilt auch die Wunden, weil man nach und nach vergisst und man sich auf sein neues Leben konzentrieren muss, dass einem intensiver als vorher erscheint.

Traurige Rückfälle kann es aber immer wieder geben, so wie nach meinen beiden Begegnungen. Dennoch: Ich bin dankbar, dass er mein Mann war – und froh, dass er mich verlassen hat.

Diesbezüglich möchte ich noch anmerken, dass jede Beziehung und jede Trennung anders verläuft. Hier gibt es keinen Standard. Mein Buch ist für Frauen geschrieben, die eine Trennung und Scheidung durchleben, und es beinhaltet einige Tipps, die ich anwendete, um schneller aus dem tiefen Tal zu kommen. Dennoch bin ich nur eine Frau von Millionen Frauen, die dieses Schicksal erleiden. Es gilt nicht für alle Frauen gleichermaßen. Es ist keine Abrechnung mit meinem Ex-Mann. Wir verstehen uns wieder sehr gut. Es richtet sich auch nicht gegen ein Volk oder eine Gruppe von Menschen. Es ist einfach nur meine Geschichte. Ich schrieb sie per Hand innerhalb von wenigen Monaten, aber es kostete mich viele Jahre, es abzutippen, da es sowohl eine mentale als auch psychische Anstrengung war. Deshalb bitte ich um Respekt.

1. Juni 2021

Einleitung

Metin und ich hatten uns im März 1997 in seinem Heimatland, der Türkei, kennen- und lieben gelernt, als mir in einem Ferienclub, in dem er seit mehr als zehn Jahren arbeitete, eine Stelle im Büro angeboten wurde. Meine Freundin Verena kannte den Clubmanager, und als er sie fragte, ob sie eine Saison lang bei ihm im Büro arbeiten wolle, verwies sie auf mich. Ich wollte damals meinen Job im Vertrieb einer Textilfirma wechseln. Metin holte mich vom Flughafen ab, und wir waren uns sofort sympathisch. Ich blieb eine Woche dort, um mir den Job anzusehen und mich zu entscheiden, ob ich die Saison dort verbringen wollte, und in dieser Zeit verliebten wir uns ineinander. Zunächst verliebte er sich in mich. Ich war etwas zurückhaltender und stand einer türkischen Liebe skeptisch gegenüber. Nach meinem Aufenthalt telefonierten wir viel, unter Zuhilfenahme seiner deutschen Kollegin, die für ihn dolmetschte. Es entstand so etwas wie eine Fernliebe, und ich vermisste ihn immer mehr. Acht Wochen später flog ich wieder zu ihm, um zu wissen, ob es auch von meiner Seite aus Liebe ist. Es war eine sehr innige und romantische Woche. Ich wohnte dieses Mal in einer kleinen türkischen Pension im Ort, die von Europäern geleitet wurde. Nach dieser Woche stand für mich fest, dass ich mich sehr in ihn verliebt hatte. Er war hinreißend, romantisch und bodenständig, las mir jeden Wunsch von den Augen ab, hatte in der Zwischenzeit einige Brocken Deutsch gelernt, sich in dieser Woche Urlaub genommen, und sie war eine der schönsten in meinem Leben. Wir fuhren mit seinem Fischerboot an der Küste entlang zu einsamen Stränden, spazierten durch die schöne hügelige Natur und redeten noch mit Händen und Füßen. Noch sechs Besuche meinerseits sollten folgen, bevor er endgültig nach Deutschland kam.

Er kam aus einem kleinen Ort in der Nähe von Bodrum, wuchs am Meer auf und verbrachte dort fast sein ganzes Leben. Bis zu unserer Heirat im Juni 1998 flog ich noch viermal zu ihm, im Herbst 1997 besuchte er mich für drei Wochen in Berlin, um meine Stadt und mein Leben kennenzulernen. Ich bestand darauf, denn für mich stand schon am Anfang unserer Liebe fest, dass ich nach unserer Heirat nicht in seinem Land leben wollte. Es gefiel ihm bei mir, und er konnte sich vorstellen, nach der Heirat in Berlin zu leben. Wir beschlossen, uns in seinem Ort für einige Zeit eine Wohnung zu nehmen, um das Zusammenleben zu probieren, was in Deutschland nicht ohne Weiteres möglich war. So arbeitete ich im Frühjahr 1998 für einige Zeit in derselben Ferienanlage, bis ich nach unserer Heirat, die in der Türkei stattfand, nach Hause flog, mir einen Job suchte und er im August 1998 mit zwei Taschen nachkam. Im Mai 1999 heirateten wir in Deutschland kirchlich. Ich hatte ihm diesen großen Wunsch schon am Anfang unserer „Heiratsgespräche" geäußert, und er war sofort einverstanden.

Die erste Zeit war sehr hart. Wir wohnten beengt in meiner 40-qm-Wohnung, die eineinhalb Zimmer hatte, von denen das eine Zimmer ein Durchgangszimmer war. Er musste die deutsche Sprache lernen und sich zurechtfinden, ohne seine Familie, ohne Freunde und ohne die türkische Sonne, die auch im Winter scheint. Ich musste plötzlich für zwei arbeiten, nach der Arbeit Essen kochen, mit ihm Deutsch lernen, ihm die deutsche Lebensweise zeigen und viele Dinge erklären, und abends saß ich oft am PC bis in die Nacht, um zusätzlich zu meinem neuen Job als Sekretärin in einem Architekturbüro noch verschiedene Schreibarbeiten für Studenten und Firmen zu erledigen. Wir hatten genug Geld zum Leben, eine Wohnung in der City, ein Auto, wir konnten ins Restaurant oder ins Kino gehen und alles tun, was andere Paare auch tun, nur nicht so häufig. Ich hielt das Geld zusammen, was er nicht so gut konnte. Was nach Abzug unserer Kosten und etwas Erspartem übrig bleib, teilten wir immer. Ich behielt niemals mehr für mich. Ich hatte nette Freundinnen und eine nette Familie, die ihn mit offenen Armen und voller Neugierde empfingen, und dennoch lag ich in den ersten Monaten unseres gemeinsamen Lebens oft nachts wach und spürte eine unerträgliche Verantwortung und Existenzangst, sodass ich unsere erste gemeinsame Zeit, die eigentlich neben unserer wunderschönen Zeit in der Türkei die Schönste hätte sein müssen, nicht richtig genießen konnte. Nach sechs Monaten fand ich über die Zeitung eine Arbeit für ihn in einer Autoreparaturwerkstatt, die er leider nur einige Monate behielt, da es der Firma finanziell schlecht ging. Es folgten bis zu unserer Trennung im August 2006 noch drei weitere Arbeitsverhältnisse. Das Längste behielt er eineinhalb Jahre, das Kürzeste sechs Wochen. Es waren 400-Euro-Jobs oder Jobs, in denen er drei Tage in der Woche zu tun hatte. In den acht Jahren unseres gemeinsamen Lebens in Deutschland hatte er insgesamt nur drei Jahre gearbeitet. Ich hatte fast die ganzen Jahre über unermüdlich Bewerbungen geschrieben, die Zeitungen und das Internet nach Jobs durchgeforstet, mit ihm bei Zeitarbeitsämtern gesessen, damit er in deren Kartei aufgenommen wurde, ihm Vorschläge gemacht und im ganzen Freundeskreis gefragt. Leider war er bei der Arbeitssuche nicht so unermüdlich wie ich, und so brach ich regelmäßig einen Streit vom Zaun, beschimpfte ihn als faul und stumpfte nach einigen Jahren innerlich immer mehr und mehr ab. In der Türkei hatte er einen guten Job gehabt und relativ gut verdient, und anfangs wollte ich dasselbe für ihn in Deutschland. Er bekam Jobs angeboten, die ich für unter seiner Würde hielt. Ich verdiente gut und konnte uns beide unterhalten, wir flogen ein- bis zweimal im Jahr in den Urlaub, und ein- bis zweimal im Jahr flog er zusätzlich zu seiner Familie in die Türkei. Nach einigen Jahren wäre ich allerdings froh gewesen, wenn er nur irgendeinen Job angenommen hätte.

Zwei Jahre nach seiner Ankunft bezogen wir in der Nähe des Tegeler Sees eine größere Wohnung. Es war eine schöne Gegend und nicht mehr mitten in der Stadt.

Er war ein herzensguter, freundlicher und gütiger Mann mit einem guten, geradlinigen Charakter, der auf fast alle meine Wünsche einging und mich über alles liebte, was er mir bis sechs Monate vor unserer Trennung mehrmals wöchentlich sagte. Er war bei allen Menschen beliebt, und wenn er Arbeit hatte, arbeitete er wie ein Pferd. Er lernte schnell Deutsch, zunächst an der Volkshochschule, später mit einer türkischen Studentin, die mit ihm die Grammatik übte, und er fügte sich gut ein in unser Leben in Deutschland, wofür ich ihn oft bewunderte, ebenso für seine Toleranz. Er war eifersüchtiger als ich, obwohl ich ihm in all den Jahren nie einen Grund dafür gab, wie ich meinte. Wenn ich mit meinen Freundinnen ausging, wünschte er mir immer nur viel Spaß. Umgekehrt war es genauso. Erst im Laufe der Ehe, als unser Sexualleben nicht mehr so aufregend war wie am Anfang, kam in ihm der Gedanke auf, dass ich ihn betrügen könnte, wenn ich auf einer Dienstreise war. Da dies nie der Fall war, tat es mir immer leid, wenn er nach meiner Rückkehr diese Befürchtungen äußerte, und er blieb misstrauisch.

Im Jahr 2003 verlor er seinen Vater und ich meinen Bruder. Dadurch änderte sich meine Einstellung zu vielen Dingen. Der Alltag mit meiner oft harten Arbeit im Vertrieb einer großen Firma, mein Part der täglichen Organisation unseres Lebens, die wir uns nach einiger Zeit teilten, der Haushalt und die Suche nach Arbeit bekamen einen neuen Stellenwert. Es hatte für mich fortan Vorrang, dass wir gesund waren und uns liebten, und ich hörte auf, ihm Vorwürfe zu machen wegen seiner Nachlässigkeit, sich eine Arbeit zu suchen. Ich versuchte zufriedener zu sein, während er immer unzufriedener wurde.

Dennoch verfiel ich durch unsere Lebensumstände mehr in die männliche und er in die weibliche Rolle, was unserer Beziehung nicht gut tat. Hinzu kam es zwischendurch immer wieder dazu, dass ich abends überarbeitet und mit schlechter Laune nach Hause kam, mich über Kleinigkeiten aufregte und die tägliche Arbeit, die ich daheim zu erledigen hatte wie Einkaufen, Putzen, Kochen, Papierkram, Telefonate etc. mich oft überforderte. Ich hatte das Gefühl, mich niemals ausruhen zu können, außer am Sonntag, wenn Metin nach dem Frühstück verschwand (was mir nichts ausmachte, denn er traf sich nur mit seinen Freunden, und ich freute mich, dass er Freunde hatte, die sogar zum Teil aus seinem Heimatort kamen) und ich mich daran gewöhnte, den Tag allein oder auch mit Freundinnen zu verbringen.

Dennoch: Wir hatten viele Freunde, mit denen wir oft zusammen waren, wir feierten, wir liebten uns trotz vieler Streits, und mir war in den ganzen Jahren in jeder Minute bewusst, dass ich menschlich gesehen den besten aller Männer hatte, der anderen Frauen nicht nachstellte, mich von Herzen liebte und mit meinen Macken leben konnte. Ich dachte niemals daran, dass wir uns einmal trennen würden, denn für mich geht eine Ehe bis zum Tod. Ich bin der Ansicht: Wenn man sich für einen Menschen entschieden hat und ihn heiratet, geht man mit ihm durch alle Höhen und Tiefen und sollte sich nie wieder trennen, es sei denn, aus ganz schwerwiegenden Gründen. Für mich hätte es nur zwei Gründe gegeben: Gewalt und Drogen.

Unsere Ehe war kinderlos, was er unter allen Umständen ändern wollte, ich aber nur unter der Voraussetzung, dass er eine dauerhafte Arbeit hätte, ansonsten hätte ich nach wenigen Monaten Pause wieder ganztags für drei Personen arbeiten gehen müssen, was mich komplett überfordert hätte. Ich lag oft schweißgebadet und angstvoll nachts wach, wenn die Babyfrage wieder auf dem Tableau war, und mein Verstand sagte mir, es wäre nicht gut, in unserer Situation ein Kind zu bekommen. Nach und nach bekamen alle seine Freunde Kinder, die zum Teil von Sozialhilfe lebten. Nur wir hatten keine Kinder. Oft beneidete ich meine Freundinnen und Kolleginnen, die Kinder hatten und entspannt sein konnten, da ihre Männer eine regelmäßige Arbeit hatten und so viel Geld nach Hause brachten, dass die Frauen ein bis zwei Jahre zu Hause bleiben konnten, bevor sie wieder halbtags arbeiten gingen. Irgendwann bemerkte ich, dass er immer die Wohnung verließ, wenn die kleinen Kinder meiner Schwester bei uns waren. Nach und nach sah er keine Zukunft mehr für uns beide, irgendwann kam auch sein Satz „Sozialhilfeempfänger bekommen auch Kinder" und forderte mich ab dem Frühjahr 2006 mehrmals während eines Streits auf, einen Anwalt aufzusuchen, um mich über die Formalitäten einer Scheidung aufklären zu lassen.

Dies tat ich am 15. Juni. Ich dachte nicht an eine Scheidung, ich ordnete das Gespräch beim Anwalt für mich als eine Art Informationsgespräch ein. Da Metin keine Arbeit hatte und wir kurz nach seiner Einreise nach Deutschland einen Ehevertrag aufgesetzt hatten, auf den ich sehr zu seinem Unmut bestanden hatte, war es für mich auch wichtig zu wissen, was im Fall einer eventuellen Scheidung finanziell auf mich zukommen würde. Da ich das Gespräch erst einmal für mich selber verarbeiten wollte, erzählte ich Metin erst drei Tage später ganz rational davon. Wir waren uns beide des Schrittes dieses Gespräches beim Anwalt bewusst, wir rissen uns wohl unbewusst wieder zusammen, und dadurch normalisierte sich unser Leben wieder. Wir stritten nicht mehr so oft, und einige Wochen lang war es ein schöner Sommer wie jeder andere auch, mit Biergarten, Strandbars, Freunde treffen, schwimmen gehen und vielen anderen Aktivitäten. Die Fußballweltmeisterschaft fand in Deutschland statt, und wenn Deutschland spielte, trafen wir uns mit Freunden zum gemeinsamen Fernsehen, oder wir lagen zu zweit auf unserem Bett, tranken ein Bier, wedelten mit dem Deutschland-Fähnchen und freuten uns. Mitte Juli verbrachten wir ein harmonisches Wochenende an der Ostsee, schwammen, radelten und spazierten durch die Gegend. Alles war wie immer – jedenfalls für mich.

Als Metin mir am Abend des 30. August 2006 nach einem Streit mitteilte, dass er mich definitiv verlassen wollte, um ein neues Leben anzufangen, ging es uns beiden schlecht. Ich erinnere mich noch, dass ich trotzdem erleichtert war, dass er es ausgesprochen hatte und nicht ich. Am nächsten Morgen teilte er mir mit – wir hatten wohl beide in der Nacht kein Auge zugemacht –, dass ich ihn vier Wochen in Ruhe lassen solle. In dieser Zeit sollte ein Grundstück, das seine Familie besaß, verkauft werden, und das wollte er abwarten. Dieser Verkauf war für ihn äußerst schlimm, es war sozusagen ein Symbol für den Verkauf seines Lebens, seiner Heimat, und auch deshalb war er völlig bodenlos geworden und fiel in ein tiefes Loch. Mein Schockzustand begann. Wir wohnten unter einem Dach, schliefen in getrennten Zimmern, und ich plante in diesem Zustand mein weiteres Leben ganz rational ohne ihn. In diesen Wochen hatte ich meinen Sommerurlaub genommen, den ich nun ohne ihn verbrachte, und ich sah ihn nur selten, da er am Tag kaum zu Hause war. Ich ging sehr vorsichtig mit ihm um. Ich fragte ihn nicht, was er machte und wie er seine Tage verbrachte. Anfangs frühstückten wir noch zusammen, dann hörte auch das auf. Den 16. September 2006 – es war ein Samstag – verbrachten wir ruhig gemeinsam in unserer Wohnung, und als ich abends fragte, ob er mit mir zusammen essen wolle, wurde er ärgerlich. Er fühlte sich von dieser Frage eingeengt, kam einige Minuten später zu mir und meinte, er wolle schon am morgigen Tag mit mir final sprechen.

17. September

Ich war den ganzen Tag mit meiner Freundin Katja zusammen, die ich schon über dreißig Jahre kenne. Wir machten eine Radtour bei herrlichem Wetter. Als sie mich empfing, fing ich an zu weinen und erzählte, dass Metin und ich uns trennen werden. Sie war schockiert und nahm mich in den Arm, während ich weinte und erzählte. Allerdings erschien mir in diesem Moment eine Trennung rational auch besser, als unsere Ehe so fortzuführen, wie sie war.

Danach fuhr ich kurz zu meinen Eltern. Ich wollte eigentlich noch nicht über die Trennung berichten, aber als mein Vater fragte, wo Metin wäre, bekam ich glasige Augen, was beide bemerkten. Ich erzählte aber nichts, und sie fragten nichts. In meinem Elternhaus wurde niemals viel über Gefühle oder private Dinge gesprochen, und es wurden nicht viele Fragen gestellt. Darüber war ich jetzt sogar dankbar.

Wieder zu Hause, saß Metin schon auf der Couch und wartete auf unsere Aussprache. Ich setzte mich zu ihm, mein Herz klopfte so laut, dass ich kaum atmen konnte. Wir bemühten uns beide um Ruhe und Höflichkeit, was auch gelang. Im Einzelnen warf er mir an diesem Abend vor, dass ich niemals freiwillig auf einen Urlaub in die Türkei mitgekommen wäre. Ich hätte seine Mutter niemals von mir aus angerufen, wir wären niemals mit dem Auto in die Türkei gefahren, so wie andere Türken auch. Wir wären nach Florida und Ägypten und in viele Länder Europas gereist, aber niemals per Auto in die Türkei. Meine Familie und ich hätten ihm kein Geld gegeben, damit er das ganze Grundstück hätte kaufen können, was nun verkauft werden sollte. Er hätte sich wie ein Hund zu Hause gefühlt und Angst vor mir gehabt, da ich ihn oft herumkommandiert hätte und zu ordentlich sei. Er würde sich einsam fühlen, da seine Freunde alle in einem anderen Bezirk wohnten und der Weg zu ihnen weit wäre. Und last, but not least hatten wir keine Kinder, die er sich wünschte. Er plante auszuziehen, sich eine Arbeit zu suchen, noch ein bis zwei Jahre in Deutschland zu verbringen, Geld beiseite zu legen und in die Türkei zurückzugehen. Er wollte dort seinen deutschen Pass zurückgeben und eine Familie gründen. Zum Schluss sagte er: „Ich werde vielleicht keine Frau finden, die so intelligent ist wie du. Wir können weiter befreundet sein. Du kannst mich auch in der Türkei besuchen." Ich versuchte alle seine Vorwürfe rational zu widerlegen und zu entkräften und erklärte, warum ich dies oder jenes so oder so gemacht hatte. Auf meine Frage, warum er sich in den letzten drei Jahren nicht selbst um eine Arbeit gekümmert hatte, sagte er leise: „Ich habe gesucht. Ich weiß nicht, ich wollte dieses Leben nicht, ich hatte keine Lust."

Es war ein endgültiges Trennungsgespräch, ich konnte nichts mehr retten. Er hatte sich alles gründlich überlegt und sich lange vorbereitet, während ich auch noch Monate später das Gefühl hatte, dass die Trennung plötzlich für mich kam. Danach ging ich ins Bad, setzte mich auf den Badewannenrand und weinte bitterlich, weil ich das alles nicht wollte. Ich wäre gern zu ihm gegangen und hätte mich in den Arm nehmen lassen, aber das war jetzt nicht mehr möglich.

20. September

Es ging mir sehr schlecht. Ich hatte Magenschmerzen, eine innere Unruhe, war konzentrations- und appetitlos, und die Tränen kamen andauernd. Wenn ich tagsüber im Büro weinen musste, ging ich zur Toilette. Es sollte mir niemand anmerken, was in mir vorging, auch nicht meine mir gegenübersitzende Kollegin Anita. Ich konnte kaum arbeiten, starrte viel auf meinen Bildschirm oder aus dem Fenster. Wenn Metin und ich uns abends sahen, suchte ich unter Tränen das Gespräch, um ihm zu sagen, dass ich die Trennung und eine Scheidung nicht wollte, was ihn jedes Mal wütend machte. Er sagte, er hätte sich noch nicht um eine Wohnung und um eine Arbeit gekümmert. Ich solle aber unsere Wohnung kündigen.

22. September

Nach der Arbeit, die ich wieder irgendwie schaffte, aber nur langsam und mit halber Kraft, fuhr ich zu meiner langjährigen Freundin Anna. Wir redeten und redeten über unsere Beziehungen, und es tat gut, gute Freundinnen zu haben. Wenn ich nicht geredet hätte, wäre ich erstickt. Anna hatte zurzeit auch Stress mit ihrem Freund. Sie kann sehr gut analysieren, ist sehr diplomatisch und beleuchtet die Dinge von allen Seiten.

23. September

Mit Anna besuchte ich unsere gemeinsame Freundin Katja. Wir kochten und sprachen über die Trennung von Metin und mir. Auch Katja ging es zurzeit nicht gut, sie erwog ebenfalls eine Trennung von ihrem Freund. Wir sprachen ganz sachlich und rational über uns und unsere Beziehungen, was sehr gut tat. Nach diesen Gesprächen hatte ich das Gefühl, ich könne den Abend, die Nacht und den morgigen Tag besser überstehen.

26. September

Ich suchte wieder das Gespräch mit Metin. Er wurde wütend und rauchte eine Zigarette nach der anderen. Ich sprach nicht von Schuld, aber er sagte unter anderem: „Du denkst, ich bin schuld? Ich komme aus einem kleinen Dorf. Als ich neu war in Deutschland, kam ich in eine andere Welt. Wenn ich gewusst hätte, wie das wird, wäre ich nicht gekommen. In der Türkei macht man, was der Mann sagt. Ich habe kein Kind. Du wolltest nicht, dass es muslimisch wird. Du wolltest nicht im weißen Kleid in der Türkei heiraten. Du wolltest nicht, dass ich einen türkischen Imbiss eröffne, du wolltest nicht, dass ich weiterhin nachts Dönerfleisch ausfahre. Vielleicht gehe ich in eine andere Stadt. Ich denke, ich komme allein klar. Du wirst sehen, das ist gut für uns. Vielleicht kommst du mich in der Türkei besuchen. Du hast nur mich gewollt. Du wolltest sonst nichts von der Türkei. Du hast gedacht, du nimmst dir etwas heraus und machst es so, wie du willst." Er nannte dann zwei Beispiele von türkisch-deutschen Ehen mit Kindern, in denen der Mann auch nicht arbeitet. „Du wolltest ein Haus kaufen? Erst einmal muss man eine Familie gründen. Genau wie dein Bruder und deine Schwester."

Ich versuchte wieder, alle seine Vorwürfe zu widerlegen und erklärte, dass ich es damals, als ich hörte, dass einige türkische Imbissbesitzer von einer Bande erschossen wurden, für keine gute Idee hielt, einen Imbiss zu eröffnen und dass die Arbeit als Fahrer für einen Dönerlieferanten, der ausschließlich abends und nachts ausliefert, einer Ehe nicht dienlich ist, wenn man sich nur am Samstag und Sonntagvormittag sieht. Aber es half nichts, er wurde wütender und wütender. Ich weinte und weinte.

27. September

Nachdem mich Metin jedes Mal, wenn wir uns sahen, fragte, ob ich den Scheidungsanwalt schon wegen eines Termins angerufen hätte, tat ich es heute. Es standen zwei Termine zur Auswahl, wobei ich den zweiten bevorzugt hätte, Metin bestand aber auf dem schnellstmöglichen. Die Bestimmtheit seines Entschlusses tat mir unglaublich weh.

2. Oktober

Ich verbrachte die letzten vier Tage im Haus meines Bruders bei München, um auf seine beiden Kinder aufzupassen. Er selbst machte mit meiner Schwägerin einen Kurzurlaub. Der Ortswechsel tat mir gut, ich machte ausgedehnte Radtouren oder ging bummeln und kümmerte mich nachmittags und abends um die Kinder, und in den Nächten konnte ich sogar gut schlafen. Ich hatte am Abend meines Eintreffens nur mit meiner Schwägerin gesprochen. Sie war total schockiert und nahm mich gleich in den Arm. Am nächsten Morgen schickte sie mir eine liebe SMS. Abends rief ich Metin an und bat ihn um einen Neuanfang, der sich aber weiterhin unversöhnlich zeigte. Ich hatte Angst vor dem, was auf mich zukommen würde und wollte gar nicht mehr heimfahren.

4. Oktober

Wir saßen nachmittags gemeinsam beim Anwalt und reichten die Scheidung ein. Das Gespräch dauerte zirka eine Stunde. Ich sprach langsam und wählte die Worte bedächtig. Zuvor erklärte ich ihm, dass nur mein Mann die Scheidung wollte und ich zustimmte, weil ich ihn gehen lassen musste. Mein Name wurde an erster Stelle genannt, womit ich nicht einverstanden war. Der Anwalt erklärte, dass es sich nur um eine Formalie handelte. Ich musste mich die ganze Zeit beherrschen, um nicht zu weinen. Es sollte auf dem Papier eine einvernehmliche Scheidung sein, und dank unseres langjährigen Ehevertrages und Kinderlosigkeit sollte alles schnell über die Bühne gehen. Der Anwalt fragte: „Welches Trennungsdatum soll ich eintragen?" Wir bestimmten ein Datum, das dreizehn Monate zurück lag. Wieder auf der Straße, weinte ich hemmungslos. Metin und ich sprachen nicht mehr viel, als wir noch einen Häuserblock zusammen gingen. Dann fuhr er mit der U-Bahn zu seinem Freund, ich fuhr nach

Hause. Ich war wie paralysiert und konnte nicht fassen, was wir gerade gemacht hatten. Es war absurd, vor einem Scheidungsanwalt zu sitzen, wenn man es selbst gar nicht wollte.

9. Oktober

Metin war in den letzten vier Tagen in der Türkei bei seiner Familie gewesen, um an dem Grundstücksverkauf teilzunehmen. Ich hatte ihn zum Flughafen gebracht, und beim Abschied hatten wir uns nur die Hand gegeben, ich hatte ihm viel Glück gewünscht und bestellte seiner Familie viele liebe Grüße. Wir waren schon auf dem Weg, Fremde zu werden. Er wollte seiner Mutter noch nichts von unserer Trennung erzählen, genauso wie ich es gegenüber meiner Familie und den meisten unserer Freunde noch nicht tat. Es war wie nach dem Motto „Was man nicht sagt, ist auch nicht passiert". Wir gingen in den letzten Tagen höflich miteinander um. Ich schlich durch die Wohnung und wollte ihn nicht verärgern. Ich war durch den Aufenthalt bei meinem Bruder etwas zur Ruhe gekommen und konnte wieder durchatmen. Dennoch hämmerte der Gedanke unserer Trennung in jeder Sekunde in meinem Kopf.

10. Oktober

Ich fragte Metin, ob er mit mir im Restaurant essen wolle. Er war einverstanden. Ich hoffte, an einem neutralen Ort, an dem wir nicht streiten konnten, noch einmal freundlich über alles reden zu können. Dies gelang uns auch. Er sagte, ich wäre hundertprozentig schuld an der Trennung. Er hätte sich ein Kind gewünscht. Er würde jetzt unter der Trennung mehr leiden als ich. Ich bezweifelte das. Ich erklärte ihm, wie schlimm diese Trennung, die ich nicht wollte, für mich sei, geschweige denn eine

Scheidung. Wir sprachen auch wieder über unser Sexualleben, das in den letzten Jahren nicht gut war, und wir gaben uns gegenseitig die Schuld daran. Wir hatten es in allen Bereichen vernachlässigt, und es verlief immer gleich. Wir hatten des Öfteren unsere Wünsche verbal geäußert, jedoch hatten wir uns gegenseitig keine Mühe mehr gegeben, sie zu befriedigen. Er warf mir vor, seit langer Zeit nicht mehr von mir aus zu ihm gekommen zu sein und dass ich sonntags lieber allein oder mit einer Freundin eine Radtour gemacht hätte, als mich um ihn zu kümmern. Besonders diesen Vorwurf fand ich ungerecht, denn er verließ mich am Wochenende oft schon nach dem Frühstück, um sich mit seinen Freunden zu treffen.

Er wollte eventuell jetzt schon in seine Heimat zurückgehen, da er sich sowohl Sorgen um meine Schwiegermutter machte, die eine Operation vor sich hatte, als auch um seinen Bruder. Die beiden machten ihm ständig Sorgen. Metin telefonierte ein- bis dreimal in der Woche mit seiner Mutter, und nie hatte ich ihn hinterher gut gelaunt erlebt. Seine Mutter erzählte immer, wie schwer ihr Leben wäre, und sein Bruder bemühte sich auch niemals um eine Arbeit und lebte in den Tag hinein. Metin war meistens wütend auf seinen Bruder, und wenn ich mich einschaltete und ihm zustimmte, nahm er ihn stets in Schutz. Ich hatte immer ein gutes Verhältnis zu ihnen gehabt, und ich mochte seine ganze Familie sehr gern.

Metin erzählte, dass er fast jeden Abend mit einem seiner türkischen Freunde im Krankenhaus wäre, da die Frau des Freundes kürzlich einen Unfall gehabt hätte, dort einige Monate würde verbringen müssen und er ihm aufgrund fehlender Sprachkenntnisse beim Dolmetschen half. So auch an diesem Abend, an dem wir nach dem Essen wieder in verschiedene Richtungen gingen.

14. Oktober

Den Vormittag verbrachte ich mit Ausmisten und packte eine Flohmarktkiste. Als ich mit Tränen in den Augen zwei Stofftiere, die als Brautpaar verkleidet waren und die wir zu unserer Hochzeit geschenkt bekommen hatten, in die Kiste packte und sie Metin vorher zeigte mit den Worten „Das alles ist jetzt vorbei", war er sogar sehr lieb: „Du musst das verstehen. Sei nicht so traurig. Das ist das Beste für uns." Dann diskutierten wir wieder. Unsere Themen waren unter anderem: schlechter Sex, meine Saunabesuche, die er so hasste, Situationen, in denen mich andere Männer eventuell „oben ohne" gesehen hatten (zum Beispiel beim Umziehen nach dem Schwimmen, obwohl ich immer aufgepasst hatte), und meine Ex-Freunde, die ihm immer ein Dorn im Auge waren (obwohl ich zu keinem Kontakt hatte). Schließlich war ich vierunddreißig Jahre alt, als wir uns kennenlernten. Ihm war bewusst, dass er dieses Problem bei fast jeder Frau haben würde.

Er sagte: „Sag mir, was ich falsch gemacht habe, außer dass ich nicht arbeite. Du hast viele Bewerbungen für mich geschrieben und auch keine Arbeit gefunden."

Ich konnte die Tränen nur mühsam zurückhalten: „Alles was wir zusammen gemacht haben, ist vorbei: Essen, Freunde treffen, Urlaub ..."

Er antwortete: „Das können wir doch weiter machen. Du kannst immer zu mir kommen." Anscheinend war er hin- und hergerissen Dann sagte er noch: „Es gibt zwei Beatrice' – eine herzliche und eine egoistische."

21. Oktober

Wir hatten uns eine Woche nicht gesehen. Einige Nächte hatte Metin nicht zu Hause geschlafen. Einige Male lag in der Schmutzwäsche fremde Unterwäsche, die er sich anscheinend von einem Freund geliehen hatte, als er bei ihm nächtigte. Ich hatte alle körperlichen Symptome: Herzklopfen, Atemnot, Weinkrämpfe, Blasenstörungen, Ruhelosigkeit und Appetitlosigkeit. Dennoch hatte ich meiner Familie und den meisten Freunden noch nichts gesagt. Ich war in einer Art Warteposition und ungläubigem Schockzustand.

Wir frühstückten zusammen. Er war sehr wütend und beschimpfte mich fortwährend. Es ging wieder um ein Kind, das ich unter den gegebenen Voraussetzungen nicht haben wollte, obwohl er immer wieder für einige Zeit gearbeitet hatte und geholfen hätte, die Familie zu ernähren. Es ging um sein Traumauto BMW, das ich aus Kostengründen nicht kaufen wollte. Es ging um ein Haus, das ich stattdessen kaufen wollte. Er hätte sich an seinen religiösen Festen immer allein gefühlt, da ich das Gefühl für muslimische Feste nicht gehabt hätte. Er hätte meinetwegen kirchlich geheiratet. Ich hätte immer an Urlaub gedacht. So ging es weiter und weiter. Ich weinte und weinte. Er sagte: „Deshalb bin ich nie hier: Weil du immer weinst. Ich möchte das nicht mehr sehen."

Er zeigte mir ein ausgefülltes Formular, mit dem er Sozialhilfe beantragen wollte. „Ich muss allein aufstehen."

Ich sagte ihm, dass er bis zur Scheidung keinen Anspruch darauf hätte. Ich verteidigte mich: „Ich habe mich doch um alles gekümmert!"

„Was hast du denn gemacht? Du bist hundertprozentig schuld. Ich habe alles für dich gemacht. Alles. Du hast Geld, ich habe nichts."

„Ich habe immer nur für uns gedacht und gearbeitet. Wir haben immer alles geteilt, was ich verdiente. Ich habe keinen Cent mehr gehabt als du. Du wirst dich wundern, wenn du allein wohnst."

22. Oktober

Ich musste es nun im Freundeskreis bekannt machen. Ich hatte an alle Freunde, die es noch nicht wussten, per Brief die Nachricht über unsere Trennung geschickt. Nach und nach die Freunde mündlich zu informieren, war mir nicht möglich, weil es mir so wehtat. Es war besser, es alle auf einmal wissen zu lassen. Ich hatte eine Zeichnung von zwei Pinguinen aufgeklebt, die auf zwei Eisschollen in verschiedene Richtungen treiben, und einen Fünfzeiler geschrieben, in dem wir unsere Trennung bekannt gaben, uns gegenseitig für alles bedankten und uns vorgenommen hatten, niemals schlecht über den anderen zu sprechen.

26. Oktober

Als ich abends nach Hause kam und Metin sah, fing ich wieder an zu weinen. Ich musste mich aber beherrschen, da ich mit meinem Ex-Kollegen Richard, der in der Stadt war, zum Essen verabredet war. Leider hatte er im selben Restaurant, in dem ich das letzte Mal mit Metin gegessen hatte, eine Reservierung vorgenommen. Ich erzählte Richard stockend, aber beherrscht von unserer Trennung, ich hatte mich im Griff, und er hörte gut zu, war sehr betroffen und wünschte mir Glück. Als Langzeitverheirateter konnte er meine Situation zwar nicht so richtig nachvollziehen, versuchte aber trotzdem, mir beizustehen und gab mir einige Ratschläge. Als ich zu Hause ankam, war Metin immer noch da, was mich sehr verblüffte. Ich hatte nicht vermutet, ihn zu sehen. Er hatte etwas getrunken. Es war ihm ein großes Bedürfnis, mit mir zu reden. Wir hatten ein liebes Gespräch.

„Danke für alles. Ich MUSS allein aufstehen. Wir können weiterhin befreundet sein, aber das willst du nicht. Ich kenne dich. Ruf mich in einem Jahr an und frag: Was hast du gemacht, wie geht es dir? Du hast zu früh allen Bescheid gesagt. Was ist, wenn wir wieder zusammen sind?"

An diese Worte klammerte ich mich immer, wenn er sie sagte. Gleichzeitig war ich Realist genug, um zu wissen, wie lange ein Jahr dauert und was in diesem Jahr alles passieren kann. „Aber du willst dich von mir scheiden lassen. Du willst mit deiner geschiedenen Frau wieder zusammen sein?"
„Es ist nur ein Papier. Ich möchte nicht, dass du weinst. Bitte mach es mir nicht so schwer. Deshalb gehe ich abends immer weg."
Nach dem Gespräch ging es mir wesentlich besser. Zum Schluss umarmten wir uns. Er wollte mit mir Sex haben. Ich sagte, dass ich dann wahrscheinlich weinen müsste. Wir taten es nicht.

28. Oktober

Morgens sagte ich ihm, dass es mir seit unserem letzten Gespräch besser ginge. Er freute sich. Wir umarmten uns nochmals. Es ging mir so gut, dass ich mit ihm durch die Wohnung ging und ihm die Möbel zeigte, die er mitnehmen sollte, da er keine hätte. Er sagte, er bräuchte nur die Dolby-Surround-Anlage, alle anderen Möbel würde er sich vom Erlös des Grundstücksanteils kaufen.

29. Oktober

Metin schlief nicht zu Hause. Mein Bruder kam mit seiner Familie für ein paar Tage nach Berlin. Sie wohnten in einem Hotel. Abends gingen wir alle mit meiner Schwester und ihrer Familie, meiner Mutter, ihrem Bruder und seinen Kindern zum Essen. Ich informierte meine Familie darüber, dass Metin und ich uns einvernehmlich getrennt hatten und dass, sollten sie ihn treffen oder sollte er ab und zu wieder dabei sein, es schön wäre, wieder unbeschwert zusammenzusitzen. Ich wollte nicht schlecht über ihn sprechen. Es fiel mir unendlich schwer, das zu sagen, ich musste mich sehr darum bemühen, nicht die Fassung zu verlieren, und ich hoffte, dass das, was ich sagte, sich realisieren ließe. Unsere Wohnung hatte ich gekündigt. Mir war klar, dass ich nach einem Auszug Metins nicht allein dort wohnen wollte. Meine Schwester Patrizia bot mir an, in ihr Haus zu ziehen, was sicher für einige Wochen gehen würde, bevor ich mir ein Zimmer in einer WG nehmen wollte. Sie wohnte zwar im Umland Berlins – aber bloß nicht allein wohnen!

1. November

Ich erhielt eine Postkarte meiner lieben Freundin Verena. Auf dem Bild war eine weiße Taube zu sehen, die aus einem offenen Käfig flog. Der Text: „Manchmal denkt man, es ist stark, festzuhalten. Doch es ist das Loslassen, das wahre Stärke zeigt." Sie hatte nur ein Herz gemalt und „deine Verena" unterschrieben. Ich las den Text wieder und wieder, weinte und weinte und war unendlich dankbar, sie zur Freundin zu haben.

3. November

Ich war für zwei Tage mit einer Kollegin in Köln auf einer Messe. Es ging mir unglaublich schlecht, am liebsten hätte ich wie jeden Tag ununterbrochen geweint, aber ich musste mich beherrschen und mich auf die Gespräche konzentrieren und ließ mir nichts anmerken. Abends ging ich mit ihr essen und beim Verdauungsspaziergang am Kölner Dom vorbei. Wir gingen hinein. Es fand gerade eine Messe statt. Die Atmosphäre beruhigte mich etwas. Als ich endlich in meinem Hotelzimmer war, bekam ich plötzlich fürchterliche Bauchschmerzen und musste mich übergeben. Mir war total übel, ich bekam Schüttelfrost und schlief erst mitten in der Nacht ein. Am nächsten Morgen waren die Symptome Gott sei Dank verschwunden. Anscheinend hatte mein Körper total verrückt gespielt.

Wieder zu Hause angekommen, fühlte ich mich unendlich einsam, mein ganzer Körper schmerzte, und ich schrie und weinte vor Schmerz und Kummer. Ich schmiss mich auf mein Bett und trommelte mit den Fäusten gegen das Kissen. Mein Weinkrampf wollte nicht enden. Ich wusste nicht, wie ich die nächsten Monate überstehen sollte.

4. November

Metin und ich hatten uns eine Woche nicht gesehen und gesprochen. Er hatte nur eine Nacht zu Hause geschlafen. In der Post war ein Nachsendeantrag für ihn. Ich bekam einen erneuten Adrenalinstoß. Ich konnte durch das Brieffenster seine neue Adresse lesen. Sie war in einem Bezirk, in dem die meisten Türken in Berlin wohnen. Ich zitterte und weinte, als ich den Brief öffnete und mich vergewisserte. Ich beschloss, dort hinzufahren, wenn es dunkel war. Er war wirklich ausgezogen! Ich konnte nicht mehr klar denken und kaum noch atmen. Um 16.30 Uhr stand ich vor seinem Haus. Zwei Türken kamen aus einem Laden, der sich im Erdgeschoss befand. Ich fragte sie nach ihm, sie sagten mir, er wohne im Hinterhaus im Erdgeschoss. Als ich durch den Hof ging, konnte ich in ein Zimmer schauen, in dem das Licht brannte, und sah ihn. Vor dem Fenster gab es keine Gardinen. Ich ging zur Wohnungstür, wollte klingeln und spähte vorher durch den großen Spion. Ich sah den Flur, der in ein Zimmer mündete. Ich sah ihn umhergehen, dann sah ich eine schwarze Katze. Metin hasste Katzen. In diesem Moment kam eine junge Frau mit schulterfreiem T-Shirt und hochgesteckten Haaren aus einer Tür, die rechts vom Flur abging. Es war wahrscheinlich das Bad. Ich konnte nicht mehr atmen und war wie gelähmt. Sie ging zu ihm. In diesem Moment erhielt er einen Anruf und sagte danach auf Türkisch zu ihr, dass seine Frau vor fünf Minuten hier gewesen wäre. Anscheinend hatte ihn einer der Männer informiert. Er verzog das Gesicht. Sie sahen sich einen Moment schweigend an. Ich klingelte. Es dauerte einen Moment, bis er die Tür öffnete. Ich war wie panisch und stürmte an ihm vorbei durch den Flur in das Wohnzimmer, von dem aus die offene Küche und das Schlafzimmer abgingen. Ich sah sie nicht. Ich sah nur ein leeres Wohnzimmer mit einem Fernseher und einigen Flaschen auf dem Boden, eine leere Küche und im Schlafzimmer eine Matratze und einige Tüten. Er schrie: „Was machst du hier?" Ich riss die Badezimmertür auf, und da saß sie auf dem Wannenrand. Sie war Türkin und sah aus wie Anfang zwanzig, das heißt zirka fünfzehn Jahre jünger als er, und ich fand sie ausgesprochen unattraktiv. Ich fragte sie, ob sie Deutsch versteht. Sie nickte. Ich fragte Metin, wie lange das schon ginge mit ihr. Er sagte: „Zwei Wochen." Ich schrie ihn an, dass er letzte Woche noch Sex mit mir haben wollte. Er schrie zurück, dass wir seit zwei Monaten getrennt wären.

Er wollte mit mir auf die Straße gehen, wo wir weitersprachen. „Ich habe gesagt, dass ich allein leben wollte. Ich habe gesagt: Ruf mich in einem Jahr an." Ich fragte: „Liebst du sie?" Er antwortete: „Nein, aber ich probiere. Ich bin schon alt, und wir hatten kein Kind."

„Ich bin schockiert. Erst sagst du, du willst allein leben, dann hast du schnell eine andere Frau."

„Das ist mein Leben! Wir leben nicht zusammen. Die Wohnung gehört mir allein."

„Sie hat eine Katze. Wenn die Katze auch da ist, wohnt sie bei dir."

Ich redete ohne Zusammenhang: „Ich bin erstaunt, wie schnell das bei einer türkischen Frau geht. Oder du kennst sie schon länger und hast mich angelogen. Ich dachte, du hättest mehr Geschmack, sie ist sehr hässlich. Eine Frau mit Stil und Verstand macht das nicht."

Als ich wieder in meinem Auto saß, rief ich Patrizia an und erzählte unter Tränen das soeben Erlebte. Sie war tief bestürzt und konnte es nicht glauben. Sie und Metin hatten sich auch immer gut verstanden. Danach rief ich Metin nochmals an, und wir hatten im Prinzip denselben Dialog wie wenige Minuten zuvor auf der Straße.

Ich konnte nicht wegfahren, ich musste noch einmal zurückgehen, spähte noch mehrmals durch den Spion und die Fenster und drehte zwischendurch immer eine Runde um den Block, um meine Gedanken um das Gesehene, das so unfassbar war für mich, irgendwie zu ordnen. Einmal liefen beide herum und räumten etwas auf, das andere Mal sah ich beide, sich umarmend, auf der Matratze liegen. Dann stand er auf und hängte Handtücher vor die Fenster.

Irgendwann fuhr ich nach Hause. Mein Martyrium fing jetzt erst an. Solange wir noch zusammen wohnten, hatte ich auf einen Neuanfang gehofft, aber nun war er weg, noch dazu mit einer anderen Frau, und die Realität war schockierend.

Ich trank eine ganze Flasche Rotwein, fing an zu rauchen und weinte stundenlang. Mein Schmerz kannte keine Grenzen.

5. November

In der Nacht machte ich kein Auge zu. Ich dachte nur an ihn und sie und machte mir ohne Ende Vorwürfe, dass ich auf allen Ebenen versagt hätte und dass er jetzt heiße Nächte mit ihr verbringen würde. Der Gedanke, dass er eine andere Frau umarmte und mit ihr schlief, war unerträglich. Mein Magen schmerzte, und ich lief wie ein Tiger in der Wohnung hin und her, unfähig zu einem klaren Gedanken. Mittags rief ich ihn an. Ich rechtfertigte mein gestriges Kommen: Ich hatte durch die Post von seiner Wohnung erfahren und wollte ihn sprechen. Woher sollte ich wissen, dass er nicht allein war?

„Ich wollte nicht, dass du weißt, wo ich wohne. Es ist schon vorbei mit ihr."

„Bist du traurig?"

„Nein. Ich habe heute überlegt, ich gehe schnell in die Türkei zurück."

„Du schläfst mit einer anderen, und ich wasche noch deine Wäsche."

„So war das nicht."

„Du kannst mir glauben: Das ist das Schlimmste, was man einem Menschen antun kann."

„Ja, das glaube ich." Dann sagte er noch: „Du respektierst meine Mentalität nicht."

Der Tag war ein Albtraum. Ich machte einen Plan bis zu meinem Auszug: Ich musste einige Möbel verkaufen und weiter ausmisten. Am Schlimmsten war es, die Couch zu sehen, auf der er oft gelegen hatte, und seine leere Kleiderschrankhälfte.

Verena hatte mir einen Brief geschickt mit einem selbst verfassten Gedicht über den trüben November, Kummer und Schmerz. Es endete: „Denn wenn die dunklen Nebelschleier sich demnächst auch wieder heben, ist jeder Tag wie eine Feier, und weiter geht das schöne Leben." Das Gedicht war zwei A4-Seiten lang. Wie viel Mühe hatte sie sich gegeben ...

6. November

Es ging mir so schlecht, dass ich mittags das Büro verlassen musste. Ich hatte starke Magenschmerzen, nicht mehr an mich halten können und meiner Kollegin Anita von der Trennung erzählt. Meine schlechte Verfassung war ihr schon seit Wochen aufgefallen. Sie umarmte mich und lud mich zu sich nach Hause ein, um einen entspannten Nachmittag mit ihrer Familie zu verbringen. Ich dankte und sagte ab – ein intaktes Familienleben war das Letzte, was ich gerade gebrauchen konnte. Sie lud mich ein, immer zu kommen, wenn ich mich schlecht fühlte, und sie bot sich an, mit ihrem Mann vorbeizukommen, wann immer ich Hilfe bei den anstehenden Wohnungsarbeiten bräuchte. Sie war so lieb, und das tat gut.

Als ich vor meinem Wohnhaus ankam, kam Metin die Treppe herunter. Er lud seine Sachen in das Auto seines Freundes. Als er mich sah, sagte er: „Entschuldigung, ich wollte nicht, dass du das siehst mit der Frau." Ich ging nach oben, er kam hinterher. Es ging um die Dolby-Surround-Anlage und den Fernseher. „Ich habe gestern einen Fernseher gekauft. Ich wollte noch mal sagen: Sie wohnt nicht bei mir. Ich habe sie zweimal getroffen."

„Aber ihre Katze ist bei dir."

„Ich soll eine Woche auf ihre Katze aufpassen. Ich sage ihr, in drei Tagen soll die Katze weg. Ich will auch nicht mehr. Nochmal Entschuldigung. Ich komme noch einmal und hole den Rest. Ich schaffe nicht alles."

„Wenn du nochmal kommst, kannst du das Auto nehmen. Es ist vollgetankt."

„Ich nehme deine Sachen nicht. Ich komme morgen und hole den Rest."

Ich glaubte nicht, was er gerade über sie gesagt hatte.

Dann ging er. Es war wohl einer der schlimmsten Momente bei einer Trennung: wenn die Haustür zufällt, und der andere ist definitiv weg. Ich stand noch lange regungslos da, aber mein Gehirn arbeitete auf Hochtouren. Aus seiner Sicht war es richtig, dass er ging. Er war konsequent und brauchte Freiheit.

Abends besuche ich Tatjana, die Freundin meines Onkels, in ihrer Wohnung. Bloß nicht allein zu Hause bleiben! Hauptsache, ich konnte darüber reden.

7. November

Ich musste geschäftlich nach Leipzig zu einer Veranstaltung. Es war ein stundenlanges Martyrium. Ich war den ganzen Tag unkonzentriert. Die Gespräche mit anderen Menschen nervten mich, weil ich nicht zuhören konnte. Als ich wieder zu Hause war, ließ ich den ganzen Kummer wieder heraus und schrie vor Schmerz. Ich hatte die letzten vier Tage in jeder Sekunde an Metin gedacht. Ich vermisste ihn unendlich. Ich konnte nichts mehr essen und hatte schon abgenommen. Ich trank wieder Rotwein und rauchte. Wir hatten Post von meinem Cousin und seiner Frau aus Mannheim, die sehr bestürzt waren über unsere Trennung. Die beiden schickten ein paar tröstende Zeilen. „Eure Nachricht hat uns aus heiterem Himmel erreicht und sehr traurig gemacht. Da dies nun ohne Zweifel eine schwere Zeit für euch ist, würden wir uns über ein Zeichen von euch freuen, sobald die Zeit etwas Abstand gebracht hat. Natürlich haben wir hier in unserer Wohnung ein Gästebett und freuen und jederzeit auf einen Besuch, um ordentlich gedrückt zu werden."

Wir vier hatten uns sehr gut verstanden und einiges miteinander unternommen und viel gelacht. Das alles war nun vorbei. Mein Schmerz kannte keine Grenzen.

8. November

Ich las viel im Internet über Erste Hilfe für Liebeskummer-Kranke. Ich las, dass ich mir täglich etwas Gutes gönnen, mich täglich weiterhin schön machen und pflegen sollte, keinen Kontakt zum Ex haben und jede Einladung annehmen sollte, jeden Tag einzeln angehen und nur von heute auf morgen denken sollte, nicht unkontrolliert traurig sein sollte, sondern zu vorgegebenen Zeiten, viel reden sollte, die Wohnung umgestalten sollte, mir etwas Schönes zum Anziehen kaufen sollte und erkennen sollte, dass ich die wichtigste Person in meinem Leben bin. Die Tipps, die ich zum Teil schon beherzigte, taten mir gut. Ich ging jeden Tag gepflegt und gestylt ins Büro, auch wenn mir der Kummer ins Gesicht geschrieben stand. Denken konnte ich sowieso fast nur von heute auf morgen, alles andere überforderte mich völlig – aber reden tat mir gut.

Patrizia besuchte mich abends, um Flüge zu buchen. Im April wollte meine Familie anlässlich des Geburtstags meiner Mutter auf eine Mittelmeerinsel fliegen. Ich heulte ohne Ende. Sie war genauso bestürzt. Es tat sehr gut, mich bei meiner Schwester, die mich verstand, auszuweinen. Es tat auch gut, sich auf einen Urlaub zu freuen. Ein kleiner Lichtblick am Horizont!

9. November

Ich schlief seit Wochen in den Nächten maximal drei Stunden, und das noch nicht einmal am Stück. Ich sah aus wie der Tod auf Latschen und aß kaum. Damit ich wenigstens ein paar Kalorien zu mir nahm, trank ich jeden Abend einen halben Liter Kakao mit Vollmilch, bevor ich zum Rotwein griff. Mein erster Gedanke beim Aufwachen war: Metin ist weg! Mein zweiter Gedanke: Er hat eine andere! Es fühlte sich an wie Messerstiche, der ganze Körper schmerzte, in meinem Kopf hämmerten Millionen von Gedanken, und ich fühlte mich unendlich schuldig. Ich hatte das Gefühl, nichts wert zu sein. So ging ich durch den Tag. Ich konnte niemandem mehr zuhören, ich schaute nicht mehr fern, las nichts mehr, nichts interessierte mich. Im Büro war ich oft aggressiv. Ich konnte es nicht ertragen, wenn mir jemand etwas erzählte, da ich mich auf gar nichts mehr konzentrieren konnte und oft unhöflich das Gespräch abwürgte oder verkürzte. Ich dachte immer nur: Mein Mann, den ich von Herzen liebte, hatte mich verlassen und lag nun mit einer anderen Frau im Bett! Ich nahm alle seine Vorwürfe an und verurteilte mich deshalb. Ich saß oft vor dem Internet und googelte Worte wie „Liebeskummer", „Lückenfüllerin" oder „Verarbeitung Liebeskummer" und las stundenlang in der Hoffnung, dass es mir danach besser gehen würde. Ich las, auf welch unterschiedliche Weisen Frauen und Männer Liebeskummer verarbeiteten. Ich fand weitere Erste-Hilfe-Anleitungen für Liebeskummer-Kranke. Ich druckte mir vieles aus, was ich diesbezüglich an Literatur aus dem Internet bekam, und verschlang diese. Die beste Rache sollte übrigens sein, ein glückliches Leben zu beginnen. Davon war ich noch weit entfernt, wollte es aber gern. In der Mittagspause kaufte ich drei Bücher über Liebeskummer. In einem Buch war ein Kapitel den Lückenfüllern gewidmet. Besonders Männer nahmen sich schnell eine, um sich abzulenken und die innere Einsamkeit zu überdecken. Zweisamkeiten mit Lückenfüllern halten aber nicht lange. In den meisten Fällen nur so lange, bis es dem Getrennten emotional wieder gut geht. Es war meine Hoffnung, dass es bei Metin und seiner Neuen auch so war.

Nachmittags ging ich zu meiner Hausärztin, da ich die unentwegten Magenschmerzen nicht mehr ertragen konnte. Ich konnte mich bei ihr nur mühsam beherrschen, nicht in Tränen auszubrechen. Sie schaute immer wieder auf meinen Ehering, den ich auf jeden Fall im Büro bis zum Tag der Scheidung tragen würde. Dann gab sie mir etwas gegen die Bauchschmerzen, ein Antidepressivum und eine Broschüre mit Namen von Psychotherapeuten in meinem Bezirk.

Meine Mutter hatte mir eine Broschüre von Selbsthilfegruppen in den Briefkasten gesteckt. Darauf hatte sie geschrieben: „Du bist wer!"

Ich brauchte so schnell wie möglich Hilfe. Ich saß niemals depressiv herum, außer wenn ich Rotwein trank und Zigaretten rauchte (ich wunderte mich, wie schnell aus einem Nichtraucher ein Raucher werden konnte), ich lief immer wie eine Gehetzte herum, immer unruhig und immer überlegend, was ich als Nächstes tun könnte.

Abends fuhr ich zu Katja zum Essen. Ihre Schwester Vanessa war auch da, sie hatte sich gerade von ihrem Ehemann getrennt. Katja hatte nach wie vor Kummer mit ihrem Freund. Es tat uns allen drei so gut, sich gegenseitig auszusprechen. Ich musste immer reden, etwas anderes als mein Kummer und der meiner Freundinnen interessierte mich zurzeit nicht.

10. November

Im Büro fing ich mitten in der Arbeit an zu weinen. Anita fragte mich, ob ich eine Runde mit ihr drehen wollte. Die kalte Luft tat mir gut. Ich erzählte ihr ein paar Sätze, keine Details, aber gerade so viel, dass es mir gut tat. Ich war ihr so dankbar, weil sie mir eine Menge Arbeit abnahm, die ich zurzeit nicht bewältigen konnte. Die anderen Kollegen sollten es nicht erfahren. Ich wollte mir einen Ort bewahren, an dem ich mich normal geben und an dem ich normal behandelt werden wollte. Außerdem hätte es sich wie ein Lauffeuer herumgesprochen.

Abends hielt ich es nicht zu Hause aus. Ich fuhr wieder zu ihm. Die Haustür war angelehnt, und ich konnte ohne Probleme durch den Hof in sein Fenster spähen. Sie waren zwar durch Tücher verhängt, aber links und rechts von ihnen waren Spalte. Sie saßen auf einem zusammengefalteten Karton, sahen fern, tranken Rotwein und rauchten. Auf dem Herd stand Essen. Dann beugte sie sich zu ihm herüber, und sie küssten sich. Ich fand, er sah dabei merkwürdig aus, steif und mit halb verrenktem Hals, so, als ob er keinen Spaß dabei hatte. Den hatte er sicher auch nicht. Es war sicher ein merkwürdiges Gefühl für ihn, plötzlich eine andere Frau zu küssen. Ich konnte sehen, dass er noch keine Möbel hatte – bis auf die Küchenmöbel, die schon halb aufgebaut waren. Auf jeden Fall hatte er mich angelogen. Es war nicht aus zwischen ihnen, sondern es ging weiter. Ich konnte sie mir genau ansehen. Sie war höchstens vierundzwanzig und dünn, und ich fand sie sehr unattraktiv. Die Augenbrauen hatte sie rasiert und mit einem Stift nachgezeichnet. Sie konnte ihm unmöglich gefallen.

Ich wollte ihnen keinen schönen Abend gönnen, also rief ich ihn von zu Hause an und fragte ihn, wann er die restlichen Sachen holen wollte. Er sprach müde und langsam vom Alkohol: „Ich weiß noch nicht. Wann bist du denn nicht da? Vielleicht am Montag."

Ich wollte ihn aus der Reserve locken: „Hat denn deine neue Freundin ein Auto? Ich würde es dir ja bringen, aber dann ist sie da, und das will ich nicht."

„Nein, nein, hier ist keiner."

„Doch, ihr wohnt doch zusammen. Du musst mich nicht anlügen."

Ich fragte, ob seine neue Freundin einen Job hätte. Er sagte, er wolle jetzt nicht reden, und wir hängten ein.

Nach dem Telefonat ging es mir besser, und ich hatte keine Bauchschmerzen mehr. Er hatte mich angelogen! Er hatte mich nicht verdient! Meine Liebe war vorbei! Ich spürte plötzlich einen Energieschub.

Sie hatten sich einfach so geküsst, ohne dass er über sie herfiel. Wenn wir uns geküsst hatten, wollte er immer gleich Sex. Außerdem war er Raucher. Das waren die Gründe, warum wir uns nur noch selten geküsst hatten, außer beim Sex. Es tat sehr weh zu sehen, dass er eine andere küsste.

Ich rief Vanessa an und erzählte, was ich gesehen hatte. Sie fragte, warum ich dort hingefahren wäre. Ich antwortete, dass ich die Trennung schneller verarbeiten würde, wenn ich die Dinge mit eigenen Augen sehen würde. Auch wenn es mir unglaublich wehtat. Nur so konnte ich versuchen, das Gesehene mit meinem Verstand aufzunehmen und mich nicht selbst zu belügen.

Ich nahm eine halbe Tablette Antidepressiva. Ich schlief genauso wenig und wachte zwischendurch zweimal auf, aber wenn ich schlief, dann tief.

11. November

Es war ein Samstag. Ich hatte die schlimmste Woche aller Zeiten hinter mir, sämtliche Liebeskummer-Symptome und war nur am Weinen. Die halbe Tablette wirkte noch. Ich war bleischwer und saß bis um 14.00 Uhr untätig nach dem Frühstück an meinem Esstisch herum. Innerlich war ich jedoch total unruhig. Ich hatte die ganze Zeit die gestrigen Bilder vor Augen. Ich konnte heute nicht einmal weinen, so gelähmt war ich. Ich wollte schnell aus der Wohnung ausziehen, die zu Ende Januar gekündigt war.

Nachmittags rief ich ihn an. Es sprudelte aus mir heraus. Ich bemühte mich, freundlich zu sprechen, um einen Streit zu vermeiden. Ich sagte ihm, dass er irgendwann angefangen hatte, sich mit seinen Freunden zu vergleichen. „Aber sind sie wirklich besser? Sind sie glücklicher? Ich glaube nicht. Wenn die Liebe zur Routine wird und der Alltag die Liebe erdrückt, muss man Gemeinsamkeiten finden und mehr Zeit zusammen verbringen. Ich machte immer Vorschläge wie Sport, Kultur, Ausflüge. Das machte dir keinen Spaß. Irgendwann erwiderten wir auch unsere körperlichen Annäherungsversuche nicht mehr. Und mein Verantwortungsbewusstsein und mein Pflichtbewusstsein überdeckten die Liebe. Vielleicht hätte ich mich auch mehr für Autos und Elektronik interessieren müssen.

Ich habe dich immer für deinen guten Charakter und mentale Festigkeit bewundert.

Mir geht es jetzt viel schlechter als dir. Du hast dich monatelang auf die Trennung vorbereitet, für mich kam sie plötzlich. Ich würde alles tun, um unsere Trennung ungeschehen zu machen, ich wünsche mir so sehr, dass wir noch einmal von vorn anfangen können.

Ich fühlte mich auch einsam, wenn du am Sonntag nach dem Frühstück gingst und erst abends nach Hause kamst. Ich habe fast nie etwas gesagt, um dir die Freiheit zu lassen. Ich wusste, wie wichtig es für dich ist, deine Freunde zu treffen."

„Glaubst du wirklich, dass ich glücklicher bin als du? Ich habe im letzten Monat alles verloren. Ich suche momentan keine Arbeit."

„Was sagt sie denn, wenn du nicht arbeitest?"

„Das ist ihr egal. Wir sind eine andere Mentalität. Sie kann gehen oder bleiben. Vielleicht wird sie in ein paar Monaten gehen."

„Sie geht bestimmt nicht mit dir in die Türkei."

„Das stimmt. Mit welchem Recht bist du zu mir gekommen?"

„Ich hatte eine Woche nichts von dir gehört."

„Ich wollte es dir sagen, aber dein Bruder war da." Dann sagte er: „Sie ist sehr intelligent. Du hattest jeden Tag nach der Arbeit schlechte Laune. Im Moment denke ich gar nichts. Ich will mit meiner Mentalität zusammen sein. Du hast alles falsch gemacht."

„Meine Familie weiß nicht, dass du eine neue Freundin hast."
„Danke."
Ich wollte wissen, wie er die Wohnung gefunden hatte und ob er oder das Amt sie bezahlte. Er war sauer über die Fragen und beantwortete sie nicht.
Ich sagte: „Ich muss das wissen, weil wir noch verheiratet sind."
„Du denkst nur ans Geld."
„Geld ist total unwichtig."
Das Geld von seinem Grundstücksverkauf war sicher schon aufgebraucht: Er hatte einige Möbel gekauft, eine Waschmaschine, einen Fernseher, Geschirr, er musste essen, er rauchte. Ansonsten musste ich ihm bis zur Scheidung Trennungsgeld zahlen.
Am Abend stellte ich die Möbel im Schlafzimmer um, was ich längst hätte tun müssen. Es gab mir das Gefühl von Abstand zu ihm. Ich weinte das erste Mal um 19.00 Uhr, so lange konnte ich mich halten. Ich war jetzt wütend darüber, dass er so schnell eine andere hatte. In der Nacht schlief ich besser als zuvor, wachte allerdings zweimal auf und stritt laut mit ihm. „Du hat jetzt eine Frau, mit der du die Probleme, die du mit mir hattest, nicht mehr hast. Geht sie auch für dich arbeiten? Sagst du zu ihr: ‚Kauf mir ein Auto' oder ‚Ich muss in die Türkei fliegen, buche mir den Flug'? Hat sie gefragt, was du beruflich machst? Hast du gesagt: ‚Seit drei Jahren nichts'? Und sie hat gesagt: ‚Das macht nichts. Hauptsache, wir haben jetzt guten Sex.' Eine intelligente Frau verliebt sich nicht in einen Mann, der gerade frisch getrennt ist und der keine Arbeit hat. Ich überweise dir Geld, und ihr lebt davon. Vielleicht kaufst du ihr davon ein Geschenk oder schöne Unterwäsche?" Ich kochte vor Wut.

12. November

Ich fühlte mich total gedemütigt und war sehr wütend. Patrizia sagte: „Wut ist ein gutes Zeichen." Ich heulte nur dreimal kurz – vor Selbstmitleid. Meine körperlichen Schmerzsymptome waren nicht mehr so stark. Ich dachte weiterhin ununterbrochen an sie und ihn, mein Gehirn konnte einfach nicht glauben, dass es vorbei war. Ich mistete weiterhin meine Schränke aus, was gut tat, und inserierte einige Dinge und Möbel in der Zeitung und bei ebay-Kleinanzeigen.

13. November

Morgens hatte ich wegen der anhaltenden Blasenschmerzen einen Termin beim Urologen. Nach dem Büro traf ich meine Freundin Annette. Sie fand es unmöglich, dass er mich nicht über seinen Auszug informiert hatte. Ferner sagte sie: „Ihr wart neuneinhalb Jahre zusammen. Das ist, als ob er dich plötzlich wegschmeißt. Und das mit der Frau klingt alles sehr überstürzt." Alles, was meine Freundinnen sagten, tat mir gut.

15. November

Meine liebe Freundin Verena wollte wissen, wie es mir geht. Ich schrieb zurück: „Es geht mir ganz schlecht. Es wird noch Monate andauern. Ich bin kein Mensch mehr und lese viele einschlägige Bücher, rede viel, bin viel außer Haus. Allein in der Wohnung drehe ich durch. Gestern holte er wieder Sachen und heute den Rest. Seit drei Tagen sind die Magenschmerzen nicht mehr so stark, und ich war schon wütend, das hilft. Aber immer nur kurz. Kein Schlaf, kein Essen, Unruhe, Schmerzen, Blasenentzündung ... war beim Arzt ... wirklich helfen konnte er nicht. Spritzte in die Schilddrüse (beruhigt) und gab Tabletten. Nächste Woche gehe ich zu einer Gruppe. Ich mache mir viele Vorwürfe. Die schnelle Trennung, Auszug, die Neue. Vorletzte Woche sagte er mir, er hätte sie zweimal getroffen, und es wäre vorbei. Er log, sie sind noch zusammen, ich glaube, sie wohnt bei ihm.

Männer nehmen in der Situation nun mal schnell eine Neue, egal, wie/wer sie ist. Hauptsache, sie sind nicht allein. Als ich es herausbekam, sagte er, er kenne sie seit zwei Wochen. Ich glaube ihm nicht. Das macht mich fertig. Ich weiß, er kann machen, was er will, aber es ist zu viel auf einmal zu verkraften."

Sie antwortete: „Warum machst DU dir Vorwürfe? Lass dir nicht den Schwarzen Peter zuschieben! Du bist hier das Opfer! Ich schicke dir eine Umarmung und einen dicken Schmatz!"

Ich schrieb: „Deine Worte sind Balsam. Dennoch – er ist von mir gegangen, aus diversen Gründen. Und mit vielem hat er recht. Auch wenn ich oft nur reagierte, die Dinge sich verselbständigten und er auch viele Macken hat. ER hat MICH verlassen. Ein Schmerz ohne Ende. Der einzige Vorwurf, den ich ihm machen kann, ist, dass er sich nicht um einen Job bemühte, jahrelang nicht. Das war belastend. Deshalb war ich oft schlecht gelaunt. Ich war immer so pflichtbewusst, dass Spaß und Sex auf der Strecke blieben."

Nachmittags stieg wieder die Wut in mir hoch. Ich machte eine Liste: „Vorteile/Nachteile Trennung". Die Punkte auf der Seite „Vorteile" waren länger, dafür waren die Punkte auf der Seite „Nachteile" emotionaler und lagen im menschlichen Bereich, was schwerer wog.

Ich rief ihn vom Büro an. Es war ein ruhiges Gespräch. Wir wollten beide keinen Streit mehr. Ich fragte ihn, ob wir essen gehen wollten. „Ja, vielleicht morgen."

„Es ging alles so schnell. Ich kann nicht mehr essen, schlafen, arbeiten."

„Tut mir leid. Ich schaue, ob ich Zeit habe. Ich habe keine Möbel, das ist das Problem."

„Nimm Möbel mit. Ich weiß nicht, wie lange du die Frau kennst. Als ich neulich in deiner Wohnung war, sagtest du, du kennst sie erst zwei Wochen. Ich glaube, du kennst sie länger."

„Nein, das stimmt nicht. Ich will nicht mehr mit deinen Regeln leben. Auch nicht mit den Regeln anderer Menschen. Wir können uns immer sehen, ich kann dir auch helfen."

„Du musst nicht mehr mit meinen Regeln leben. Wohnt sie bei dir?"

„Nein, nicht immer."
„Alle fragen jeden Tag, ob es mit uns wirklich vorbei ist. Es kann keiner glauben."
„Ich rufe dich an."
„Du musst doch nicht jeden Abend nach Möbeln schauen."
„Ich habe noch anderes zu tun."
Nach dem Telefonat ging es mir besser. Ich fühlte mich zum ersten Mal seit Wochen ausgeruht und hatte mit einem Schlag fast keine körperlichen Beschwerden mehr. Und ich war voller Vorfreude auf ein Essen mit ihm.

16. November

Ich hätte es endlich dabei belassen sollen. Natürlich sollte ich ihn nicht mehr sehen, aber das konnte ich noch nicht. Abends fuhr ich wieder zu ihm, um zu spionieren. Ich hatte nichts vor und hielt es allein nicht zu Hause aus. Die Haustür war wieder nur angelehnt. Ich schlich durch den Hof ins Hinterhaus und spähte durch den Spion. Sie saß vor dem Fernseher. Er kam aus dem Schlafzimmer, anscheinend hatte er geschlafen, und ging duschen. Danach saugte er. Sie sprachen über die Anschaffung eines Föns. Gott sei Dank sprachen sie deutsch. Ich drehte eine Runde auf der Straße. Als ich wieder vor der Wohnungstür durch den Spion spähen wollte, öffnete sie die Tür und erschrak. Sie hatte ihre Jacke an und war gerade am Weggehen. Es war 21.00 Uhr. Ich erschrak nicht minder, ließ es mir aber nicht anmerken. Ich sagte „Guten Abend, ich möchte mit Metin sprechen." Er kam schnellen Schrittes zur Tür. Ich sagte: „Wir wollten doch essen gehen." Zu ihr sagte ich: „Du kannst jetzt gehen." Sie ging schnell und wütend davon. Er war auch wütend, dass ich gekommen war, griff seine Jacke, und wir gingen auf die Straße. Er versuchte noch, sie zu entdecken und drehte sich nach allen Seiten um, aber sie war schon weg. Er sagte, es ginge ihm sehr schlecht. Er kenne sie seit dreieinhalb Wochen. Er mochte eigentlich keine

Türkinnen, die in Deutschland aufgewachsen waren, so wie sie. Er sagte, dass er mich nicht sehen möchte, das mache ihn traurig, wenn er mich leiden sehe. Mein Erscheinen zeige ihm wieder einmal meinen Egoismus. „Ich weiß nicht, wie das mit ihr gekommen ist. Ich wollte eigentlich keine Türkin. Ich stehe jetzt zwischen zwei Frauen."
Ich nahm ihn im Auto mit in die City, er wollte dort durch die Nacht laufen. Beim Abschied umarmten wir uns. Er sagte, dass er mich doch weiterhin sehen und sprechen möchte.
Ich rief ihn später an und wollte, dass er zu mir kommt. Er sagte, sie hätte ihm eine SMS geschickt, und es wäre nun vorbei zwischen ihnen. Sie schrieb, sie wollte nicht dauernd seine Ex sehen. Er machte einen verzweifelten Eindruck. Obwohl es mir so schlecht ging und ich innerlich leicht frohlockte, dass sie wütend war auf ihn, tat er mir leid. „Es war deine Entscheidung wegzugehen. Ich habe dich lieb. Ich komme nicht mehr. Wir sprechen uns."
„Ich will dich auch sehen. Wir gehen bald essen."

17. November

Mir war klar, dass ich ihn in Ruhe lassen musste. Keine Treffen und keine Anrufe mehr!

18. November

Wann würde der Schmerz nachlassen? Ich fühlte mich so klein, so unscheinbar, so schlecht, und ich quälte mich den ganzen Tag mit Selbstvorwürfen. Mein Leben war kaputt. Alles, wofür ich gelebt und gearbeitet hatte, war nicht mehr da. Das Liebste, was ich besaß, war für immer weg. Ich hatte keinen Boden mehr unter den Füßen. Und obwohl ich nur von Tag zu Tag lebte, waren diese unendlich schwer. Ich litt unter den körperlichen Schmerzen, unter dem Schlafmangel, unter den Albträumen, unter der steten Unruhe und unter Appetitlosigkeit. Ich konnte mir nicht vorstellen, dass sich dieser Zustand irgendwann einmal ändern würde. Egal was ich auch machte, ich dachte weiterhin jede Sekunde an ihn und daran, wie schlecht es mir ging. Oft dachte ich, dass es gar nicht wahr wäre, was ich erlebte. Morgen ist alles wieder gut. Bestimmt kommt er zu mir zurück. Er liebt sie doch gar nicht. Er liebt doch noch mich. Ich verbrachte also die Tage zwischen Hoffnung und bitterer Realität.

Ich schaute mir einen Raum in einer Altbau-WG in der City an. In der Wohnung wohnte eine Frau mit zwei kleinen Kindern. Schon beim Anblick des mit dunklem Holz getäfelten Treppenhauses bekam ich Beklemmungen. Der Raum, den ich bewohnen konnte, hatte ein Hochbett und roch muffig, die Kinder stritten unaufhörlich, und ich fing fast an zu weinen bei dem Gedanken, hier einzuziehen. Ich erklärte ihr meine Situation, dankte ihr für die Besichtigung und verschwand. Mein ganzer Körper schmerzte wieder, vor allem der Magen. Abends trank ich wieder zu viel Rotwein und rauchte und weinte unaufhörlich.

20. November

Heute war der erste Tag ohne Tränen. Ich konnte klar und analytisch denken und meinte, etwas Abstand zu ihm zu spüren. Ich mistete wieder meine Schränke aus und annoncierte einige Bücher bei ebay. Dennoch war der Gedanke „Metin ist weg" nach wie vor ein Albtraum.

Im Internet las ich, dass Männer statistisch gesehen zehn Monate nach der Trennung wieder in festen Händen wären, Frauen im Schnitt nach vierzig Monaten. Begründung: Männer trösten sich mit Sex. Frauen analysierten gescheiterte Beziehungen und nutzten die Phase nach dem Ende, ihr Leben neu zu ordnen.

21. November

Dafür ging es mir heute ganz schlecht. Im Büro heulte ich schon vormittags. Abends ging ich mit meiner Freundin Lisa in eine Tapas-Bar. Wir analysierten und analysierten. Ich hatte Schwierigkeiten zu verstehen, dass er sein neues Leben in einer kleinen Eineinhalbzimmerwohnung ohne Möbel gegen ein Leben mit mir eintauschte. Sie sagte: „Das mit der Frau würde ich nicht überbewerten. Du bist mental stark. Warte noch zwei bis drei Monate, dann sieht die Sache für dich schon wieder anders aus. Alles wird gut. Mach eventuell einen langen Urlaub oder gehe für einige Monate weg. Warte ab, irgendwann hast du eine eigene Wohnung und amüsierst dich wieder." Ich dachte jetzt zum ersten Mal: Ich muss mich amüsieren. Immerhin dachte ich schon mal daran.

Ich las immer wieder die vier Phasen der Trennung und ihre Auswirkungen: Fassungslosigkeit und Verleugnung (kannte ich), langsames Begreifen (war ich mittendrin), langsame Neuorientierung (konnte ich mir noch nicht vorstellen), Lust auf Veränderungen/neues Lebenskonzept (war noch ganz weit weg). Zumindest war ich schon neugierig, wie es aussehen würde.

22. November

Es war der erste Morgen, an dem ich erwachte und über ihn hinausschaute, das heißt an mich und die Zukunft dachte. Ich wollte nicht mehr zurückdenken, sondern nach vorn, an ein Leben ohne ihn, und ich wollte wieder lachen.

Am Vormittag rief Jürgen an, ein langjähriger Bekannter, der zwanzig Jahre älter war. Wir hatten uns während meiner Ehe aus den Augen verloren, und ich hatte ihn neulich angerufen, als ich mit einem Mann sprechen wollte. Er hatte nach seiner Trennung zwei Jahre gelitten. Er wollte wissen, wie es mir ging. „Renn' ihm nicht hinterher. Das turnt ihn nur noch mehr ab und nervt ihn und bringt ihn nur noch mehr weg von dir. Mit der Frau lenkt er sich ab. Auf keinen Fall hinterherlaufen! Wie kann man eine schöne und intelligente Frau wie dich verlassen! Arbeite, geh aus, lenk dich ab. Sitz nicht zu Hause. Ich rufe dich von Zeit zu Zeit an." Seine Worte taten mir so gut, dass ich anfing zu weinen, was mir etwas unangenehm war, weil er mich immer nur gut gelaunt erlebt hatte. Es tat sehr gut, mit ihm zu sprechen und seine Worte zu hören.

Ich rief Lisa an. Ihr Freund Markus war am Apparat. Er fragte mich, wie es mir ginge. Er sagte: „Frauen grübeln zu viel. Man muss rausgehen, sich ablenken. Nicht immer daran denken, was man selber falsch gemacht hat. Auch daran denken, welche Fehler der andere gemacht hat." Ich fragte ihn, warum es bei Männern schneller geht mit der Schmerzbekämpfung. Seine Antwort: „Sie grübeln nicht so viel." Es ging mir danach besser. Mein Magen beruhigte sich etwas.

Abends ging ich zu einer Selbsthilfegruppe, die ihre erste Stunde hatte. Wir waren zu fünft. Ein netter Mann ließ uns uns nacheinander vorstellen und den Grund unseres Hierseins nennen. Dann sollte jeder die zentrale Frage seines Problems nennen, die anderen sollten antworten. Ich lernte auch andere Schicksale kennen, die ich interessant fand, aber vor allem: Ich war mit meinem Kummer nicht allein. Da war zum Beispiel Bettina, deren Mann, mit dem sie seit zwanzig Jahren verheiratet war, sich plötzlich zu einem anderen Mann hingezogen fühlte. Oder Miriam, die verheiratet war und drei Kinder hatte, weswegen sie noch bei ihrem unausstehlichen Mann blieb, der eine Freundin hatte, aber dennoch täglich Sex mit Miriam haben wollte. Meine zentrale Frage war: Wie machen es Männer, dass sie nicht so lange leiden beziehungsweise gleich eine andere haben? Jeder sagte irgendetwas daraufhin, die Antworten stellten mich nicht zufrieden, und mein Eindruck war, dass jeder von uns so tief in sein Problem beziehungsweise seinen Kummer vertieft war, dass wir uns nicht gut in die anderen hineinversetzen konnten. Dennoch wollte ich in der nächsten Woche wieder dabei sein.

23. November

Meine Freundin Dina, die ich leider nur selten sehe und spreche, da sie in Italien wohnt, schrieb mir: „Liebe Beatrice, wir inklusive Marcos Eltern würden uns freuen, dich Weihnachten bei uns zu haben! Komm, Beatrice, lass dich nicht so hängen, mit Metin zu leben war ja auch nicht so einfach, wie du manchmal erzählt hast. Du musstest dich um alles kümmern, du verdientest für zwei, und du wusstest, dass er sich schon immer Kinder gewünscht hat, eine große Familie, so, wie das bei ihnen so ist, oder? Natürlich schockt es mich, dass er mit einer anderen zusammen ist, in Berlin. Du schreibst, dein Leben ist kaputt und hat keinen Sinn mehr. Nun wirklich, Beatrice, du bist jung, hübsch, intelligent, hast eine Figur wie ein Model, liebst Reisen und Partys, bist nett und überall beliebt. Du wirst schon bald jemand anderen kennenlernen. Ich kann verstehen, dass es sehr schwierig für dich ist, aber als deine Freundin kenne ich dich gut und versuche, dir psychisch beizustehen und zu helfen. Ich hoffe, du lässt dir helfen. Ich denke an dich. Küsschen, deine Dina"

Ich freute mich natürlich sehr über ihre Zeilen und überlegte auch, Weihnachten zu ihr zu fahren, aber ich fühlte mich einer glücklichen Großfamilie nicht gewachsen, schon gar nicht einem glücklichen Paar mit einem niedlichen sechsjährigen Sohn.

Als ich vom Büro heimkam, hielt ich es kaum in der Wohnung aus und war froh, noch am Nachmittag einen weiteren Termin beim Urologen zu haben, der eine Blasenspiegelung vornahm. Er war ein netter, dicker, sympathisch aussehender Mann. Ich hatte ihm beim ersten Besuch den Grund meiner Blasenentzündung genannt. Nach der Untersuchung nahm ich wieder in seinem Sprechzimmer Platz. Ich war die letzte Patientin an diesem Freitagnachmittag. Nach der Diagnose, dass ich aufgrund psychosomatischer Symptome eine Blasenentzündung bekommen hatte und er mir dagegen Entzündungshemmer verschrieb, unterhielt er sich noch eine halbe Stunde mit mir. Er wollte wissen, warum Metin gegangen war. Ich erzählte ihm alles: Ich hatte mich nur noch als Arbeitstier gefühlt. Schlechter Sex. Keine Arbeit meines Mannes.

Er sagte: „Männer sind schwanzgesteuert. Wenn die Frau Sex vernachlässigt, nicht mehr lasziv ist, und da kommt eine andere und macht schöne Augen, dann sind sie weg. Sie haben alles als zu selbstverständlich genommen. Nach allem, was ich von Ihnen gehört habe, kommt er nicht wieder. Und wenn: Vielleicht wollen Sie ihn gar nicht mehr, nach allem, was zwischenzeitlich passiert ist. Seien Sie doch froh, dass er weg ist."
Nach dem Gespräch definierte ich vier entscheidende Fehler bzw. Schwachpunkte meinerseits:

1. Ich respektierte außer Metin die Türken nicht so, wie er es sich gewünscht hätte.
2. Ich vernachlässigte das Sexualleben. Auch nach einem schönen Abendessen oder einer romantischen Gelegenheit hielt sich meine Lust in Grenzen, was unter anderem mit der zunehmenden Eintönigkeit und der fehlenden Zärtlichkeit seinerseits zu tun hatte. Wir achteten gegenseitig unsere Wünsche nicht, obwohl wir mehrmals über sie gesprochen hatten.
3. Ich war immer zu angespannt, dachte immer daran, was ich als Nächstes tun müsste, statt mich zu entspannen. Die Arbeit im Büro und zu Hause sowie die unermüdliche Organisation unseres Lebens machten mich zunehmend unentspannter und führten zu einem permanenten Reizzustand.
4. Ich ging zu sparsam mit Geld um, da ich immer nur an die vielen Ausgaben dachte und daran, dass ich Alleinverdiener war und wie ich alles bezahlen sollte. Während Metin fröhlich das Geld zum Fenster herausschmiss, hatte ich mir angewöhnt, jeden Cent dreimal umzudrehen. Das hatte ich vor meiner Heirat nicht getan.

Abends kam Vanessa zum Essen. Wenn ich allein war, bekam ich keinen Bissen herunter, zu zweit konnte ich etwas essen. Es tat gut, in meiner Wohnung zu kochen und einen Gast zu haben. Es war nun „meine" Wohnung und nicht mehr „unsere". Ich diskutierte die vier Punkte mit ihr. Sie nahm mich in Schutz: Er wäre kein besonders romantischer Mann gewesen, wir wären niemals gemeinsam abends schlafen gegangen, was ich so liebte, er hätte nach meinem Zubettgehen immer noch stundenlang vor dem Fernseher verbracht, da er durch die Arbeitslosigkeit einen anderen Rhythmus hatte. Er fühlte sich leer, hatte keine richtige Aufgabe, die ihn ausfüllte. Es wäre normal gewesen, dass ich ständig unter Anspannung litt, da er für die Kasse nichts beisteuerte. Dementsprechend wäre es ihrer Meinung nach auch normal gewesen, dass ich bestimmt hätte, wofür das Geld ausgegeben wurde. Als ich zum Beispiel Metins Forderung nach teuren Autofelgen oder einem teuren Laptop nicht nachkam, redete er tagelang nicht mit mir. Sie sagte: „Ich verstehe nicht, dass du Kopf und Gefühl nicht auf die Reihe bekommst. Sei froh, dass du jetzt allein bist."

Es ging mir im Laufe des Abends wieder besser. Ich würde es schaffen, in kürzerer Zeit als zweieinhalb Jahre über ihn hinwegzukommen. Ich sollte mir baldmöglichst ein paar Streicheleinheiten für die Seele gönnen. Ich dachte: Alles was der Seele gut tut, ist richtig.

24. November

Die Entzündungshemmer nahm ich abends, damit sie mir nicht so auf den Magen schlugen beziehungsweise ich es beim Schlafen – sofern ich es konnte – nicht so merken würde. Es half nichts. Ich wachte in der Nacht vor Magenschmerzen auf und war schweißgebadet.

25. November

Gott sei Dank war wieder Samstag. Den Tag über räumte und kramte ich in der Wohnung. Abends ging ich mit Anna in eine sehr schöne Diskothek zum Tanzen, was wir allerdings kaum taten. Die Diskothek hatte schöne loungige Sitzecken fernab der Lautsprecher, und wir redeten und redeten. Ich hatte mittlerweile vier Kilo abgenommen und sah erbärmlich aus, war ich doch vor der Trennung schon schlank gewesen. In der Nacht schlief ich fast gar nicht, weinte aber nicht. Ich vermisste ihn und seine Umarmungen unendlich.

26. November

Ich wollte auch nie Kamasutra exerzieren. Das hatte ich alles schon in meinen Zwanzigern gemacht. Mich beim Sex in unmöglichen Positionen auf viele Dinge gleichzeitig zu konzentrieren ist stressig. Armer Metin. Und nun glücklicher Metin. Jetzt hatte er wahrscheinlich alles. Ich wollte diese Gedanken nicht haben, und es war schwer, sie wieder loszuwerden.

Ich war allein und grübelte zu viel. Immer saß er vor dem Fernseher, nie gingen wir gemeinsam schlafen. Ich wünschte mir jahrelang mehr Zärtlichkeit und Kuscheln. Nach dem Sex blieben wir nur selten liegen, sondern standen zu früh auf.

Ich speiste noch einige Dinge bei ebay ein, was Gott sei Dank viel Zeit verschlang.

Um zwanzig Uhr fuhr ich zu Victor, meinem Ex-Freund, der sechzehn Jahre älter war als ich. Wir waren vor vielen Jahren für einige Monate liiert gewesen. Als ich damals in die Türkei ging, brach der Kontakt ab. Er hat eine langjährige Freundin. Wir aßen und setzten uns dann mit einem Glas Rotwein vor seinen Kamin. Er wusste nichts von meiner Trennung, hatte aber gleich meinen schlechten Zustand bemerkt: „Wenn du dein Herz ausschütten willst, kannst du es gern machen." Ich tat es. Victor kann ohne Ende reden, und das tat mir gut. Ich brauchte nur zuzuhören. Er sagte, dass er vierzehn Paare kannte, die sich aufgrund von schlechtem Sex getrennt hatten. Er nahm mich in Schutz und in den Arm und schimpfte die ganze Zeit auf Metin und darüber, dass man so eine Frau wie mich nicht verlassen sollte.

Als ich zu Hause war, ging es mir sauschlecht. Ich schlief noch schlechter. Wenn ich nicht schlief, heulte ich pausenlos. Ich machte mir ohne Ende Vorwürfe, trotz Victors Plädoyer für mich.

27. November

Tagsüber war ich unfähig zum Arbeiten. Dafür arbeitete Anita für zwei, wofür ich ihr sehr dankbar war. Ich schenkte ihr eine große Tafel Merci-Schokolade. Ich surfte stundenlang im Internet und las alles, was ich unter dem Begriff „Lückenfüller" eingab. Ich war mir sicher: Sie ist eine Lückenfüllerin. Sie tat ihm gut, er war nicht allein, sie machte alles, was er wollte. Sie half ihm beim Übersetzen und Ausfüllen von Dokumenten. Er hatte Sex mit ihr. Jetzt, wo er psychisch auch unten war, streichelte sie sein Ego. Eine ältere Frau würde ihn in dieser Verfassung gar nicht nehmen. Er hatte eine Zweckgemeinschaft mit ihr. Liebe muss doch romantisch beginnen, so wie unsere damals.

Erst am Nachmittag konnte ich mit der Arbeit beginnen, und am späten Abend ging es mir besser. Ich hatte mich den ganzen Tag mit diesem Thema befasst. Ich fühlte mich stark. Ich würde es schaffen, über ihn hinwegzukommen! Ich war so wütend auf ihn, weil er sich leer und nutzlos gefühlt hatte und ohne Motivation war.

28. November

Heute ging es mir besser. Ich dachte viel über mich nach, und ich hatte gute Gedanken. Ich war über weite Teile meines Lebens zufrieden mit mir, dass und wie ich alle Anforderungen immer gut schaffte – ich hatte einen guten Job, ich arbeitete für zwei (normalerweise), wir hatten eine schöne Wohnung, wir gingen aus. Ich dachte oft: Es ist nicht wichtig, ob Metin arbeitet, man kann nicht alles haben, dafür habe ich einen tollen Mann. Das waren natürlich verklärte Gedanken. Er hatte teure Wünsche, die er sich selber hätte erfüllen können, statt darauf zu warten, dass seine Frau sie bezahlt. Er war so ungerecht. Er hatte in seinem Leben ohne Kinder keinen Sinn gesehen, und deshalb bemühte er sich nicht um eine Arbeit. Jetzt wollte er allein auf die Beine kommen. Es wäre besser gewesen, gemeinsam mit mir auf die Beine zu kommen. Dafür hatte er jetzt ein unruhiges Leben, er trank und rauchte zu viel und musste jetzt wirklich eine Arbeit finden, da er nach unserer Scheidung von den Ämtern abhängig war.

Es war gut, diese vielen Gedanken in meinem Hirn zu ordnen und zu strukturieren, ich verspürte dann keinen Schmerz. Vor allem dachte ich gut über MICH.

Auf der Homepage einer großen Frauenzeitschrift zu den Themen Liebe und Scheidung fand ich einen interessanten Artikel sowie einige Leserbriefe. Es ging wieder um „mein" Thema, warum sich Männer nach einer Trennung so schnell binden: Sie sind unfähiger, soziale Netze zu knüpfen, reden noch nicht einmal mit dem besten Freund über ihre Situation und lenken sich mit einer neuen Beziehung ab. Viele lebten mit einer neue Liebe, auch wenn die alte noch nicht verarbeitet ist. Natürlich hatte mich Metin noch lange nicht verarbeitet, und das machte mich schadenfroh seiner Neuen gegenüber. Aber wie konnte er jetzt schon mit ihr unter einem Dach wohnen? Er hatte einfach die Frau ausgetauscht. Mich quälte der Gedanke, dass er sie vielleicht schon lange kannte, dass er mich vielleicht schon lange hintergangen hatte.

Warum gehen so viele Männer nicht durch den Schmerz hindurch, weichen ihren traurigen Gefühlen aus, verarbeiten die alte Beziehung nicht und nehmen sich sofort eine Neue?

29. November

Nachdem die Entzündungshemmer Nebenwirkungen verursachten, indem sie mir zusätzlich zu meinem nervösen Magen noch weitere Magenschmerzen und nächtliche Schweißausbrüche verschafften, setzte ich sie ab. Es war zu viel für meinen ohnehin geschwächten Körper.
Richard rief mich im Büro an. Ihm konnte ich alles erzählen. Gott sei Dank hatte Anita einen freien Tag. Ich sagte ihm, dass es mich sehr belastete, dass Metin mir die ganze Schuld am Scheitern unserer Ehe gab. Richard sagte: „Er lenkt sich mit dieser Frau ab. Männer verarbeiten eine Trennung nicht so wie eine Frau. Erst viel später, nach einem halben oder einem Jahr. Mach dir keine Selbstvorwürfe. Zwei Menschen wollen unterschiedliche Lebensweisen, da hat niemand von beiden einhundert Prozent Schuld. Du bist eine tolle Frau."
Danach musste ich Metin anrufen, ich konnte es nicht mehr aushalten. Wir sprachen eineinhalb Stunden. Es war ein sehr liebes Telefonat. Es ging ihm auch sehr schlecht, er hatte sich sogar einmal übergeben. Als wir uns neulich beim Abschied umarmten, schmerzte es ihn auch sehr stark. Er sagte, er würde unsere Wohnung vermissen. Er würde an unseren letzten Urlaub denken. Ich sollte mit ihm in die Türkei fliegen zu seiner Mutter. Er hätte das neue Bett nur für sich gekauft. Ich sollte zu ihm zum Grillen kommen in seinem kleinen Garten, der zu seiner Wohnung gehörte.
„Verzeihst du mir diese Frau? Ich weiß nicht, wieso ich das mache. Das ist nicht mein Charakter. Sie ist selten da, wegen ihrer Katze. Ich bin kein Gigolo."
„Siehst du sie noch?"
„Nein." Er log.
Er sagte, er fühlte sich verarscht, weil wir kein Kind hatten. „Wenn du schwanger gewesen wärst, hätte ich mir Mühe gegeben."
„Ich weiß, dass du das schaffst, aber wieso denn mit einer Trennung? Ich kann nicht allein wohnen."
„Du suchst jetzt einen Mann? Warte ein Jahr."

Er war etwas eifersüchtig auf einen fiktiven Mann. Das tat mir gut. „Wir gehen zusammen essen, machen einen Urlaub."
„Es schmerzt, wenn wir uns wieder trennen."
„Vielleicht habe ich einen Fehler gemacht, dass ich nicht gleich in die Türkei zurückgegangen bin."
„Ich habe dich lieb."
„Ich dich auch."
Das Gespräch war sehr lieb, und ich war unendlich traurig und konnte nicht mehr arbeiten, sondern starrte nur noch aus dem Fenster. Was für eine Situation, was für ein Seelenschmerz, und wie lange sollte das gehen?

30. November

Meine langjährige Freundin Michaela mailte mir: „Habe schon ein ganz schlechtes Gewissen. Wie geht's dir so?"

„Danke, ich denke, ich bin aus dem Allerschlimmsten raus, jedoch noch total schlecht. Ich muss jetzt für alles büßen, was ich falsch gemacht habe. Es ist alles sinnlos geworden, mein ganzer Körper schmerzt, ich hab' alle Symptome einschließlich Blasenschmerzen, ich fühl' mich allein und mache ganz viel, lese viele Bücher, gehe viel aus, treffe mich mit einer Gruppe Gleichgesinnter und rede, rede, rede … Auch mit Männern wegen der anderen Perspektive. Die Tussi hab ich vergessen, ich kann es schon richtig einordnen. M. bat mich deshalb um Verzeihung. Wir haben lange liebe Gespräche, es geht ihm auch sehr schlecht, ich sah es, aber es hilft nicht im Schmerz. Hoffe, ich bin bis zum 31.12. aus meiner Wohnung raus. Bin am Möbelverkaufen, ausmisten etc."

Ihre Antwort tat mir gut: „Ich würde dir so gern helfen, weiß aber gar nicht wie. Gegen diesen seelischen Schmerz kann nur die Zeit helfen. Und du weißt ja, auch wenn es vielleicht abgedroschen klingt: Jedes Ende ist auch eine Chance für einen Neuanfang. Wer weiß, wozu es gut ist … Und jeder macht Fehler. Ohne geht es ja gar nicht. Aber will man sich denn immer total verbiegen? Im Grunde lebt man doch so, wie man es für richtig hält. Wenn man immer nur darauf bedacht ist, keine Fehler zu machen, muss man sich vielleicht verstellen und lebt nicht mehr sein Leben. Das hält man auch nicht lange durch. Und längere Beziehungen im Alltag fehlerfrei zu erhalten, ist sehr, sehr schwer ... Mach dir nicht zu viele Vorwürfe. Vielleicht würde euch ja eine Eheberatung helfen."

Ich schrieb zurück: „Was soll denn ein Neuanfang, wenn man gar kein Ende will? Natürlich wird jeder irgendwann einen neuen Partner finden, erst mal ist dann alles gut, aber der ganze Stress und ob es langfristig auch so bleibt, steht in den Sternen ... eine Garantie gibt es nie. Eheberatung hab' ich gleich empfohlen, aber M. wollte nicht. Wir gehen teilweise so lieb miteinander um und sagen uns so liebe Dinge. M. will auch nicht, dass ich so leide, dass es einfach so sinnlos ist, sich zu trennen.

Mit den Sachen gibt es keine Probleme. Er nimmt fast nichts mit, hat sich schon z. T. gebrauchte Möbel gekauft, und das Wenige, was er nimmt, will ich nicht haben. Ich hab' mir eine WG angesehen und auch eine schöne Wohnung, aber nur, um mich zu bestärken, dass ich nicht allein wohnen will/kann. Ich denke, ich werde erst einmal zu meinem Onkel ziehen, er bot es mir an, und er hat ein großes Haus."

„Das mit dem Neuanfang hat man mir damals immer gesagt, als L. mich verlassen hat. Ich solle es als Chance nehmen. Hat lange gedauert, bis ich es verstehen konnte. Ich wollte ja auch kein Ende und fand es so, wie es ist, okay. Wenn der andere aber andere Pläne hat, kann man nichts machen. Man kann ja keinen zwingen, sein Leben mit einem zu verbringen. Was ist eigentlich der wirkliche Grund für seinen Entschluss? Braucht er seine Freiheit? Liebt er dich nicht mehr?"

„Er will allein auf die Beine kommen, nicht abhängig sein, etwas allein schaffen, Mentalitätsprobleme zwischen uns, meine Macken, Familie gründen. Aber er will mich weiterhin sehen, sprechen, Urlaub ... Natürlich liebt er mich noch, sonst würde er nicht auch so leiden. Sagte er gestern noch zu mir. Die Hoffnung stirbt zuletzt."

Sie endete: „Klingt so ein bisschen nach Selbstfindung. Offensichtlich braucht er das jetzt. Aber vielleicht habt ihr ja noch eine Chance, und er merkt, was er an dir hat. Vielleicht muss er erst einmal seinen Weg gehen, um dann zu dir zurückzukommen." Ja, genau das hoffte ich so sehr! Obwohl ich auch Gründe zum Gehen gehabt hätte. Ich träumte zwischendurch auch von einem gut verdienenden Mann, einem Haus und Kindern, dachte aber nie an eine Trennung. Mit jedem neuen Partner werden andere Fehler gemacht. Vielleicht denkt man sogar gern an den alten Partner zurück, wenn der neue Partner Stress macht.

Ich machte Fehler, war aber auf der anderen Seite sehr tolerant: Er konnte abends ausgehen, wann er wollte, ich machte ihm nie Vorwürfe. Er konnte in die Heimat fliegen, wann immer und so lange er wollte. Ich überlegte, ihm den Vorschlag zu machen, ein Gespräch mit einem türkischen Therapeuten zu führen. Die Scheidung kam viel zu schnell. Und sie war sinnlos, wenn er daran dachte, ein Jahr später wieder mit mir zusammen sein zu wollen. Als Geschiedene wieder zusammen sein? Als Getrennte würden wir uns automatisch auseinanderleben. Aber wahrscheinlich wollte er sich auch nur eine Hintertür offen halten oder konnte den Gedanken auch noch nicht vollständig verkraften, dass es aus war.

Aber ich wollte weiterhin mit ihm zusammen sein. Sollte ich meine Gefühle aufsparen und abwarten? Ein so langer Zeitraum war nicht vorhersehbar. Man sollte sich nur scheiden lassen, wenn es wirklich nicht mehr geht und nicht, wenn noch Liebe vorhanden ist und man daran denkt, in einem Jahr wieder zusammen zu sein. Das war absurd. Ich hatte ihn gewählt aus Milliarden von Menschen, die auf dieser Welt leben. Es war Liebe auf den ersten Blick. Das sollte jetzt für gar nichts gewesen sein?

Abends ging ich zum zweiten Mal zur Gesprächsgruppe. Das Thema war Sex. Jeder erzählte von seinem Sexualleben oder von dem, was noch übrig war. Die Frauen hatten keine Lust auf Sex, weil die Männer so unzärtlich waren, und der einzige Mann unter uns hörte zu und sagte gar nichts. Der Abend war irgendwie stockend, und wir kamen trotz unserer Geschichten nicht weiter. Ich überlegte, ob ich das nächste Mal noch hingehen sollte.

1. Dezember

Ich konnte mich nicht beruhigen. Der Gedanke an ihn ging mir jede Sekunde des Tages durch den Kopf. Ich ging unruhig hin und her und überlegte, ob ich bei ihm spionieren sollte. Besser nicht, denn falls er mich sah, wollte er sicher nicht mehr mit mir essen gehen. Ich wollte ihm so vieles sagen, zum Beispiel, dass die Trennung so unsinnig war. Man muss sich im „alten Leben" Mühe geben und sich nicht in ein neues Leben flüchten. Man muss sich Mühe geben im Bett und auf die Wünsche des anderen eingehen. Wir sehnten uns nach verschiedenen Dingen, ich nach Zärtlichkeit, er nach Wildheit.

Ich war plötzlich so wütend, was besser war, als traurig zu sein. Patrizia sagte, dass es gut wäre, wütend zu sein, denn Wut setze Energie frei. Leider war ich nie lange genug wütend, die Traurigkeit und der Schmerz holten mich immer wieder ein.

Ich gab ihm die Schuld an meiner schlechten Laune, wenn ich nach Hause kam, was ich zunehmend unlieber tat, weil immer eine Diskussion anstand: der Kauf einer Satellitenschüssel, eines Laptops, von Autofelgen und anderem. Wenn ich unnachgiebig war, redete er manchmal tagelang nicht mit mir. Da er nicht mit Geld umgehen konnte, musste ich ständig sparsam sein, auch mir gegenüber. Er wollte seine Freizeit zunehmend nicht mit mir verbringen, sondern traf sich lieber mit seinen Freunden. Er plante seine Zukunft nicht in Deutschland, sondern in der Türkei, wo er ein Haus mit meiner finanziellen Unterstützung bauen wollte, was ich natürlich ablehnte. Er gab sich keine Mühe, eine Arbeit zu finden. Es waren die Themen, die zum Scheitern unserer Ehe beitrugen, zu denen ich mir vor einigen Wochen noch die alleinige Schuld gegeben hatte, die sich nun negativ auf ihn übertrugen. Daran merkte ich, dass ich einen Schritt weitergekommen war, indem ich langsam meine Gedanken in eine Richtung lenkte, die mein Verhalten entschuldigte und mir in einigen Dingen die Absolution für mein Tun erteilte.

2. Dezember

Ich wollte mir etwas Gutes tun und ging shoppen und zur Kosmetik. Ablenken konnte ich mich kaum, die Gedanken an ihn waren in mein Gehirn eingebrannt und schmerzten. Da er nicht angerufen hatte wegen eines gemeinsamen Essens, hielt ich es abends nicht mehr zu Hause aus und fuhr zu ihm. Ich hatte mir vorgenommen, dass es das letzte Mal sein sollte. Die Haustür war wie immer nur angelehnt, ich ging durch das Treppenhaus in den Hof und schaute in sein Wohnzimmer hinein. Sie saßen beide beim Essen vor dem Fernseher und küssten sich zwischendurch. Es war so schlimm, das zu sehen. Nach reiflicher Überlegung klingelte ich an der Tür. Er kam zur Tür und war sichtlich genervt, mich zu sehen. Ich sagte ihm, dass ich mit ihm spazieren gehen wollte. Sie kam auch in den Flur. Ich sagte zu ihr, dass sie nur eine Lückenfüllerin wäre. Er holte seine Jacke, und wir liefen fünf Minuten die Straße entlang. Ich erfuhr von ihm, dass sie keinen Vater mehr hatte. Ich war dieser Situation nicht mächtig und wollte ihn ärgern, also erzählte ich ihm, dass ich einen anderen Mann kennengelernt hätte und vielleicht ein bis zwei Monate nicht arbeiten gehen würde, weil ich es zur Zeit psychisch nicht könnte. Beides machte ihn wütend.

„Sie ist nur ein paarmal in der Woche da. Wir hatten noch keinen Sex." Er log ständig, was mich ebenfalls wütend machte. Er wollte Näheres über diesen Mann wissen, ich erzählte aber nichts, sondern sagte nur: „Du hast seit sechs Wochen eine andere. Ist es deine Freundin oder nicht?"

„Nicht meine feste Freundin."

Das Gespräch hätten wir uns sparen können, es war ein gegenseitiges Ärgern und Beschuldigen. Er wich mir aus, sagte mir nicht die Wahrheit, ich konnte aber auch nicht genau sagen, was ich hören wollte. Wahrscheinlich, dass er mich noch liebte, sie gehen lassen würde und zu mir zurückkäme. Er ging wieder hinein, und ich tat so, als ob ich zum Auto ginge, schlich mich aber noch einmal zurück. Sie räumten das Essen ab, dann versperrte er alle Fenster zum Hof mit Tüchern, sodass nur noch ein kleiner Spalt übrig blieb.

Zu Hause das Übliche: Zigaretten und eine Flasche Rotwein. Ich saß auf dem Sofa, und es ging mir nur noch dreckig. Ich rief Patrizia an. Gott sei Dank gab es sie. Sie sagte, ich solle mir nicht so viele Vorwürfe machen, ich hätte keine Schuld. Ich solle mit dem Analysieren aufhören, denn das würde er auch nicht machen. Eine Scheidung wäre aus finanziellen Gründen besser als eine Trennung, da ich ihm ab dem Scheidungstermin keinen Unterhalt mehr zahlen müsste. „Du hast es dir nicht leicht gemacht."

3. Dezember

Die Nacht und der Tag waren extrem schlecht. Ich hatte eine extreme Unruhe in mir und heulte ständig. Mir tat alles weh: der Magen, die Blase, der Kopf, der Rücken … Es war ein schlimmer Zustand, in dem ich mich schon wochenlang befand. Ich nahm mir vor, täglich mindestens ein Telefonat mit meiner Schwester oder einer Freundin zu führen, damit es mir besser ging. Ich fühlte mich schlecht und niveaulos, weil ich wieder zu ihm gefahren war. Aber gegen diese machtvollen Gefühle kam ich nicht an. Er wollte nichts mehr von mir, das sagte ich mir ständig. Ich lasse ihn in Ruhe. Und wenn es noch so schmerzt – ich darf ihn nicht mehr anrufen oder sehen.

Nach einem kurzen Telefonat mit meiner Mutter ging es mir besser. Ihr erzählte ich nicht alles, weil sie mit mir litt, was ich nicht wollte. Außerdem hatte ich meiner Mutter noch nie viel von mir erzählt, und damit konnte ich jetzt nicht plötzlich beginnen.

Ich begann, mich auf den Umzug zu freuen. Endlich raus aus der Wohnung, in der wir sechs Jahre gemeinsam gewohnt hatten!

4. Dezember

Ich hatte einen Urlaubstag genommen und starke Blasenschmerzen. Wenn ich zwischendurch schon starke Momente hatte, so litt ich heute wieder so stark wie am Anfang. Ein Mann kam, um unser Sofa zu kaufen. Er fragte mich, warum ich so ein schönes Sofa verkaufen wollte. Ich erzählte ihm von der Trennung. Er sagte: „Sie sind eine sympathische Frau. Es gibt so viele Männer, da werden Sie bald einen finden." Das tat sehr gut, so etwas zu hören. Ein anderer Mann kaufte unsere Kellerregale. Es war gut, Dinge zu verkaufen, ich entleerte und befreite mich damit. Nachmittags hatte ich einen Termin beim Gynäkologen, dem ich von dem Durcheinander in meinem Körper erzählte. Er schaute nach, wie alt ich bin und wollte mir Hormone verschreiben. Ich nahm das Rezept und vernichtete es. Warum sollte ich Hormone nehmen, nur weil ich ein gewisses Alter erreicht hatte? Er hatte mir gar nicht zugehört. Wenn mein Körper zur Ruhe gekommen wäre, würde sich alles wieder einpendeln. Wieder zu Hause, schrie ich fast vor körperlichen Schmerzen. Ich begann einen Brief an Metin zu schreiben, um meine Wut herauszulassen und meine immer wiederkehrenden Gedanken zu ordnen. Als ich fertig war, ging es mir besser, und ich brauchte ihn nicht abzuschicken. Es war wohl auch besser so. Es würde nichts nützen.

Ich packte meine Balkontöpfe in Wäschekörbe und brachte sie zu meinen Eltern, die zwölf Kilometer entfernt wohnten, und stellte sie in den Garten. Mein Vater hatte ein Abendessen bereitet, und nach dem Essen saß ich mit ihnen im Wohnzimmer vor dem Fernseher. Das tat mir gut. Ich hatte Ablenkung, wir redeten über das gerade Gesehene und Gehörte im Fernsehen, darüber hinaus fragten sie nicht viel. Ich konnte relaxen und aufatmen. Sie hatten einen großen Dachboden, auf dem noch viel Platz war. Dorthin wollte ich meine Umzugskisten stellen, solange ich bei meinem Onkel wohnte und nicht so viel benötigte. Ich musste nach vorn schauen.

5. Dezember

Ich wusste, ich sollte es nicht machen, ich tat es aber trotzdem. Ich wollte alles versuchen, um diese Trennung und Scheidung zu verhindern und begann einen neuen Brief an ihn, den ich ihm auch schickte:

Hallo Metin,
ich schicke dir das Restgeld Dezember. Ich habe mit dir geteilt, mehr habe ich auch nicht.
Was hast du letzte Woche gesagt? Verzeihst du mir diese Frau? Das ist nicht mein Charakter. Ich bin kein Gigolo. Ich sehe sie nicht mehr. Stimmt das wirklich? Die Wahrheit ist nicht so schmerzhaft wie die Lüge. Lügen haben kurze Beine. Ich wollte die Wahrheit wissen. Und ich habe sie gesehen.
Wir haben beide Fehler gemacht und uns keine Mühe mehr gegeben. Dein größter Fehler war, dass du keine Arbeit gesucht hast. Ich sollte für drei Menschen arbeiten. Das kann eine Frau nicht.
Nun willst du dir Mühe geben und eine Arbeit finden. Warum jetzt erst? Ich habe auch vieles falsch gemacht. Mit meinem unendlichen Schmerz bezahle ich nun dafür. Heute war der erste Tag nach mehr als drei Monaten, an dem ich nicht geweint habe. Mein ganzer Körper tut weh, und manchmal schreie ich vor Schmerz.
Nach dem Tod deines Vaters und meines Bruders dachte ich immer, es ist egal, ob du eine Arbeit hast. Hauptsache, wir sind gesund und lieben uns. Ich habe einen tollen Mann mit einem guten Charakter. Ich habe es jeden Morgen gedacht, wenn du noch geschlafen hast, und fast jeden Abend, wenn ich nach Hause kam. In den letzten Monaten vor unserer Trennung war es schwer, das zu denken. Ich hatte auch einige Gründe, dich zu verlassen. Aber ich habe nie daran gedacht, es zu tun. Für mich geht unsere Ehe bis zum Tod. Du hast dich viele Monate auf die Trennung vorbereitet. Für mich kam sie plötzlich.
Ich muss dich loslassen. Ich wünsche dir, dass du eine gute Frau findest. Eine Frau, die auch tolerant ist, wenn du spätabends aus dem Haus gehst, eine Frau, die jeden Abend allein ins Bett gehen muss und dabei nicht so unglücklich ist wie ich.

Deine Neue wird diese Frau nicht sein. Sie ist eine Lückenfüllerin. Du hast sie, weil du nicht allein sein willst und nicht nachdenken willst. Du läufst immer weg, wenn es Probleme gibt.

Es ist peinlich, was du machst. Du willst im Kopf den Beatrice-Schalter ausmachen und schnell einen neuen Schalter anmachen. Funktioniert das? Kann dein Herz auch so schnell einen Schalter ausmachen und einen neuen anmachen? Die Seele arbeitet langsamer. In der Zwischenzeit spielst du mit allen Menschen.

Allein sein möchte ich auch nicht. Das ist sehr schwer für mich. Aber ich suche mir keinen anderen Mann, ich muss meinem Schmerz ins Gesicht sehen.

Unser letztes Gespräch auf der Straße war sehr niveaulos. Entschuldigung dafür. Mein Herz hat so stark geschmerzt. Ich habe das Gefühl, mein Leben ist kaputt und hat keinen Sinn mehr. Ich vermisse deine Wärme und deine Berührungen.

Du hast dich vor neuneinhalb Jahren in mich verliebt, weil ich so viel gelacht habe. Ich wollte immer lachen, aber mein Leben war nicht immer einfach mit dir. Trotzdem habe ich dich noch lieb.

Deine Beatrice

Als ich den Brief eingeworfen hatte, wusste ich schon, dass ich es nicht hätte machen sollen, und ich ärgerte mich schon über mich.

6. Dezember

Ich musste beruflich für zwei Tage nach Düsseldorf zu einem Team-Meeting. Auf dem Weg zum Flughafen hatte ich ein nettes Gespräch mit dem türkischen Taxifahrer. Ich erzählte ihm von meinem Mann – ich hatte ja das Bedürfnis, jedem davon zu erzählen –, und er hörte aufmerksam zu. Er schimpfte auf ihn, gab mir die Visitenkarte seiner Frau und sagte, wenn ich wollte, könnte ich sie jederzeit anrufen, um mir bei ihr Rat zu holen.

Mein Chef hatte, um das Meeting aufzulockern, ein lustiges Weihnachtsgedicht mitgebracht, das eine Person unseres Teams vortragen sollte. Für solche Dinge eigne ich mich immer sehr gut. Beim Vortragen lachte ich zum ersten Mal seit Monaten wieder aus vollem Herzen. Es tat sehr gut. Sogleich besserte sich meine Laune und ließ mich denken: Es war falsch, was Metin gemacht hat. Spätestens in einem halben Jahr wird er es merken.

8. Dezember

Jürgen rief mich an. Ich erzählte ihm von unserem letzten Treffen. „Ich würde das nicht mehr machen." Er war auch von seiner letzten Frau verlassen worden und brauchte ganze zwei Jahre, um über sie hinwegzukommen. In dieser Zeit hatten wir uns über eine gemeinsame Freundin kennengelernt.

Am Nachmittag ging ich in die Kirche, in der wir vor siebeneinhalb Jahren geheiratet hatten. Ich haderte mit Gott und wollte mit einem Priester sprechen, der dort einmal in der Woche nachmittags eine Seelsorge-Sprechstunde hatte. Es waren noch zwei Personen vor mir, ich setzte mich in die Bank, wartete und versuchte, mich etwas zu entspannen. Die Ruhe und die Atmosphäre taten mir gut. Es tröstete mich etwas, dass es außer mir noch andere Menschen gab, die etwas auf dem Herzen hatten. Als die Tür zu dem Sprechzimmer aufging und ich an der Reihe war, traten mir die Tränen in die Augen. Ich konnte mich nur mühsam zusammenreißen und erzählte stockend von meiner Situation und von meinem Hadern gegenüber Gott. Der Priester verstand meinen Kummer gegenüber meinem Mann. „Sie haben Ihren Mann zu sehr verwöhnt. Er hätte vierundzwanzig Stunden am Tag einen Job suchen müssen." Er versuchte mir zu erklären, inwieweit Gott in unsere Ehe positiv eingegriffen hatte. Zum Schluss fragte er mich, ob ich den Segen erteilt haben wollte. Ich wollte es gern. Er wünschte mir alles Gute. Das Gespräch hatte mich angestrengt, und als ich aus der Kirche trat, weinte ich. Dennoch fühlte ich eine gewisse Erleichterung wegen des Gesprächs.

9. Dezember

Ich musste viel an das gestrige Gespräch denken, es hatte mich etwas beruhigt. Ich war milder gestimmt und hatte zum ersten Mal seit Wochen keine Magenschmerzen mehr. Ich hätte mich gleich nach der Trennung zurückziehen müssen. Aber ich wollte kämpfen. Ich konnte mich nicht so einfach zurückziehen, ich wollte es ihm nicht so leicht machen. Mittlerweile war ich ihm vier Wochen hinterhergelaufen und hatte ihm einen Brief geschickt. Es brachte nichts. Ich hatte immer wieder gelesen, dass ein Rückzug das Beste ist, hatte mich aber nicht daran gehalten. Theorie und Praxis klafften weit auseinander in diesem psychischen Ausnahmezustand, in dem ich zu viel dachte und zu viel handelte.

Er war ein achtunddreißigjähriger Mann, der mit einer vierundvierzigjährigen, intelligenten und attraktiv aussehenden Frau zusammen war und sich jetzt eine viel jüngere, unattraktive Frau nahm. Sie himmelte ihn wahrscheinlich an, für sie war er reif, sie war vielleicht verliebt und machte alles, was er wollte. Er konnte endlich Mann und Macho sein. Sie war genau das, was er in dieser Situation brauchte. Sie würde tun, was er sagte. Das tat ihm gut und bestärkte ihn.

11. Dezember

Abends besuchte mich Katja. Sie wünschte ihn mir nicht zurück. „Du bist mental stärker. Er ist dir gar nicht gewachsen. Er wird nicht in die Türkei zurückgehen. Er hat in den letzten vier Wochen gesehen, dass du mutig bist, dass du ihn liebst. Ich denke, vier Wochen kann man dem anderen hinterherlaufen. Du siehst das schon richtig mit dieser Frau. Sie ist eine Lückenfüllerin."

12. Dezember

Abends weinte ich wieder. Wurde ich gestern noch seelisch aufgebaut, ging es mir heute wieder schlecht, und ich machte mir Vorwürfe.

Einer der Gründe, warum meine Partnerschaft auseinanderging, war sicher die geringe Wertschätzung, die ich ihm gegenüber an den Tag legte. Im Laufe der letzten Monate tat er es mir gleich und kritisierte mich genauso viel wie ich ihn und unsere Situation. Unter der Woche verbrachte jeder die Zeit nach dem Abendessen für sich, ich am PC, für den Haushalt, im Bad, ging früh ins Bett und las – oder wir saßen vor dem Fernseher. Wir waren zwar manchmal zusammen, aber dennoch allein. Ich beschäftigte mich oft schon gedanklich mit den Erledigungen des nächsten Tages, statt alles etwas mehr auf mich zukommen zu lassen. Ich war meistens unentspannt. Am meisten entspannte ich am oder auf dem Wasser. Ich ging viel zu wenig segeln. Obwohl wir beide segeln konnten, taten wir es in Deutschland nicht. Metin sagte immer, er hätte keine Lust, auf engen Seen zu segeln. Ich überlegte, ob ein Segeltörn das Richtige für mich wäre, um komplett abzuschalten – möglichst am anderen Ende der Welt.

13. Dezember

Ich war ein gründlicher Mensch. Ich wollte mich mit Männern unterhalten, die ihre Frauen verlassen hatten und sich sofort eine Neue genommen hatten. Ich wollte wissen, was in ihnen vor sich ging, um zu verstehen. Ich setzte eine Anzeige in eine Zeitung, in der die Anzeigen kostenlos waren. Sie lautete: „Verlassene Ehefrau möchte sich mit Männern unterhalten, die ihre Frau verließen und gleich eine andere hatten. Wie sieht eure Trauerbewältigung aus?" Ich hoffte auf rege Resonanz.

14. Dezember

Ein ganz schwarzer Tag! Alles schmerzte in meinem Körper. Ich wurde nicht Herr über meine Unruhe. Ich ging ins Kino, um mich aufzuheitern. Es war ein lustiger Film, in dem viele Personen in irgendeiner Weise miteinander verquickt waren und sie entweder eine unglückliche Liebe hatten und sich betrogen, gerade frisch verliebt waren oder sich ihres Singlelebens erfreuten.

Der Film lenkte mich nur kurz ab. Als ich zu Hause war, rief ich die Telefonseelsorge an. Ich erzählte der Dame in kurzen Worten meine Geschichte. Sie antwortete mir dasselbe, was jeder mir bisher schon erzählte. Es half mir nicht, zumal ich das Gefühl hatte, dass sie etwas genervt erschien oder nicht genau wusste, was sie mir antworten sollte. Ich konnte ihr das nicht verübeln, hörte sie doch den ganzen Abend traurige Geschichten.

15. Dezember

Ich hatte immer noch die Visitenkarte des Taxifahrers in der Tasche und rief seine Frau an. Sie hatte eine schöne bunte Visitenkarte mit einem gemalten Teich, Seerosen und Vögeln. Ich stellte mich kurz vor, und sie wusste, wer ich war. Sie war viel älter, sehr sympathisch und konnte sich in mich hineinversetzen. Ihr Mann war auch arbeitslos gewesen, sie hatten eine finanziell schwere Zeit gehabt und mussten um alles betteln. „Ihr Mann langweilt sich zu Hause und möchte ein Kind. So wie seine Freunde. Weihnachten steht vor der Tür. Er hätte sich wenigstens einen vorübergehenden Job im Weihnachtsgeschäft suchen können. Warum wollte er in den acht Jahren nichts lernen? Er wird sich jetzt ganz schön umgucken. Wegen der fehlenden Arbeit setzt man nicht eine Ehe aufs Spiel." Wir sprachen ungefähr eine Viertelstunde. Zum Schluss sagte sie: „Der Verlassene sucht immer die Schuld bei sich. Das ist aber nicht so." Sie sagte, ich könne sie jederzeit wieder anrufen, wenn ich einen Rat bräuchte. Das Gespräch tat mir gut, sie hatte mir sehr geholfen.

Nach dem Büro war ich mit meiner Freundin Lisa verabredet. Wir schlenderten über einen Weihnachtsmarkt, tranken Glühwein und gingen anschließend in ein rustikales Alt-Berliner Restaurant mit Live-Musik.

Wir mussten zum Teil ziemlich laut reden, um uns zu verstehen. Nachdem wir über dies und das gesprochen hatten, kamen wir zu „meinem" Thema. Ich liebte meine Freundinnen auch deshalb, weil sie ebenso wie ich eine klare, direkte Kommunikation hatten. Sie schimpfte: „Wenn er so viel zu Hause war, hatte er irgendwann kein Selbstwertgefühl mehr. Es war nicht deine Aufgabe, ihm eine Arbeit zu suchen. Er hätte in der Zeitung schon mal die Jobs markieren und im PC die Bewerbungen vorbereiten können. Ein weiterer Sprachkurs, damit er alle Briefe lesen kann, wäre auch nicht schlecht gewesen. Aber du hast alles gemacht. Er hatte sich auf dich verlassen und brauchte nichts mehr zu tun. Jetzt wohnt er allein und muss alles selber machen. Das wird er vermutlich auch schaffen. Wenn sein Selbstwertgefühl wieder da ist und er etwas geschafft hat, wird er sich vielleicht wieder bei dir melden. Aber ich würde nicht darauf warten. Ist sie ein Mäuschen?"

„Ja. Zirka 15 Jahre jünger."

„Wenn sie ein Mäuschen ist, braucht er das jetzt. Sie schaut zu ihm auf. Es ist auch egal, wie viele Frauen er jetzt hat, ich würde das gar nicht wissen wollen. Ob eine, zwei oder drei, das ist völlig egal. Eine starke Frau wird er sich jetzt nicht nehmen. Die hat er gehabt."

Wir sprachen noch ein bisschen über unseren Alltag. „Du hast überhaupt keine Fehler gemacht. Du hast überhaupt keine Schuld."

Die Umgebung tat mir gut, und ich fing zum ersten Mal an zu denken, wie gut es mir doch ginge. Als ich zu Hause war, hatte ich das Gefühl, als ob ich aus dem Allerschlimmsten heraus wäre. Ich begann endlich, mich gelöst und wie von einer Last befreit zu fühlen. Ich wollte ihn ab jetzt in Ruhe lassen. Das mit dem Essengehen konnte ich vergessen. Ich hätte beim Essen eh' nicht die ganze Zeit nett sein können.

Als ich im Bett lag, hatte ich sogar schon fröhliche Gedanken, war guter Dinge und hatte wieder Selbstwertgefühl. Was waren Freundinnen doch wertvoll! Männer konnten nicht so aus dem Vollen schöpfen, sprachen nicht so ausführlich über ihre Gefühle und Probleme, manchmal noch nicht einmal mit ihrem besten Freund.

Ich freute mich auf den Umzug. Bei der nächsten Begegnung mit ihm wollte ich ihm lachend entgegensehen und auf keinen Fall streiten.

16. Dezember

Ich wollte mich nicht mehr den ganzen Tag gedanklich mit meiner Trennung befassen. Ich legte meine Liebeskummer-Bücher beiseite. Ich war wirklich aus dem Schlimmsten heraus. Seit einigen Nächten schlief ich schon besser und fühlte, wenn ich nachts an ihn und sie dachte, keinen Schmerz mehr. Es hatte sechs qualvolle Wochen gedauert. Ich wog nur noch 53,5 Kilo bei einer Größe von 1,71 m. Wenn ich mich im Spiegel sah, bekam ich jedes Mal einen Schreck.

Meine Freundin Carmen, die in der Pfalz wohnt und die schon lange nicht mehr gut auf ihn zu sprechen war, rief an, um sich nach mir zu erkundigen. „Er hat dir so viel zu verdanken. Er hatte so ein gutes Leben mit dir. Du hast überhaupt keine Fehler gemacht. Die Waage muss schon einigermaßen ausgeglichen sein." Als mir das anfangs jemand sagte, war ich zunächst noch versucht, ihn in Schutz zu nehmen und dachte, dass ich zu stark gewesen war für ihn. Dies dachte ich jetzt nicht mehr.

Ich hatte auf meinem Anrufbeantworter neun Anrufe von Männern, die sich auf meine Anzeige meldeten. Mit fünf von ihnen telefonierte ich. Es waren zum Teil Männer, die ihre Frau nicht verlassen hatten, mir jedoch auf meine Frage eine Antwort geben wollten. Der erste hieß Paul und war von Beruf Taxifahrer. Nachdem ich kurz die letzten Jahre skizziert hatte, sagte er:

„Er ist unangreifbar bei ihr. Er braucht jetzt Selbstbestätigung. Es hält nicht lange. Sie steht ihm zur Verfügung und macht alles mit. Sie wird jetzt keine Gardinen bei ihm aufhängen. Das macht eine Zweiundzwanzigjährige bei einem Achtunddreißigjährigen nicht." Er wollte damit sagen, dass er sie in dieser Trennungszeit für etwas anderes brauchte.

Ich erzählte Paul von unserem Leben, das im Großen und Ganzen gut gewesen war. „Sein gesellschaftliches Leben ist weg. Wenn sie auch weg ist, denkt ‚Mann' als Erstes an das, was er hatte. Dann fängt seine Verarbeitung an. Sie ist jetzt etwas für die eigenen vier Wände. Mit ihr kann er sich sexuell ausleben. Irgendwann wird das aber langweilig. Es muss noch eine gute Kommunikation und ein gutes Sozialleben geben."

Immerhin bestand noch die Möglichkeit, dass sie zusammenblieben und ein Kind bekamen.

Paul sagte, ich könne ihn jederzeit anrufen, wenn ich Fragen hätte.

Der Zweite war Wilhelm, ein Finanzberater, der aus beruflichen Gründen schon viel sprach und sich gut in Menschen hineinversetzen musste. Er wohnte in meiner Nähe und schlug vor, vorbeizukommen. Ich überlegte kurz und willigte dann ein. Als ich ihm die Tür öffnete, streckte er mir zwei Flaschen Sekt entgegen. Er trug einen Anzug – am Sonntagnachmittag! Er öffnete eine Flasche, und wir setzten uns gegenüber an meinen Esstisch, ich stellte meine Fragen und notierte seine ausführlichen Antworten. Ich fand die Szene lustig, es war ein wenig wie bei einer Anhörung.

Unter anderem sagte er: „Die Neue ist nur fürs Bett. Und für das Ego eines Mannes. Nichts Festes. Ein Mann betäubt den Schmerz damit. Vielleicht ist sie verknallt in ihn. Es tut ihr nicht gut, wenn es aus ist. Sie wird leiden. Es stresst sie extrem, dass es dich gibt und dass du mehrmals unangemeldet aufgetaucht bist. Sie fragt sich, ob er Kontakt zu dir hat. Es wird irgendwann vorbei sein. Dann fängt er an, den Schmerz zu verarbeiten. Er wird wieder anrufen. Du solltest ihn nicht zurücknehmen. Er wird sich verändert haben."

Das Frage-und-Antwort-Gespräch dauerte drei Stunden. Er wäre gern noch länger geblieben und hätte die zweite Flasche Sekt geköpft. Ich hatte das Gefühl, dass ich ihm gefalle. Tatsächlich bot er sich mir an. Leider war er nicht mein Typ. Er war mir zu alt und zu dick. Ich beendete unsere Unterhaltung und war glücklich über den Erfolg meiner Anzeige. Es ging voran. Mit Wilhelm hatte ich sogar gelacht.

Am Abend telefonierte ich mit einem Marius. Er meinte: „Dadurch, dass er jetzt ein türkisches Umfeld hat, wird er vielleicht nicht zurückkommen wollen. Er fühlt sich dort wohler, wo er jetzt ist. Anrufen wird er auf jeden Fall wieder."

Die Gespräche gaben mir sehr viel. Es war sehr interessant, sich mit fremden Männern zu unterhalten, die mich nicht kannten und mir ganz pragmatisch ihre Meinungen sagten, die teilweise nicht neu für mich waren. Ich war durch die Gespräche besser und schneller in der Lage, meine Gefühle zu ordnen und vor allem, zu wissen, wie ein Mann sich mit einer Trennung auseinandersetzte.

Der Tenor von allen Männern war, dass ich keine Schuld gehabt und keine Fehler gemacht hatte. Sie fanden es nachvollziehbar und richtig, nicht an ein Kind zu denken, wenn ein Mann keine Arbeit hatte. Dies zu hören, machte mich froh und bestätigte mich. Ich fühlte, wie der Abstand zwischen Metin und mir größer wurde. Dieses Gefühl tat nicht weh.

Es ist sicher hart für jemanden, der sich unbedingt ein Kind wünscht, wenn der Partner keins bekommen möchte. In unserem Fall hätte ich eins bekommen, wenn er eine feste Arbeit bekommen hätte. Es wäre zwar nicht einfach gewesen – wir hatten schon mehrmals über die Themen „Beschneidung" und „Schweinefleisch" gestritten. Ich hätte einen Jungen auf keinen Fall beschneiden lassen wollen, und obwohl ich selbst fast kein Schweinefleisch aß, hätte ich es meinem Kind nicht verboten – schon gar nicht aus religiösen Gründen.

18. Dezember

Ich telefonierte mit einem Konrad: „Er wird nicht leiden. Er sucht sich schnell eine andere, wenn diese junge Türkin weg ist. Er hat Panik, er wird vierzig! Er nutzt die junge Frau nur aus. Er wird das mit dir nicht verarbeiten. Am besten, du zeigst Desinteresse. Er hat keinen Arsch in der Hose, kein Rückgrat. Er hat die Verantwortung gegenüber seiner Ehefrau abgelehnt und hat jetzt eine junge Frau."
Ich sprach dagegen. Metin war ein verantwortungsvoller Mann, er ließ mich nie hängen, wenn ich ihn brauchte, er war verantwortungsvoll gegenüber seiner Familie und gegenüber jedem, der seine Hilfe brauchte. Wenn er eine Arbeit hatte, führte er sie auch verantwortungsvoll aus.
Zum Thema Sex sagte Konrad: „ Wenn das Umfeld nicht stimmt, hat man keine Lust auf Sex. Ein Wohlfühlprogramm, wie Frauen es brauchen, kennen viele Männer nicht. Am besten ist es, du zeigst dich vor ihm mit einem Mann. Dann meldet er sich. Wenn nicht, ist da nichts mehr."
Taxi-Paul rief an, um zu sagen, dass es für viele Männer nicht so einfach ist, jemanden kennenzulernen. „Sie war leicht zu haben." Er meinte, wir Frauen wären da im Vorteil. Ich sah das nicht so. Es war sicher typbedingt, es gibt sowohl schüchterne Männer als auch schüchterne Frauen.

19. Dezember

Eine Möbelfirma rief an, um zu sagen, dass das bestellte Liegesofa geliefert werden könnte. Ich hatte keins bestellt, und es versetzte mir einen Stich. Wieso hatte er „unsere" Telefonnummer hinterlassen? Ich gab der Dame die Handynummer von Metin.
Wer ein Sofa bestellt, kommt nicht mehr zurück.
Ein Mann namens Gregor rief an. Er sagte, dass man, um eine neue Partnerschaft einzugehen, die alte verarbeitet haben muss. Sonst ist man nicht frei. „Die Probleme holen ihn ein. Auch zwi-

schendurch. Er wird nicht sehr glücklich sein, weil er immer wieder an dieselben Barrieren stoßen wird."

Es war genau das, worüber ich mir am meisten Gedanken machte. Was mich betraf, war ich noch lange nicht frei für einen neuen Partner, obwohl ich mir nichts sehnlicher wünschte.

Ich hatte vor knapp zwanzig Jahren, als meine erste lange Beziehung auseinanderging, auf einer Party einen Bekannten getroffen, der mehr von mir wollte und mit dem ich mich eingelassen hatte. Obwohl er sehr verliebt in mich war, lief es meinerseits mehr schlecht als recht, und ich war oft nicht ehrlich ihm gegenüber, obwohl ich ihm mehrmals sagte, dass ich mental noch nicht frei wäre. Er hatte Geduld und gab nicht auf. Ich traf mich in dieser Zeit auch noch häufig mit meinem Ex-Freund und war ständig hin- und hergerissen zwischen zwei Männern. Zu guter Letzt hatte ich keinen von beiden mehr. Ich hatte daraus gelernt. Ich selbst wollte mich auch niemals in einen Mann verlieben, der noch an einer Ex-Beziehung hing.

Ich telefonierte gerade mit meiner Freundin Dina, als es um 22.30 Uhr an der Wohnungstür klingelte: Metin. Er sah sehr schlecht aus, war völlig durcheinander und redete sehr viel. Er kam gleich auf seine Neue zu sprechen. „Sie übernachtet nicht bei mir. Sie darf nicht. Wir hatten ein paarmal Sex, und ich machte das, was du nicht wolltest."

„Seht ihr euch weiter?"

„Ich sehe sie weiter."

„Warum hast du sie genommen?"

Es ging ihm in erster Linie um Sex.

„Habt ihr euch in einer Bar kennengelernt?"

„Wir haben uns nicht in einer Bar kennengelernt. Ich war nicht in einer Bar seit der Trennung. Nur ein Freund war seit der Trennung bei mir zu Hause. Die anderen sollen nicht sehen, wie schlecht es mir geht." Meine Gefühle spielten Achterbahn. Auf der einen Seite tat er mir leid, auf der anderen Seite tat er mir weh, ich liebte ihn noch und brauchte selbst Hilfe. Ich wollte es ihm heimzahlen und erzählte von einem fiktiven Mann, mit dem ich mich getroffen hatte. Er wurde wütend.

„Du hast vor Gott geschworen, dass du treu bist. Ich will dich jetzt nicht mehr zurück. Wir können gern essen gehen, aber mehr nicht."

„Ich habe dasselbe gemacht wie du!"

„Nein. Ich denke jetzt immer daran, dass du einen anderen Mann gehabt hast. Ich habe vier Tage nichts gegessen. Sie wollte mich ins Krankenhaus fahren. Warum bist du gekommen? Warum hast du mich vor ihr fertiggemacht? Denkst du nicht, dass es mir schlecht ging mit dem anderen Körper, mit dem anderen Geruch? Bevor du den anderen hattest, habe ich viele Male im Garten geweint. Ich dachte, ich habe einen Fehler gemacht und gehe zurück. Jetzt nicht mehr."

Ich war fassungslos und fragte: „Was sind meine fünfzehn Minuten gegen deine acht Wochen?"

„Ich habe gesagt, dass du ein Jahr warten sollst."

Ich dachte: Er spinnt. Wo lebt er? Ich sagte: „Wo ist meine Garantie?"

Er wechselte das Thema und erzählte, wie viel Geld er durch den Grundstücksverkauf erhalten hatte. Es war nicht viel, reichte jedoch, um sich die Wohnung einzurichten. Zurzeit rauchte er drei Packungen Zigaretten pro Tag.

Dann regte er sich über meinen Brief auf und sagte, wenn er ein eigenes Auto gehabt hätte, hätte er sich Mühe gegeben, eine Arbeit zu suchen. Er würde die Entschuldigung für seine Neue zurücknehmen.

Ich sagte ihm, wie blöd diese Frau wäre.

Er schimpfte und schimpfte, was ich alles falsch gemacht hätte. Er sah alles anders als ich. „Du hast meine schönsten Jahre kaputt gemacht."

„Warum hast du nicht gearbeitet?"

„Ich hatte kein Ziel."

„Jeder muss arbeiten, ob mit oder ohne Kind. Wir haben gut gelebt. Wir hatten schöne Zeiten."

Er war wirklich total durcheinander. Ich hatte das Gefühl, er suchte nach Gründen, mich fertigzumachen. Ich verstand seine Gedanken nicht. Wir standen am offenen Küchenfenster und rauchten. In diesen Minuten kehrte so etwas wie Ruhe und Frieden ein.

Ich sagte: „Ich will die Scheidung nicht."

„Ich will die Scheidung. Und ich habe mich nicht monatelang vorbereitet."

„Wenn sie weg ist, hast du eine andere."

„So bin ich nicht."

Er wollte am nächsten Wochenende seine restlichen Sachen holen.

Als er nach zwei Stunden ging, war ich total ernüchtert. Ich saß noch lange da und dachte nach. Unser Streit drehte sich immer wieder um dieselben wenigen Themen, die wir beide komplett anders sahen.

20. Dezember

Ich war völlig ausgelaugt vom Vorabend und dem stundenlangen Streiten und wollte mich versöhnlich zeigen. Ich schickte ihm vormittags zwei liebe SMS und sagte ihm, dass ich den anderen Mann erfunden hatte, damit er denselben Schmerz haben sollte wie ich. Dann rief ich Taxi-Paul an für die dritte telefonische Therapie-Sitzung. Ich war sehr froh, ihn kennengelernt zu haben.

Ein Mann namens Manfred rief an. Er sagte: „Er wird nicht leiden. Er hat ein anderes Umfeld, in dem er sich häuslich einrichtet. Er hat einen Besitzanspruch, das sieht man daran, dass er eine andere Frau haben darf, du sollst es aber nicht. Seine Neue stellt keine Fragen, und er gibt den Ton an. Er fühlt sich auch nicht wohl mit ihr. Er verarbeitet dich jetzt nicht. Er wird dir gegenüber schon Dankbarkeit spüren, aber letztendlich wollte er dieses Leben nicht mehr."

Im Briefkasten lag ein Schreiben des Anwalts. Der Scheidungstermin war auf den 11. Januar anberaumt. Ich war total fertig. Das alles ging mir zu schnell. Ich hatte innerhalb von vier Monaten die Trennung, seinen Auszug, seine Neue und die Scheidung zu verkraften.

21. Dezember

Ich rief total nervös den Rechtsanwalt an, um ihm zu sagen, dass ich den Scheidungstermin um zwei Monate verschieben wollte. Er verstand nicht warum und sagte, ich müsste nicht anwesend sein. Ich erklärte ihm nochmals, dass ich die Scheidung nicht wollte, dass es mir zu schnell ging und dass ich noch zwei Monate brauchte, um mich daran zu gewöhnen. Dass ich dann noch zwei Monate länger Unterhaltszahlung an Metin leisten musste, war mir egal. Nach dem Telefonat fühlte ich mich erleichtert und musste lange weinen, um die Anspannung loszuwerden.
Ich musste ununterbrochen an unser letztes Treffen denken. Seine Worte hatten mich alle sehr getroffen, vor allem die bezüglich seines Sexlebens mit ihr. Warum war es so bitter, daran zu denken, dass der Ex mit einer anderen schlief? Für ihn war es auch nicht dasselbe, ob er eine andere hatte oder ob ich einen anderen hatte. Er wollte bei der Verabschiedung noch nicht einmal mehr angefasst werden. Ich konnte seine Reaktionen und Worte nicht nachvollziehen. Ich wollte mich damit nicht mehr befassen und ihn gar nicht mehr sehen. Ich dachte, dass er es nicht allein schaffen würde, dass er durchgeknallt ist und überfordert mit der Situation, die er aber selbst wollte. Das Wichtigste war aber, dass ich meine Gedanken wieder in eine Richtung lenkte, die es mir besser gehen ließ.
Ich rief Taxi-Paul an. Er sagte: „Das ist normal, dass er so etwas sagt." Das beruhigte mich. Ich brauchte also nicht so fassungslos zu sein.

22. Dezember

Wilhelm rief an. Ich erzählte ihm vom letzten Treffen. Er meinte: „Er hat nicht begriffen was er gemacht hat, wenn er das sagt. Was er sich nimmt, muss er dir auch zugestehen. Er ist ein Egomane. Was du jetzt brauchst, ist kein Sex, sondern Zärtlichkeit. Reiner Sex dient dir jetzt nicht."

Mit diesen Worten bot er sich mir nochmals an. Er sagte, ich könnte ihn immer anrufen, wenn ich Streicheleinheiten bräuchte. Ich bedankte mich und sagte ihm, dass mir zurzeit nicht der Sinn danach stünde, ich aber bei Bedarf darauf zurückkäme. Ich wollte nicht unfreundlich sein.

„Er wäre mit dir weiterhin ins Bett gegangen, wenn du das mit der Neuen nicht gewusst hättest. Er kann nicht erwarten, dass du jetzt ein Jahr stillhältst."

„Ich habe gesehen, dass er mich auch vermisst. Vielleicht leidet er auch, wenn ich sage, dass ich einen anderen Mann hatte?"

„Nein. Egomane. Er will sich etwas nehmen, was er dir nicht zugesteht."

Ich war immer noch fassungslos darüber, was Metin nach der Trennung gemacht hatte. Die Situation war so absurd. Ich wollte beide endlich loslassen und nach vorn schauen. Ich merkte, dass mein Schmerz einer Traurigkeit gewichen war. Und immer wieder Entsetzen darüber, was aus unserer Beziehung geworden war.

Ein Raimund rief an, es war ein langes Telefonat. Er wollte mir wirklich helfen: „ Dein Mann ist zu neunundneunzig Prozent schwanzgesteuert. Und er hat eine andere Mentalität. Er benutzt die Neue. Auch wenn eine Frau nicht attraktiv ist, kann ein Mann mit ihr schlafen. Du musst auch Stolz haben. Es ist die andere Mentalität, dass er dich nicht zurückhaben will, dass er es sich nimmt, aber dir nicht zugesteht. Ich bin zu hundert Prozent überzeugt, dass er wieder vor der Tür steht. Nimm ihn nicht zurück! Die Junge wird auch irgendwann unattraktiv. Wenn ein Mann alles kriegt, ist es für ihn nach einigen Monaten auch langweilig. Es war normal, dass du dich überfordert zurückgezogen hast. Außerdem hattest du einen Job, die Hausarbeit und mehr. Kuscheln bei einem Mann geht nicht, ein Mann ist schwanzgesteuert. Du machst dir zu viele Vorwürfe, merke ich. Du dreißig Prozent, er siebzig Prozent, das wäre okay. Du hast dich normal verhalten. Er hatte kein Verständnis dafür. Auch wenn du jetzt einen anderen Mann gehabt hättest, muss er nicht abdrehen. Ein Mann bricht eigentlich nur aus, wenn der Sex nicht gut ist. Was ein Mann sich nimmt, muss er der Frau auch zugestehen. Wegen Fremdgehen: Männer tun es, aber wenn die Frau es tut, ist es nicht okay. Warum sollst du ein Jahr verzichten? Nimm ihn nicht zurück. Du brauchst ihn nicht. Leb dein Leben. Deutschland ist ein Schlaraffenland. Er wird wieder vor der Tür stehen. Wenn er dich wirklich liebt, macht er auch alles für dich. Sag ihm, er soll erst mal sein Leben auf die Reihe kriegen. Sich eine Arbeit suchen."

Es war ein sehr nettes, schönes Telefonat. Am liebsten hätte ich mich mit Raimund getroffen, um mit ihm stundenlang zu reden. Bestimmt war er ein interessanter Mann.

Dann meldete sich noch ein Mann, der sich gleich im zweiten Satz anbot, mit mir Sex zu haben. Es war bereits der Zweite. Er hatte wohl die Anzeige missverstanden. Ich war sehr unfreundlich und sagte, dass es für seinen Wunsch sicher die passende Internet-Plattform gäbe.

23. Dezember

Ich schlief sehr gut, obwohl ich nachts wach lag und an beide dachte, aber ohne Schmerz und ohne Magenschmerzen. Ich wollte ihn nicht mehr zurück. Ich hoffte, er würde in die Türkei zurückgehen, zu seiner Mutter, die der wichtigste Mensch in seinem Leben war und die er jetzt täglich anrief, weil sie sich Sorgen machte. Sie hatte auch zu ihm gesagt, er sollte jetzt nicht allein sein. Ich freute mich ungeduldig auf den Auszug Ende Januar und auf die andere Umgebung. Ich machte sogar noch einen Nachmittagsschlaf und danach die letzten Weihnachtseinkäufe.

24. Dezember

Ein Tag voller Gefühle. Ich war hin- und hergerissen zwischen Liebe und Ärger, auch auf mich. Ich ärgerte mich, dass ich ihm etwas von einem anderen Mann vorgelogen hatte und dass ich am nächsten Morgen zwei SMS geschickt hatte. Ich hatte geschrieben, dass ich immer für ihn da wäre. Ich ärgerte mich auch, dass ich ihm hinterherlief wie ein Hund und nicht wollte, dass er ging. Ein weiterer Kontakt hatte gar keinen Sinn. Die Wogen sollten sich glätten, und ich wollte zur Ruhe kommen. Ich musste mir endlich alles verzeihen, was ich jemals gemacht hatte. Stattdessen war ich so hart zu mir und überlegte ständig, was ich wo warum falsch gemacht hatte. Es hatte keinen Sinn, das wusste ich, ich zerfleischte mich nur. Ich sehnte den Tag herbei, an dem ich endlich neutral über alles denken konnte. Ich visualisierte ihn mir schon einmal. Was man sich visualisiert, trifft auch ein. Im Moment wollte ich noch am liebsten alles rückgängig machen.

Er hatte gesagt, dass er, wenn ich ihn verlassen und einen Neuen gehabt hätte, nicht zu mir gekommen wäre, was ich mir gut vorstellen konnte. Er hätte damit recht gehabt. Es hat keinen Sinn, einem anderen hinterherzulaufen.

Ich feierte den Heiligabend bei Patrizia. Ich konnte mich nur teilweise ablenken oder erfreuen. Die leuchtenden Augen ihrer Kinder halfen mir dabei. Ich übernachtete bei ihr, und als alle im Bett waren, kam sie zu mir, und wir redeten noch lange.

25. Dezember

Ein weiterer Mann rief an. „Seine Verhaltensweise ist labil. Er will dich behalten, will aber auch die andere Frau haben. Das ist ein typisches Machoverhalten, wenn er eine Frau will, du aber keinen anderen Mann haben sollst. Du bist ein Reserverad. Sein Hormonhaushalt ist durcheinander. Er hat mit der Neuen eine Zweckbeziehung."

Ja, wir benahmen uns wie die Kinder. Jedes Wort war eins zu viel. Es war eine so schlimme psychische Ausnahmesituation, wie ich sie noch nie erlebt hatte, trotz einiger Trennungen zuvor. Diese überstieg alle.

26. Dezember

Ich telefonierte mit Katja, um ihr frohe Weihnachten zu wünschen. Sie sagte: „Wir haben doch schon so viel erlebt und auch schon einige Männer gehabt, als dass wir uns Fehler nicht verzeihen könnten. Du hast so um ihn gekämpft, mit allen Mitteln, die dir zur Verfügung standen. Das ist toll."
„Ich musste das. Ich musste auch immer mal wieder bei ihm spionieren, damit ich es begreife. Ich musste mit eigenen Augen sehen, dass er eine andere hat. Ich befreite mich dadurch zum Teil. Ich muss jetzt endlich loslassen und mehr Stolz haben. Meine Zukunft ist wahrscheinlich besser als seine."
Sicher würde er keine deutsche Frau mehr haben. Und eine in Deutschland aufgewachsene Türkin hätte Schwierigkeiten, in der Türkei zu leben.

27. Dezember

Während ich nicht zu Hause war, holte er seine restlichen Sachen ab. Er rief nicht an und hinterließ keine Notiz, was mich sauer machte.

29. Dezember

Ich hing schon morgens durch und heulte. Ein ewiges Auf und Ab. Ich konnte sie und ihn gedanklich einfach nicht abschütteln und fühlte mich weggeschmissen.

Ich packte meine Tasche und fuhr mit dem Auto zu meiner Freundin Carmen in die Pfalz, um Silvester bei ihr zu feiern. Ich wollte auf keinen Fall den Jahreswechsel zu Hause verbringen.

2. Januar

Die letzten Tage taten mir gut. Wir feierten den Jahreswechsel bis kurz vor Mitternacht in Carmens Haus mit ihrer Tochter, ihrer Mutter und ihrem Cousin, bevor wir zum Marktplatz aufbrachen, dem Feuerwerk zuschauten und danach in die einzige Kneipe des Ortes gingen, in der sich anscheinend der ganze Ort versammelt hatte. Wir saßen an einer langen Tafel, die Stimmung war ausgelassen, und ich flirtete mit zwei Einheimischen. Wir waren eine große Familie, es kamen immer mehr Männer und Frauen hinzu, es waren sehr schöne, lustige Stunden. Das Leben ging weiter.

Am Abend kam ich heim. Es ging mir wesentlich besser, und ich dachte nicht mehr jede Sekunde an ihn. Mein Gehirn hatte wieder freie Kapazität, um an andere Dinge zu denken. Die letzten Tage hatten mir durch den räumlichen Abstand, die neuen Menschen und den Spaß sehr gut getan. Und wir hatten ein neues Jahr. Ein neues Jahr – ein neues Glück, dachte ich.

Um 22 Uhr klingelte Metin an der Wohnungstür. Er umarmte mich und wünschte mir ein frohes neues Jahr, was ich ihm auch wünschte. Er war auch am Abend zuvor bei mir gewesen und dachte, ich wäre bei einem anderen Mann, was ihm wohl nicht gefiel. Er wollte sein Fahrrad in den nächsten Tagen holen. Ich hielt Abstand von ihm und sagte ihm, dass ich die Geschichte mit dem anderen Mann erfunden hätte. Ich wollte jetzt gar keinen neuen Mann. Ich kann erst wieder lieben, wenn der Kopf und das Herz frei sind. Er war sehr nett und soft und sagte, ich hätte recht und dass er mit seiner Neuen einen Fehler gemacht hätte.

„Sie ist nicht zu mir gekommen. Ich habe sie gefragt, ob sie mir helfen kann. Du hast auch einen Fehler gemacht, dass du zu mir kamst." Carmen hatte recht: Männer suchen die Schuld nicht bei sich.

„Kann ich wissen, dass sie jedes Mal da ist?"

„Sie ist nicht so oft da."

Es war ermüdend, und trotz der Freundlichkeit kamen wir nicht weiter. Beim Abschied wollte er, dass ich ihn umarmte. Mir war nicht danach.

„Beim letzten Mal wollte ich dich umarmen, aber du wolltest nicht. Also halte ich Abstand."

Es war ein Katz- und Mausspiel. Zog sich der eine zurück, kam der andere näher.

„Du hast mich angelogen. Du hast zweimal gesagt, sie ist schon weg. Ich muss dich loslassen. Du kannst sie haben, es ist mir egal. Ich habe dir verziehen, bis du mich angelogen hast. Siehst du sie noch?"

„Sie kommt und sie geht. Ich weiß nicht, warum sie kommt."

Die Antwort war unfassbar. Er wollte sich mit dieser Lüge aus der Affäre ziehen. Sie tat mir fast leid. „Wenn hier jemand kommt und geht, weiß ich immer warum."

Ich war mir bewusst, dass das hier ein Kindergarten war. Ich wollte es endlich beenden und wirklich gar keinen Kontakt mehr haben.

3. Januar

Ich fühlte mich frei. Es ging mir viel besser. Ich war des Streitens und Diskutierens müde. Ich räumte in meiner Wohnung herum und mistete aus, wobei ich gleichzeitig mein Inneres ausmistete.

5. Januar

Ich hatte meine Mutter, meinen Onkel und Tatjana zum Abendessen eingeladen. Es war ein sehr netter Abend, an dem wir viel lachten, und wir redeten über alles andere als über Metin und meine Scheidung. Es tat mir gut, zu merken, dass es auch noch andere Themen gab. Als sie weg waren, hielt ich es trotzdem nicht mehr aus. Ich fuhr zu ihm, um zu sehen, was er machte. Er hatte mir erzählt, dass er einen Job in einem Möbelhaus hatte und erst spätabends zu Hause war. Um 0.50 Uhr stand ich vor seiner Tür. Ich spähte durch den Spion und sah sie auf dem Sofa sitzen und laut erzählen. Es waren noch zwei andere Frauen im Raum, die ich nicht sehen konnte. Das Licht ging im Hof an. Ich schlich schnell eine Treppe höher, und Metin betrat das Treppenhaus. Fast hätte er mich gesehen, denn er lief sehr schnell und schloss seine Wohnungstür auf. Mein Herz klopfte laut vor Schreck. Ich blieb einige Minuten stehen vor Angst, jemand würde die Wohnung verlassen, dann schlich ich wieder vor den Spion. Er saß auf dem Sofa, ihr Kopf auf seinem Schoß, er küsste sie auf die Stirn. Sie sahen alle einen Film und lachten und redeten laut. Ich hasste ihn dafür. Ich hasste auch mich wieder für alle Nettigkeiten, die ich ihm beim letzten Treffen gesagt hatte. Ich fuhr wütend nach Hause und trank die Weinflasche vom Abendessen leer.

Ich dachte: Was willst du eigentlich von mir? So trennt man sich nicht von seiner Ex-Frau. Seitdem du weg bist, hast du keinen Charakter mehr. Und belügst alle Menschen. Du hast mich weggeschmissen wie ein altes Handtuch und dir ein neues genommen. Du hast mich nicht informiert und wolltest keinen Kontakt mehr haben. Gestern kommst du zu mir, und heute bist du wieder mit ihr zusammen. Ich kochte vor Wut.

6. Januar

Es ging mir extrem schlecht, ich heulte viel und hatte nur drei Stunden geschlafen. Ich wusste, dass es mir nicht gut tat, zu ihm zu fahren und beide miteinander zu sehen. Ich wusste doch schon alles. Ich musste nach vorn schauen und nicht zurück. Ich war wütend auf mich, war mein Gefühlszustand doch schon einigermaßen stabil gewesen, und nun kam wieder ein Rückfall. Ich sah den ganzen Tag die gestrige Sofaszene vor mir, die mich völlig durchhängen ließ. Ich war zu nichts zu gebrauchen.

7. Januar

Ich schlief die Nacht durch, und am Morgen ging es mir gut. Ich hatte am Abend Gott gebeten, mir zu helfen, und er hatte mir geholfen. Ich war nicht mehr traurig, sondern wütend, und ich dachte an die unlustigen Abende, an denen ich hätte Bewerbungen schreiben müssen, was ich im letzten Jahr meistens vor Frust nicht tat und deshalb ständig ein schlechtes Gewissen hatte. Eine Frau, die von Arbeit und Alltag überfordert war, kommt nicht mehr freiwillig, um schlechten Sex zu haben. Mir fehlten Kuscheln und schöne Gespräche. Warum dachten viele Männer, dass Standhaftigkeit gleichbedeutend mit gutem Sex war? Wir Frauen sahen das nicht so. Wahrscheinlich konnte er mit der Neuen, die in ihm vielleicht einen Vater sah, alles ausprobieren.

Später am Tag dachte ich milder über mich. Ich war stolz auf mich, dass ich immer alles geschafft hatte, was ich erreichen wollte. Nein – ich wollte ihn nicht mehr zurückhaben.

Gegen Mittag kam meine Freundin Annette und half mir in der Küche, mein Geschirr in Kisten zu packen. Sie war ein Packgenie und konnte in eine Kiste immer ganz viel hineinpacken. Ich hielt etwas Notgeschirr und -besteck zurück. Die Wohnung war zu Ende Januar gekündigt, in drei Wochen zog ich endlich um.

Abends brachte ich wieder vier gepackte Kisten – mehr passten in mein Auto nicht hinein – zu meinen Eltern. Diese Abende gefielen mir. Ich bekam ein warmes Essen, und anschließend saßen wir vor dem Fernsehen und machten Small Talk. Es hatte etwas Beruhigendes für mich, und obwohl ich nicht viel mit meinen Eltern über mich sprach, war es ein gutes Gefühl, dass sie da waren. Mittlerweile standen auf dem Dachboden schon einige Kisten von mir. Vom Tragen hatte ich Rückenschmerzen bekommen. Mir hatte in den letzten Wochen so viel im Körper wehgetan, dass ich mich nicht auch noch um die Rückenschmerzen kümmerte.

10. Januar

Ich lachte schon wieder und hatte – bis auf die Rückenschmerzen – keine weiteren Schmerzen mehr. Wenn ich an Metin dachte, war er mir fremd geworden. Ich rief ihn abends an, sagte ihm, dass er den Wohnungsschlüssel, den er noch hatte, bald vorbeibringen solle und fragte, wie es seiner Mutter ginge, die eine Operation hinter sich hatte. Er war einsilbig. Entweder war er krank oder hatte gerade Sex gehabt. Er fragte ziemlich sauer, warum ich den Scheidungstermin verschoben hätte. Wahrscheinlich hatte er jetzt erst davon erfahren.

„Wenn du jetzt nicht allein bist, spreche ich nicht mit dir. Sei doch froh, dass du noch zwei Monate länger Geld bekommst von mir."

Daraufhin legte er den Hörer auf.

Ein Kontakt brachte wirklich nichts mehr.

11. Januar

Ich rief Taxi-Paul an, um mit ihm zu reden. Leider war er nicht da. So räumte ich weiter meine Schränke und Kommoden aus und packte einige Kisten. Um 22.45 Uhr kam Metin. Er blieb zirka eineinhalb Stunden. Er sah total schlecht aus und hatte viele graue Haare bekommen. Er wollte wissen, warum ich den Scheidungstermin verschoben hatte. Ich erklärte es ihm. Wir sprachen freundlich miteinander. Er sagte, dass er in den letzten Wochen zirka zwanzigmal vor meiner Tür gestanden hätte, um zu sehen, ob ich zu Hause gewesen wäre. Also spionierte er auch und konnte mich nicht loslassen. Seine Neue nannte er „Nutte". „Glaubst du etwa, sie ist mir wichtig?" Wir sprachen lange über sie. Ich blieb ruhig und sachlich und erklärte ihm, warum ich ihm vier Wochen hinterhergelaufen wäre, bis er mich ihretwegen belogen hätte. Dann überkamen ihn die Gefühle für mich. Er umarmte mich, was sehr schön war. Ich sagte ihm, dass es nicht gut wäre, jetzt Sex zu haben, weil er morgen wieder mit ihr im Bett liegen würde. Ich befreite mich. Als er ging, sagte er: „Aber du kommst nicht und sagst es ihr, oder?" Er war auch total durcheinander. Ich fühlte mich miserabel.

12. Januar

Ich rief ihn in der Mittagspause an, um ihm nochmals zu sagen, dass er den Wohnungsschlüssel bis Ende des Monats vorbeibringen sollte.
„Schade, dass du gestern nicht geblieben bist. Warum sollen wir ein Jahr warten? Was soll sich ändern? Wir haben doch noch Gefühle für den anderen."
Er antwortete: „Hör auf mit Gefühlen. Ich will nicht nach deinen Regeln leben. Ich weiß nicht mehr, was ich denken soll. In meinem Kopf ist Chaos."

Ja, mit meinen Gefühlen sollte ich wirklich aufhören. Ich wollte sie auch nicht mehr täglich wechseln.

Abends verabredete ich mich mit Taxi-Paul in einer Kneipe, in der das Bier selbst gebraut wurde. Es schmeckte mir köstlich, ich trank zu viel und redete ihn mir schön. Als wir uns bei unseren Autos verabschiedeten, redeten wir noch eine Weile und küssten uns endlich, was mir gefiel. Mir war klar, dass beim nächsten Treffen mehr passieren würde.

13. Januar

Wir hatten eine Familienfeier und waren im Restaurant. Es war schlimm. Während alle paarweise kamen, war ich der einzige Single. Ich war schon öfter in meinem Leben Single, und oft auch ein glücklicher. Es machte mir nichts aus, viele Dinge allein zu machen, aber auf einer Feier fühlte ich mich immer einsam inmitten all der gut gelaunten Paare, die so viel aus ihrem gemeinsamen Leben erzählten. Es war kein schöner Abend für mich.

14. Januar

Ich fuhr abends zu Metin und schaute durch den Spion. Er war allein und baute ein TV-Rack zusammen. Ich ging um das Haus herum auf die Rückseite, kroch durch das Gebüsch, wobei ich mir meine schwarze Steppjacke an mehreren Stellen aufriss, stand am Zaun und schaute in sein Schlafzimmer hinein. Auf dem Nachttisch saß ein Stofftier, und am Wäscheständer hing ihre Jacke, ihr T-Shirt und ein BH. Sie war schon fast bei ihm eingezogen. Wie konnte ein Mann nur derart lügen und – noch schlimmer – so schlecht von seiner Neuen reden?

Natürlich ging es mir nicht gut, als ich wieder nach Hause fuhr. Ich hatte mehr gesehen, als ich wollte, und das musste ich jetzt erst einmal wieder verarbeiten.
Taxi-Paul rief an: „Er ist abgelenkt, wenn sie da ist. Er denkt nicht so viel nach."

15. Januar

Ich hing abends herum. Dann packte ich weitere Kisten und brachte sie zu meinen Eltern, blieb aber nicht lange, weil ich so müde war.

16. Januar

Im Büro hatten wir einen Coach eingeladen. Er sollte uns als Team stärken. Er breitete einige Postkarten vor uns aus, auf denen ein Spruch stand, und jeder sollte sich eine nehmen und ihn vorlesen. Ich nahm eine Postkarte, auf der ein Skateboarder über ein Wasser springt. Darüber stand: „Nur Mut! Geht nicht gibt's nicht!"
Der Spruch von Anita gefiel mir auch sehr gut, und ich schrieb ihn auf: „Ein neues Leben kann man nicht anfangen – aber täglich einen neuen Tag."

17. Januar

Ich sprach mit Taxi-Paul und sagte ihm, er solle mich besuchen kommen. Er kam und erzählte einiges über sich, was mich nicht besonders interessierte, aber ablenkte. Dann landeten wir im Bett. Ich war natürlich nicht bei der Sache, wollte es aber, um zu wissen, wie sich der Sex mit einem anderen anfühlte. Danach tranken wir noch ein Glas Wein. Er hatte sich also mit einer Frau eingelassen, die Liebeskummer hatte. Als er weg war, fühlte ich mich schlecht. Es hatte mir keinen Spaß gemacht.

19. Januar

Ich hatte zwei schlechte Tage hinter mir. Meine Blase tat wieder weh, und ich heulte viel. Ich vermisste Metin so sehr. Es regnete und stürmte, und es war den ganzen Tag nicht hell geworden. Ich fühlte mich total elend. Ich glaubte nicht, dass Metin und ich wieder zusammenkommen würden.

Patrizia und mein Schwager Thomas kamen vorbei, um mir die Wohnung zu streichen. Ich hatte einige Möbel verkauft bzw. verschenkt und fast alle Kisten gepackt. Die Möbel, die ich noch besaß, schob ich in die Mitte der Räume, sodass Thomas die Wände streichen konnte, während Patrizia die Leisten und Fensterrahmen abklebte.

Thomas sagte: „Wenn sich jemand von mir scheiden lassen will, dann will er doch gar nichts mehr mit mir zu tun haben. Nimm das Wort Scheidung nicht so schwer." Ich sprach mit ihm über die Widersprüche in Metins Verhalten bezüglich der Scheidung und seiner Neuen. Es war gut, mit einem Mann zu sprechen, der ihn kannte. Die beiden hatten sich immer gut verstanden.

20. Januar

Ich lud abends wieder mein Auto mit vier Kisten und Kleinkram voll und fuhr zum vorletzten Mal zu meinen Eltern, dann waren alle Kisten bei ihnen verstaut, und ich besaß nur noch das, was ich in meine neue Bleibe zu meinem Onkel mitnehmen wollte: meinen PC, meine Stereoanlage, einige Ordner, meine Kleidung und Kosmetik. Taxi-Paul schickte eine SMS. Nach drei Tagen!

Er sagte, dass ihm der Abend mit mir gefallen hätte und fragte, wie es mir geht. Ich antwortete freundlich, aber kurz. Eine Wiederholung des Abends wollte ich auf keinen Fall.

Um 23.00 Uhr stand Metin vor der Tür. Er war aufgeregt und schlug mir einen Deal vor, zu dem ich Nein sagte. Er wollte sich von mir Geld borgen und es mir später zurückzahlen, wenn sein zweites Grundstück in der Türkei, das immer noch nicht verkauft worden war, unter dem Hammer sei. Ich wollte ihm kein Geld leihen, erhielt er doch schon drei Siebtel meines Nettogehaltes. Er wurde wütend und sagte, ich würde es aus Rache nicht tun. Dann sprach er davon, dass er jetzt einen Teil meiner Rente haben wollte. Ich zeigte ihm den Ehevertrag, in dem wir den Versorgungsausgleich ausgeschlossen hatten. Er war noch wütender und sagte: „Wir sehen uns am 22. März." Das war unser neuer Scheidungstermin.

„Ich komme nicht am 22. März."

Er ging zur Toilette und kam nach einigen Minuten zu mir in die Küche, sichtlich ruhiger. Er umarmte mich. Ich war erstaunt. Das Thema kam auf unseren schlechten Sex, während wir in der Küche am offenen Fenster standen und rauchten. Es war sehr kalt, aber die Kälte störte mich nicht.

Ich sagte: „Unsere Liebe fing so romantisch an."

„Das finde ich auch."

„Ich weiß schon, wie es mit euch weitergeht."

„Wie denn? Dass sie in einigen Monaten geht?"

Dieser Satz zeigte mir, dass er daran dachte, mit ihr zusammenzubleiben. Wir sprachen wieder über sie.

Ich wollte es wissen: „Wie kannst du mit ihr Sex haben? Wie kannst du sie küssen?"

„Ich weiß auch nicht. Das bin ich alles nicht. Ich weiß nicht, warum ich das mache."

„Seitdem du weg bist, bist du nicht mehr derselbe. Das ist nicht dein Charakter. Du hast sie, damit du Sex hast und damit du nicht allein bist. Dann musst du nicht nachdenken."

„Ich denke nach! Ich sehe nur meine beiden Freunde Ahmed und Mustafa, alle anderen nicht. Ich will immer nur streiten.

Ich bin immer nur wütend." Dann sagte er, dass er mich damals verstehen konnte, als ich das erste Mal wütend zu seiner Wohnung kam. Wir waren uns plötzlich sehr nah. Die Situation war schrecklich: zwei Menschen, die sich geliebt hatten und sich jetzt zerfleischten, mit ihren gegenseitigen Gefühlen nicht klarkamen und je nach Gefühlslage nett und einfühlsam oder wütend und vernichtend waren. Plötzlich nahm er mehrere Anläufe, seine Jacke auszuziehen, überlegte es sich aber wieder und behielt sie an. So ging es einige Male hin und her. Er hatte Angst, dass ich es ihr sagen würde, wenn etwas zwischen uns passierte. Es wäre eine Genugtuung für mich.

Er sagte: „Ich will dich weiter sehen."

„Aber du hast seit drei Monaten eine andere. Und du siehst sie weiter."

„Ich wollte ein Jahr Freiheit. Lass mir die Freiheit."

„Ich lasse dir deine Freiheit. Aber DU kommst zu MIR. Mein Kopf sagt, ich muss dich loslassen, aber mein Herz kann es noch nicht. Du willst zwei Frauen zur selben Zeit haben?"

„Ist das richtig, was wir hier tun?"

„Ich denke, die letzten Monate waren nicht richtig."

Wir küssten uns heiß und hatten wilden Sex. Nach fünf Monaten. Es war, als wäre gerade ein einziger Tag vergangen. Letztendlich reagierten wir uns nur ab. Jedenfalls entspannte er und machte uns sanft. Einen Moment dachte ich, er würde sie jetzt lassen und zu mir zurückkommen. Aber ich war realistisch.

„Warum willst du dich scheiden lassen?"

„Es ist doch nur ein Papier."

„Ein Jahr Freiheit ohne die andere wäre gegangen, aber du hast jetzt eine andere. Wie stellst du dir das vor?"

Als er weg war, merkte ich dass es mir nichts ausmachte, dass er in seine eigene Wohnung fuhr. Ich war froh, allein zu sein.

21. Januar

Ich räumte den ganzen Tag meine restlichen Sachen zusammen. Die Wohnung war nun fast leer, und ich machte es mir so gemütlich wie möglich. Die beiden Teppiche lagen noch im Wohn- und Esszimmer, die Vorhänge hingen noch, ich hatte noch meinen Fernseher, meine Stereoanlage, meine Matratze und einige Lampen. Zwei junge Studenten kamen und nahmen meinen Kühlschrank mit, den ich ihnen schenkte. Die wenigen Lebensmittel stellte ich auf den Balkon. Gott sei Dank gab es keinen Nachtfrost.

Beim Räumen meiner restlichen Sachen musste ich wieder weinen. Ich war in einem schlechten Film. Metin war wirklich nicht mehr zurechnungsfähig: Er wollte mich weiterhin regelmäßig sehen, gleichzeitig seine Neue aber nicht lassen, von der er nicht wusste, warum sie bei ihm ein- und ausging. Sie sollte von mir aber nicht erfahren. Das heißt, ich würde bei meinem Mann zur Geliebten werden? Er wollte mit mir im April in die Türkei fliegen, gleichzeitig aber die Scheidung, um in einem Jahr wieder mit mir zusammen zu sein? Eine Scheidung ist doch kein Spiel. Während ich meine Gedanken wenigstens täglich ordnen konnte, schien er es überhaupt nicht mehr zu tun. Ich dachte viel über Männer nach, die sich sofort nach der Trennung eine Neue nehmen, und ich fand es sehr unwürdig für die Neuen. In seinem Fall hatte er sich obendrein eine sehr Junge genommen. Solange er sie sah, wollte ich ihn nicht mehr sehen. Ich hoffte, ich würde es schaffen. Ich dachte an die vielen Schmerzen, die ich in den letzten Monaten hatte. Ich war total abgemagert und wog nur noch 53,5 Kilo. Ich hatte kaum geschlafen, die meisten Nächste kaum mehr als drei Stunden. Ich aß kaum noch, und wenn, dann machte ich meistens Pasta mit Tomatensauce, Fleisch und Zucchini, was schnell ging. Die Kalorien nahm ich weiterhin hauptsächlich flüssig zu mir, in Form von Säften, Rotwein und Kakao mit Vollmilch. Ich durfte nicht noch dünner werden.

Beim Nachdenken wurde ich auch immer wütend auf ihn, der mir wie einer guten Freundin von seiner Neuen erzählte, die ihn regelmäßig besuchte. Wir hatten unser Gefühlsleben nicht mehr im Griff und konnten gar nicht richtig einschätzen, mit welchen Äußerungen wir den anderen unglaublich verletzten.

25. Januar

Es ließ mir keine Ruhe, und so fuhr ich noch einmal hin. Ich hoffte, sie wäre auch dort. Mein Auto parkte ich wie immer einige Ecken weiter und lief zu seiner Haustür. Sie fuhr an mir vorbei, um einen Parkplatz zu suchen. Ich war inzwischen sicher, dass sie Krankenschwester war, denn ich hatte mir immer gemerkt, zu welchen Zeiten sie bei ihm beziehungsweise nicht bei ihm war. Sie musste Schichtdienst haben. Vielleicht hatte er sie im Krankenhaus kennengelernt, als er seinen Freund begleitete, dessen Frau schon sehr lange im Krankenhaus lag? Ich wartete an der Ecke, bis sie ins Haus gegangen war, dann ging ich einige Minuten später auch ins Haus und durch den Hof in das Hinterhaus. Um 20.30 Uhr stand ich vor seiner Wohnungstür und spähte hinein. Sie ging im Wohnzimmer auf und ab und sagte, sie hätte schlechte Laune. Er kniete auf dem Boden mit einer Zeitung und studierte wohl die Jobanzeigen. Sie erzählte, dass sie bald in einen anderen Bezirk zur Schule gehen müsste, der so weit weg wäre, dass sie keine Lust hätte. Außerdem hätte sie Stress mit ihrer Chefin. Sie sprach leicht hysterisch. Ich freute mich, dass sie schlechte Laune hatte. So hatte er es auch mit der Neuen nicht leicht. Im Fernseher lief „Wer wird Millionär?". Dann telefonierte sie auf Türkisch. Ich verstand kein Wort. Dann fing er an, über sich zu schimpfen, dass er bald vierzig wäre und immer noch keinen Job hätte. Sie gingen beide ins Schlafzimmer. Ich flitzte schnell aus dem Haus und um das Wohnhaus herum. Gott sei Dank wohnte er im Erdgeschoss, sodass ich von der anderen Seite auch in sein Schlafzimmer schauen konnte. Hierfür musste ich mich zwischen einigen Büschen hindurchzwängen, um so nahe wie möglich ins Fenster hineinspähen zu können. Es passierte nichts Aufregendes. Sie kramte in einer Tüte und zeigte ihm einen Zettel. Dann gingen sie wieder ins Wohnzimmer. Ich lief so schnell ich konnte wieder ins Haus. Sie lag auf dem Sofa, er in ihrem Arm, sie sahen fern, gähnten, lachten und unterhielten sich zweisprachig. Plötzlich hörte ich Schritte im Hof. Ich lief dem Kommenden entgegen durch den Hof in den Hausflur hinein. Als dieser in seiner Wohnung verschwunden war, spähte ich erneut durch den Spion.

Metin lag in anderer Richtung auf dem Sofa, sie saß dicht beim ihm. Wahrscheinlich küssten sie sich.

Sie stand auf und ging ins Bad. Dann griff sie ihre Jacke an der Garderobe. Ich stürmte hinaus. Das, was ich gesehen hatte, gefiel mir nicht. Wie relaxed er in ihren Armen gelegen hatte. Auf dem Heimweg sprach ich lange mit mir. Ich wollte ihn endlich loslassen. Es konnte mir doch egal sein, ob er in ihren Armen lag oder nicht. Er belog mich, und er belog sie.

27. Januar

Es war ein Samstag. Thomas kam, um meine Wohnung zu streichen. Es war schön, den ganzen Tag jemanden in der Wohnung zu haben. Wir unterhielten uns währenddessen. Er konnte gar nicht glauben, dass es sich bei meinen Geschichten um denselben Mann handelte, den er kannte und mit dem er sich immer gut verstanden hatte. Nachdem Thomas gegangen war, sammelte ich die vor dem Streichen ausgelegten Folien zusammen, saugte die Wohnung und putzte. Dann brachte ich die letzte Fuhre Kisten zu meinen Eltern, aß mit meinem Vater zu Abend und fuhr nach Hause, wo ich gleich todmüde ins Bett fiel. Wie fast jede Nacht träumte ich von ihm und ihr.

28. Januar

Morgens rief Metin an und fragte, ob wir uns treffen könnten. Er bräuchte für das Amt eine Aufstellung meiner Unterhaltszahlungen bis zum Scheidungstermin. Ich stimmte zu, wollte mich aber nicht in der Wohnung treffen. Er schlug ein Café am Kurfürstendamm vor. Ich war aufgeregt und hoffte insgeheim immer noch auf eine Versöhnung. Ich schöpfte immer gleich Hoffnung, wir würden wieder zusammenkommen, wenn wir einige Sätze im freundlichen Ton sprechen konnten. Das durfte ich nicht, mein Herz konnte aber nicht dagegen ankämpfen. Ich setzte mich an den Schreibtisch und schrieb die Aufstellung.

Anna kam nachmittags, um mit mir die Wohnung zu putzen. Sie brachte Kuchen mit, und ich hatte noch eine Flasche Sekt auf dem Balkon stehen. Es tat so gut, Freundinnen zu haben, die für mich da waren. Wir putzen ordentlich die Küchenschränke und die Fensterbretter, setzten uns auf die Erde und aßen den Kuchen und redeten und redeten. Sie hatte zurzeit auch Stress mit ihrem Freund, der sich von ihr trennen wollte, weil sie ständig Streit hatten, und obwohl es auch sehr traurig war, ihr Leid zu hören, war ich froh, dass ich Ablenkung von meinem eigenen hatte. Geteiltes Leid ist halbes Leid. Ich hörte ihr zu und gab ihr Tipps, wie Freundinnen es immer machten, und das tat mir gut.

Um 22 Uhr traf ich mich mit Metin am Kurfürstendamm in einem Café. Er sah noch schlechter aus als sonst, sein weißes T-Shirt war schmierig am Kragen, und insgesamt sah er ungepflegt aus. Ich gab ihm sein Fernrohr und sein Teegeschirr, das noch bei mir war. Als wir mit einem Kaffee vor uns am Tisch saßen, zeigte ich ihm meine Liste und die Summe, die ich ihm noch schuldete. Er war anderer Meinung, und leider hatte ich ihm einen Teil des Geldes in bar gegeben. Er war total nervös und aggressiv. Sein voller Hass schlug mir entgegen.

Ich sagte: „Du hast keinen Charakter und keine Moral mehr. Ich bin dir nachgelaufen. Du machst es mir leicht loszulassen." Natürlich war es eine Lüge, aber ich wollte es so gern.

Er erwiderte: „Ich wollte keinen Kontakt." Das stimmte natürlich auch nicht. Das Gespräch drohte aus den Fugen zu geraten. Wir hassten uns. „Ich bin sehr oft vor dein Fenster gekommen."
„Ich bin auch oft gekommen."
„Was ist das für ein Gefühl, mit zwei Frauen zu schlafen, und die eine davon ist deine Ex-Frau?"
„Ich habe das nicht gemacht."
„Du hast das nicht gemacht?"
„Ich habe das nicht gemacht. Du wolltest es. War es schön?"
„Ja, es war schön."
Ich fragte noch einmal.
Er sagte: „Ein Scheiß-Gefühl."
Wir verließen das Café. Es hatte keinen Sinn, zu sprechen, wir hatten uns in unserer Wut auf ein ganz niedriges Niveau heruntergebeben. Wir wollten dem anderen wehtun und konnten unsere Wut nicht im Zaum halten. Trotzdem schämten wir uns beide. Auf der Straße gingen wir zunächst schweigend nebeneinander her, um uns zu sammeln und ruhiger zu werden.
„Ich will nicht streiten. Du streitest immer wegen des Geldes. Weißt du, wie schwer die letzten drei Monate waren?" Er erzählte von der Gallenblasen-Operation seiner Mutter, die einen Tag danach aus dem Krankenhaus nach Hause geschickt wurde und nun von seinem Bruder versorgt wurde. Was für Zustände in der Türkei!
„Ich wollte mich umbringen."
„Weißt du, wie schwer die drei Monate für MICH waren? Wie viele Eimer ich vollgeweint habe? Die Trennung, die Scheidung, deine Freundin ... Das ist das Allerschlimmste."
„Sie ist nicht meine Freundin."
Ich hatte recht. Sie tat ihm gut, sie war eine Lückenfüllerin, sie himmelte ihn vielleicht an, und sie lenkte ihn ab. So wie er drauf war, hatte sie keine Freude an ihm.
Nach dem Gespräch war ich völlig fertig und verzweifelt. Ich wollte in Ruhe mit ihm über das Finanzielle sprechen, und wir hatten uns nur gestritten und waren so verfeindet wie noch nie. Ich wollte das endlich alles beenden. Ich wollte ihm von Herzen

alles Gute wünschen und endlich meine Ruhe haben, war aber so durcheinander, dass ich sämtliche Gefühle dieser Welt hatte. Ich wusste überhaupt nicht, wie ich da gefühlsmäßig jemals herauskommen sollte. Ich hoffte, er würde bald eine Arbeit haben. Er selbst war auch völlig fertig. Wir widersprachen uns ständig. Wir wollten beide nicht so wütend und aggressiv sein, wie wir uns gezeigt hatten, aber wir konnten nicht anders. Ich war auch verwirrt. Ich konnte keine Richtung bei ihm erkennen und interpretierte und analysierte ständig seine Worte, die so verwirrt waren wie wir. Es hatte gar keinen Sinn, sie zu interpretieren. Es machte mich fertig. Der Abend war sehr schlimm gewesen. Ich konnte überhaupt nicht schlafen.

29. Januar

Ich telefonierte mit dem zuständigen Amt seines Bezirks. Er hatte mir die Telefonnummer der Sachbearbeiterin gegeben. Sie wollte ein Schriftstück von mir haben mit Angaben zu meinem Nettogehalt und der Summe der monatlichen Überweisung. Danach rief ich ihn an und erzählte ihm von meinem Brief. Er bedankte sich.

Ich lud zwei Taschen mit meiner Kleidung, meinen Kleiderständer, meine Stereoanlage und meinen Fernseher ins Auto und brachte alles zu meinem Onkel. Er half mir, die Dinge ins ehemalige Kinderzimmer seines Sohnes zu tragen, der nicht mehr bei ihm wohnte. Ab morgen würde ich hier wohnen. Als ich wieder zu Hause war, setzte ich mich in die fast leere Wohnung auf die Erde. Es ging mir sauschlecht. Die letzte Nacht fühlte ich mich so einsam wie nie zuvor. Ich weinte viele Stunden lang dicke Krokodiltränen. Ich war körperlich total kaputt und wunderte mich selbst, wie viel seelisches und körperliches Leid ein Mensch ertragen konnte, ohne umzufallen. Ich vermisste so sehr Metins liebe Art. In diesen Stunden glaubte ich ihm, dass ich alles falsch gemacht hätte.

Es waren Minuten, die sich alle wie Stunden anfühlten. Ich lag weinend auf meiner Matratze, die ich morgen entsorgen würde, und horchte in mich hinein. Es waren Minuten, in denen etwas passieren musste. Wie in einem Film. Irgendetwas musste jetzt passieren, sonst würde ich vor Einsamkeit sterben. Dann passierte auch etwas. Ich wunderte mich noch nicht einmal darüber. Ich erhielt eine SMS. Sie war von Taxi-Paul. Er schrieb sehr lieb. Er fragte, wie es mir ginge. Ich schilderte ihm meine Situation und bedankte mich bei ihm für seine lieben Worte. Er tröstete mich, es wäre doch nur noch eine Nacht, ab morgen würde ich ein neues Leben beginnen, ich sollte nur noch nach vorn schauen. Er tat mir gut. Ich fühlte mich zwar noch mutterseelenallein, wusste aber, dass ich es ab dem nächsten Tag nicht mehr sein würde.

30. Januar

Ich verrichtete die letzten Arbeiten in der Wohnung. Dann packte ich meine restlichen Sachen ins Auto. Ich weinte die ganze Zeit weiterhin dicke Krokodiltränen, ich konnte einfach nicht aufhören. Der seelische Schmerz tat mir körperlich weh. Zum Schluss ging ich ganz bewusst und langsam durch alle leeren Räume. Es war ein furchtbarer Rundgang, aber er musste sein. Ich überlegte hin und her, ob ich Metin eine SMS schicken sollte, dann erinnerte ich mich an einen meiner Lieblingssprüche: „Es ist besser zu handeln und es zu bereuen als nicht zu handeln und es zu bereuen." Ich schrieb: „Ich ziehe morgen aus. Ich bin durch alle leeren Räume gegangen und habe nochmal über alle meine Fehler nachgedacht. Ich würde alles tun, damit du zurückkommst. Es ist zu spät, aber ich wollte es nochmal sagen." Sofort als ich die SMS abschickte, bereute ich es. Sie war überflüssig. Meine Gefühle hatten mich übermannt. Ich hatte sie nicht im Griff.

Sein Rückruf erfolgte auf dem Fuß. Wir sprachen kurz über einige Bretter, die noch auf dem Balkon lagen, und über sein

Fahrrad, das er abholen sollte. Dann wurde er wieder bösartig: „Ich möchte nicht mehr darüber sprechen. Ich habe keine Fehler gemacht. Ich habe eine Arbeit gesucht, aber keine gefunden. Du denkst immer nur ans Geld und an ein Haus."

„Das stimmt nicht."

„Du denkst immer nur an die Frau. Denk nicht an sie. Du hättest nicht kommen dürfen. Vergiss die letzten drei Monate."

„Das ist das Allerschlimmste, was du einem Menschen antun kannst."

„Tut mir furchtbar leid. Warum bist du gekommen?"

„Ich habe immer nur für uns beide gedacht. Soll ich dir Geld überweisen, damit du deine Mutter besuchen kannst?"

„Nein, ich will kein Geld. Ich habe dich früher sehr geliebt. Du hast mich neun Jahre verarscht. Du kennst mich überhaupt nicht. Du siehst und hörst mich nicht mehr. Ich wünsche dir einen schönen Abend."

Es war das Allerletzte, was ich hören wollte. Und das Letzte, was ich noch verkraften konnte. Er wusste nicht mehr, was er sagte. Sein Hass und seine ganze Wut prallten auf mich. Ich verwünschte meine SMS. Mein Gehirn sagte mir immer, dass ich nur ein Ventil für seine Wut auf sich selbst war, dennoch trafen mich seine Worte schwer. Er hatte gesagt, dass ich ihn nie wieder sehen würde. Einmal musste ja das letzte Mal sein.

Ich fuhr zu meinem Onkel ins Haus und trug meine restlichen Sachen in mein neues Zimmer, das mit Jugendmöbeln meines Cousins eingerichtet war, der bei seiner Mutter wohnte. Wann immer er bei seinem Vater zu Besuch war, wollte er fortan im Gästezimmer im Souterrain schlafen. Ich war ihm so dankbar, dass er mir sein ehemaliges Kinderzimmer zur Verfügung stellte. Es war gemütlich und groß genug für alle meine Dinge. Mein Cousin hatte es etwas aufgeräumt und in den Regalen und im Kleiderschrank Platz geschaffen. Sie halfen mir beim Anschließen meiner elektrischen Geräte und beim Aufbau meines Kleiderständers. Ich konnte die neue Situation noch nicht verarbeiten und fing an zu weinen. Mein Onkel nahm mich in den Arm, und ich weinte lange an seiner Schulter. Als ich mich beruhigt hatte, kam Tatjana ins Zimmer. Sie umarmte mich auch und sagte: „Du hast keine Fehler gemacht. Zeig mir einen Mann, der zugibt, Fehler gemacht zu haben." Das tröstete mich etwas. Dann gingen wir in ein Restaurant. Ich hatte keinen Hunger und konnte mich kaum an den Gesprächen beteiligen. Ich bemühte mich, nicht so traurig auszusehen und wenigstens zu hören, was die anderen redeten, es gelang mir aber nicht. Ich war wie unter einer Glocke und fühlte mich heimatlos. Tatjana schenkte mir eine Kette aus vielen silbernen Herzen und sagte mir, dass diese Kette ab sofort meine Glückskette sein würde. Ich freute mich sehr und war dankbar für meine Familie. In dieser Nacht in einer anderen Umgebung konnte ich zum ersten Mal besser schlafen.

31. Januar

Ich hatte an meinen gestrigen Umzugstag noch einen Urlaubstag angehängt. Als ich aufwachte, merkte ich, wie gut der Ortswechsel mir schon tat. Es ging mir besser. Die gemeinsame Wohnung war nun Vergangenheit. Ich lag in einem Bett unter einer Dachschräge, auf der Plakate von jungen Schauspielerinnen angepinnt waren, die mein Cousin einmal gut fand. Ich fühlte mich wohl. Ich hatte ein neues Zuhause, das wieder näher an der City lag. Mein Onkel hatte gesagt, ich könnte so lange bleiben, wie ich wollte, so lange, bis ich mich wieder vollkommen regeneriert hätte.

Ich ärgerte mich über meine gestrige SMS und das Telefonat. Ich war wütend auf mich, dass ich Metin wieder hinterhergelaufen war, und wütend auf ihn, weil er mich so schlecht behandelt hatte.

Ich lag im Bett und konnte ganz ruhig darüber nachdenken, warum mir ein Leben ohne ihn gut tun würde. Ich wollte wirklich keinen Kontakt mehr zu ihm haben, sondern endlich abschließen und nicht mehr zurückblicken. Die Gedanken drehten sich ja doch nur im Kreis und waren alle schon tausend Mal gedacht worden.

Als ich aufstand, war niemand da. Ich war allein im Haus. Es tat so gut, in einer anderen Umgebung zu sein. Ich ging in die Küche und machte mir ein Frühstück, saß lange am Tisch und ließ die Ruhe auf mich wirken. Metin war immer noch jede Sekunde des Tages in meinem Kopf, die Gedanken an ihn waren ständig da, auch wenn ich an etwas anderes dachte – was mich sehr nervte. Ich hatte richtige Angst, dass es noch lange so bleiben würde.

Ich fuhr mit dem Bus zu meiner Wohnung und holte mein Fahrrad aus dem Keller. Metin rief mich an und fragte, wieso ich ihm für Februar 100 Euro mehr überwiesen hätte. „Wie soll ich das dem Amt erklären? Du bist das Allerletzte. Du musst nicht zurückrufen." Dann legte er auf.

Ich schickte ihm eine SMS: „Das war unfair, ich bin nicht die Allerletzte. Du kannst nicht mehr unterscheiden zwischen Gut und Böse. Du machst es mir leicht, dich loszulassen."

Das hatte ich schon öfter gesagt, aber es hatte bisher nicht geklappt.

Aber jetzt fühlte ich mich plötzlich völlig leer und gefühllos ihm gegenüber. Ich hoffte, dieses Gefühl würde anhalten.

Ich transportierte mein Rad in der U-Bahn nach Hause. Unterwegs kaufte ich im Supermarkt ein. Das Radeln durch die Kälte machte mich sehr müde. Es war ein schöner Zustand, und ich war froh, ein neues Zuhause zu haben.

Ich telefonierte mit Vanessa. Sie meinte, dass Metin sich nicht an seine Worte halten würde, mich nicht mehr anzurufen. Er würde sich noch vor dem Sommer melden. Ich sprach dagegen. Wir wetteten um eine Flasche Champagner.

Dann rief Taxi-Paul an. Er war sehr nett, insgesamt aber ein merkwürdiger Typ. Ich erzählte ihm von meinem Umzug und dass es mir seitdem viel besser ging.

Als ich im Bett lag, dachte ich nach. Drei Monate waren vorbei seit seinem Auszug. Ich wollte wirklich keinen Kontakt mehr. Ich wollte endlich zur Ruhe kommen und seine Stimme nicht mehr hören. Ich wollte keine negativen Worte mehr über mich hören. Sehen wollte ich ihn auch nicht mehr, solange sie bei ihm war.

1. Februar

Ich musste zu einer Dienstreise in die Nähe von Hannover, die zwei Tage dauerte. Meine Kollegen und ich und unsere Kunden hörten Vorträge über unsere neuen Produkte, machten Workshops, schlugen uns die Bäuche mit gutem Essen voll, tranken abends leckere Cocktails an der Bar und lachten. Mit einem Kunden flirtete ich, was gut tat. Ich konnte mithilfe meiner Kosmetik aus meinem Gesicht sogar etwas „herausholen", sodass ich nicht allzu müde aussah. Ich war unkonzentriert, aber alles in allem waren es zwei sehr schöne Tage. Ich hatte Abstand gewonnen, das war die Hauptsache.

3. Februar

Als ich von der Dienstreise heimkam, war ich völlig übermüdet und schlief einige Stunden. Abends verabredete ich mich mit Taxi-Paul, der mich wieder versetzte. Ich war sehr sauer, schrieb ihm eine böse SMS und fuhr wieder nach Hause. Ich wollte mich nicht mehr mit ihm treffen. Er war mir zu unzuverlässig. Beinahe hätte ich es persönlich genommen, weil ich in der „Keiner-hat-mich-lieb-Schiene" steckte, aber dann siegte der Ärger über ihn.

4. Februar

Ich war allein in dem großen Haus, es war kalt, ich fühlte mich einsam. Das Haus war leer, da mein Onkel mit Tatjana und seinen Kindern im Skiurlaub war. Ich machte mich nützlich, indem ich die Speisekammer aus- und wieder einräumte, ebenso die Küchenschränke, in denen Essen lagerte. Ich hatte zwei große blaue Säcke mit Abgelaufenem aussortiert, und als ich mit dem Aufräumen fertig war, sah alles wie geleckt aus. Es tat gut, mich nützlich zu machen und zu helfen. Ich überlegte, wo ich mich als Nächstes nützlich machen konnte, ohne mich in den Haushalt einzumischen. Ich wollte später einmal den Keller aufräumen. Ich verließ das Haus, um eine Runde um meinen Lieblingssee, den Grunewaldsee, zu spazieren. Die Runde dauert genau eine Stunde. Ich freute mich, wieder nahe an diesem See zu wohnen, den ich über sechs Jahre vermisst hatte. Ich hatte ein Ritual. Wenn ich ein Problem hatte, formulierte ich es, wenn ich am See aus dem Auto stieg. Ich wollte nach einer Stunde, wenn ich wieder mein Auto erreicht hatte, auf die Lösung des Problems gekommen sein, sodass es mir besser ging. Und ich schaffte es tatsächlich immer, wenn ich die Runde beendet hatte. Ich dachte manchmal verbissen eine Stunde an das jeweilige Problem, oft schweiften meine Gedanken aber ab, was auch in Ordnung war, solange ich wieder zum Thema zurückkam, um es gründlich zu durchdenken und meine Gedanken letztendlich in die richtige Richtung zu lenken. Ich hatte dabei Bewegung und war in einer schönen Umgebung. An dem See war ein kleines Schloss mit einem kopfsteingepflasterten Innenhof, in dem im Sommer auch Konzerte und Theateraufführungen stattfanden. Ich liebte diesen Ort.

Mein Kopf war so voll, dass ich Mühe hatte, einen Gedankenanfang zu finden. Ich hatte auch alle Gedanken schon millionenmal gedacht und kam erst nicht weiter. So beschloss ich, nicht zu einer Lösung zu kommen, sondern mir nur vorzunehmen, die Gedanken in der nächsten Stunde ein wenig zu ordnen, mit einigen abzuschließen und mir eine Formel zu überlegen, die ich anwendete, um mir nicht mehr so große Vorwürfe zu machen. Wegen der Kälte waren nur wenige Spaziergänger mit ihren Hunden dort, was gut war, denn zwischendurch musste ich immer wieder weinen. Auf der einen Seite wollte ich ihn nicht mehr sehen, auf der anderen Seite alles rückgängig machen. Mit dieser Ambivalenz kam ich nicht klar. Ich musste mir mehr Zeit geben. Ich konnte nicht glauben, dass ich jemals wieder eine Minute ohne einen Gedanken an ihn erleben würde. Er war nach wie vor in meinem Kopf fest verankert. Wenn ich es zwischendurch manchmal schaffte, einen größeren Abstand zu ihm zu haben, fühlte ich mich besser, denn ich wusste, dass es ein Zurück nicht mehr gab. Ich spürte, wie gut der Umzug gewesen war. Nicht zuletzt deshalb, weil ich wieder näher im Stadtinneren wohnte. Hier würde ich auch wieder mehr ausgehen.

Dann überlegte ich, ob ich zu ihm fahren sollte, um mit ihm zu sprechen, was ich im nächsten Moment verwarf. Ich hatte alles gesehen, was ich sehen konnte. Es würde mir auch nicht gut tun, das musste ich endlich einsehen. Ich verachtete ihn für diese hässliche, uncharmante, junge dumme Frau.

Als ich wieder am Auto angelangt war, war mein Kopf gut durchgelüftet, ich hatte wieder Mut und nahm mir vor, traurige Gedanken jeweils mit einem guten Gedanken zu beantworten. Als ich zu Hause war, war ich sehr müde von der Kälte und schlief einige Stunden. Ich hatte viel Schlaf nachzuholen.

5. Februar

Ich traf mich mit meiner Freundin Anna beim Italiener, deren Freund nun endgültig ausziehen wollte. Wir ließen uns gegenseitig erzählen und versuchten uns in unserem Leid zu helfen.

8. Februar

Die letzten Abende hatte ich damit verbracht, meine Steppjacke, die mir beim Kriechen durch das Gebüsch an mindestens zwanzig Stellen aufgerissen war, zu nähen, und sortierte meine Sachen in die Regale und Schränke ein. Außerdem informierte ich alle meine Freunde und Bekannte über meine neuen Adressdaten. Ich ging meinen sogenannten „Lebensordner" durch, in dem ich alle Verträge abheftete und änderte auf den Internetseiten der Firmen in meinen „Lounges" meine Daten. Abends war ich sehr müde, schlief leicht ein, wachte aber mehrmals in der Nacht auf, um zu grübeln, konnte aber immer wieder schnell einschlafen. Alles in allem schlief ich schon viel besser als in der alten Wohnung. Nach dem Aufwachen war mein erster Gedanke bei ihm und ihr. Ich streckte meine Beine hoch in die Luft und sagte einige positive Affirmationen. Sie halfen zwar noch nicht, mich besser zu fühlen, aber ich glaubte daran, dass sie mir eines Tages helfen würden. Eine Hilfe waren sie jedoch: Ich beschäftigte mich wieder mehr mit mir und meiner Zukunft.

9. Februar

Nach der Arbeit traf ich mich mit Verena in „unserer" Pizzeria. Ich erzählte ihr ausführlich von allen Treffen mit Metin. Sie war fassungslos: „Das ist doch nicht derselbe Metin, den wir kennen. Warum solltest du hundert Prozent schuld sein? Warum solltest du alles falsch gemacht haben?"

„Er ist sauer auf sich, weil er in Deutschland bisher nicht viel geschafft hat. In der Türkei hätte er etwas geschafft in derselben Zeit." Sie stimmte mir zu. „Nimm ihn nicht mehr zurück! Stell dir ein zerrissenes Seil vor, in das man einen dicken Knoten reingemacht hat. So wäre es, wenn ihr wieder zusammen wäret. Man soll eine Beziehung nicht aufwärmen, wenn sie einmal kaputt ist. Er wird dich aber wieder anrufen."

Ich hatte das Gefühl, dass ich zu streng mit mir war. Sie stimmte mir zu. Ich überlegte ständig, was ich falsch gemacht hatte bei unserem letzten Treffen im Café. Was hatte er falsch verstanden? Wieso lief das Treffen so schief?

10. Februar

Ich lenkte mich ab, indem ich über eine bevölkerte Einkaufsstraße ging und mir etwas Schönes kaufen wollte. Es machte mir keinen Spaß. Ich fühlte mich total verloren. Nach zwei Stunden fuhr ich nach Hause und machte mir etwas zum Essen.
Meine Freundin Carmen rief an. Sie war diejenige, die am meisten auf ihn schimpfte. „Alles, was er gemacht hat, konnte er, weil du immer so hinterher warst. Du hast dir das viel zu lange angesehen. Er kann auch überhaupt nicht mit Besitz umgehen. Die Abzüge, die er von allen Fotos erbeten hat, würde ich ihm nicht geben." Doch, er sollte von allen Fotos Abzüge haben, um an unser schönes Leben zu denken, um in Erinnerungen zu schwelgen, um daran zu denken, was er verloren hatte. SIE sollte sie auch sehen.
Zum Millionsten Mal dachte ich: Ich will nicht mehr an ihn denken. Ich muss endlich andere Gedanken haben. Loslassen! Ich muss an etwas Schönes denken. Es war so schwer.

11. Februar

Es war ein Sonntag. Ich ging viele Stunden allein im Wald spazieren. Ich wollte so gern loslassen, war aber noch mittendrin mit meinen verzweifelten Gedanken an ihn und ging im Geiste die Punkte durch, die ich ihm sagen wollte, falls er mich noch einmal anrufen sollte. Ich rechnete aber nicht damit und wusste nicht, ob wir uns jemals sehen würden. Er hatte mich weggeschmissen wie ein altes Handtuch und sich ein neues zum Spielen genommen. So trennt man sich nicht von seiner Frau. Mir fielen einige Männer ein, von denen ich gehört hatte, dass sie abrupt ihre Frau verlassen hatten wegen einer anderen. Ich wusste, dass das bei ihm nicht der Fall war. Ich kannte seinen Charakter und seine Moral nicht mehr. Er sprach schlecht über sie, lag aber in ihren Armen. Und obendrein noch in meinen. Er hatte meine

Seele total kaputt gemacht. Ich ging durchgefroren nach Hause, machte mir etwas zum Essen und legte mich ins Bett. Da ich im Büro in meiner Mittagspause sehr häufig nach „Liebeskummer", „Trauer", „Bewältigung" und anderen verwandten Themen im Internet suchte und mir die interessantesten Artikel ausdruckte, hatte ich einiges zu lesen. Ich inhalierte jeden Satz. Jeder würde mich weiterbringen, auch wenn ich ihn schon hundertmal gelesen hatte. Irgendwann schlief ich Gott sei Dank ein.

12. Februar

Nach der Arbeit – ich hatte es kaum geschafft, mich länger als zehn Minuten auf eine Tätigkeit zu konzentrieren – traf ich mich mit Katja zu einem leichten Essen. Sie sagte: „Was Männer in so einer Situation sagen, darf man gar nicht ernst nehmen. Sie lassen immer ihre ganzen Aggressionen heraus. Metin ist verlorener als du. Er muss allein zurechtkommen." Sie hatte recht.

16. Februar

Es ging mir immer noch sehr schlecht. Nur die andere Umgebung war gut. Er war fest in meiner Gehirnrinde verankert. Ich fühlte mich unendlich gedemütigt. Nach dem Aufwachen, wenn ich mir meine positiven Formeln sagte und mir gedanklich visualisierte, dass und wie es mir besser ging, hatte ich kurzzeitig Schwung. Er verlor sich spätestens in der U-Bahn auf dem Weg zur Arbeit. Das graue Schmuddelwetter tat ein Übriges dazu. Die letzten Abende hatte ich damit verbracht, auf dem Boden in meinem Zimmer sitzend, alle Fotos der letzten neuneinhalb Jahre, die ich für ihn hatte abziehen lassen, zu sortieren und die Umschläge zu beschriften. Das tat mir gut, und auch hier wollte ich korrekt sein.

17. Februar

Es war ein Sonntag. Ich sortierte alle Umschläge in einen Karton, ebenso ein von ihm zu unterschreibendes Formular meiner Bausparkasse und Blankoformulare der Steuererklärung und fuhr zu ihm. Ich war sehr aufgeregt. Ich schaute durch den Spion, sah aber keine Personen. Ich klingelte. Er kam zur Tür, öffnete sie, sah mich wütend an und knallte sie mir gleich wieder vor der Nase zu. Ich sah durch den Spion, wie er eine Jacke griff und wieder zur Tür kam. Wir gingen auf die Straße.

Ich war beinahe schon souverän in dieser Situation, hatte ich doch die letzten Wochen nichts anderes gehabt als Streit, böse Worte und Demütigungen. Ich drückte ihm den Karton in die Hand und sagte: „Ich habe dich zu mir hereingelassen, ich habe dein Schimpfen angehört, beim Amt angerufen und ihm einen Brief geschrieben. Du warst bei mir und hast später wieder in ihren Armen gelegen. Du hast keinen Charakter mehr. Du möchtest zwei Frauen haben und redest über beide schlecht. Sie kommt weiter zu dir. Sie ist jung und dumm."

„Nein, ich vögel sie nicht."

Ich ging wutschnaubend zu meinem Auto. Es wurde ein kurzes Treffen. Gott sei Dank hatte er mir die Formulare unterschrieben. Ich fuhr nicht los, sondern wollte unbedingt wissen, was bei ihm vor sich ging. Ich schielte durch den Spion. Sie saß auf dem Boden vor dem Fernseher, er war im Schlafzimmer. Sie kramte in einer Tasche und holte einige Fotos heraus. Es gab mir einen Stich, war es doch wieder ein Indiz dafür, dass sie bei ihm wohnte. Er stürmte mit der Fotokiste, die ich ihm in die Hand gedrückt hatte, aus dem Schlafzimmer in Richtung Wohnungstür. Ich lief so schnell es ging in den Hof und versteckte mich hinter einem kahlen Busch. Ich hörte, dass er die Kellertür, die nur ein paar Meter von seiner Wohnungstür entfernt war, aufschloss – wahrscheinlich versteckte er die Fotos dort. Dann stürmte er durch den Hof auf die Straße. Durch die Dunkelheit konnte er mich nicht sehen, obwohl er sich umschaute. Ich traute mich nicht aus meinem Versteck heraus, und wenige Minuten später kam er wieder zurück. Wahrscheinlich hatte er sich Zigaretten gekauft. Sofort ging ein Streit zwischen beiden los – was mich freute.

Sie schrie: „Du bringst hier immer deine Frau her! Und jetzt bringst du auch noch die Fotos in den Keller!"

Der Streit dauerte lange. Sie brüllten abwechselnd auf Deutsch und Türkisch. Sie schimpfte über die Deutschen und ihn: „Du lügst. Ihr seid alle falsch, und du hast keinen Arsch in der Hose."

Er brüllte zurück: „Du bist mir scheißegal!"

„Das bin ich nicht."

„Doch."

So ging es weiter. Ich frohlockte innerlich. In dieser Heftigkeit und mit diesen Worten hatten Metin und ich als Paar nie gestritten. In diesen Minuten sagte ich mir wieder, dass er unmöglich in sie verliebt und sie nur Mittel zum Zweck war.

Dann machten sie eine Streitpause. Beide rauchten und tranken Alkohol. Er zeigte ihr ein Formular meiner Bausparkasse, das ich ihm zum Unterschreiben gegeben hatte, und sagte ein paar Worte dazu. Dann verschwand er im Bad, während sie jemanden anrief und türkisch sprach, was ich nicht verstehen konnte. Als er aus dem Bad kam, hatten sich beide wohl wieder beruhigt, denn sie legten sich gemeinsam auf das Sofa, und sie löschte das Licht und den Fernseher, dann polterte etwas. Er brüllte wieder etwas auf Türkisch. Dann hörte ich jemanden zur Wohnungstür kommen. Ich floh hinaus und versteckte mich hinter einer großen Mülltonne, auf die sie zuging und etwas hineinwarf. Mein Herz blieb stehen. Wenn sie mich entdeckt hätte! Ich blieb noch einige Minuten in meinem Versteck, dann wagte ich es, wieder durch den Spion zu schauen. Ich sah noch, wie er sie packte und ins Schlafzimmer zerrte. Sie sagte etwas Böses, ließ sich aber von ihm zerren. Das wollte ich natürlich nicht sehen. Ich fuhr total aufgewühlt nach Hause. Mittlerweile war es 0:30 Uhr.

Es war sicher nicht der erste Streit, den sie hatten. Man streitet nicht von null auf hundert, wenn man es nicht schon gewohnt ist. Ich staunte darüber, wie aggressiv er war. Wahrscheinlich war es seine pure Verzweiflung.

In dieser Nacht schlief ich fast gar nicht.

19. Februar

Im Büro schaffte ich fast gar nichts, so müde war ich. Gott sei Dank klingelte mein Telefon nicht, und Anita hatte frei. Ich war elendig traurig und bildete mir ein, dass mein Herz ihn nicht zurück wollte, schon gar nicht nach dem, was ich gestern Abend gesehen und gehört hatte. Ich wollte böse sein und schickte ihm eine SMS: „Na, hattest du gestern Abend Stress mit deiner kleinen dummen Freundin? Oder irre ich mich? Musstest du die Fotos verstecken? Ich gratuliere dir. Du hast wirklich Angst vor ihr. Versteht sie nicht, dass Eheleute noch einige Papiere regeln müssen und ein gemeinsames Vorleben haben? Ich lache mich kaputt. Sie ist noch zu klein." Danach ging es mir weder besser noch schlechter. Das war eigentlich auch nicht mein Niveau. Es ist unglaublich, wie tief man fallen kann, wenn man Liebeskummer hat.

Ich hatte unentwegt Bauchweh und weinte. Ich war richtig depressiv, weil ich mich so allein fühlte, das Wetter grau war und weil alles so gekommen war, wie ich es niemals wollte.

Ich wollte ans andere Ende der Welt und wusste genau, was mir am meisten gut tun würde: eine andere Welt und Wasser um mich herum. Zunächst dachte ich an einen Urlaub in einem Ferienclub auf Fuerteventura, hatte dann aber die Befürchtung, dass ich mich dort genauso einsam fühlen würde wie zu Hause und mir täglich neue Menschen suchen müsste, mit denen ich etwas unternehmen oder mich unterhalten könnte. Das wollte ich umgehen und buchte einen Segeltörn in der Karibik. Viele Jahre zuvor segelte ich dort schon einmal und wusste also, was auf mich zukäme. Es wäre genau das Richtige: eine komplett andere Welt mit täglich neuen Orten, Sonne, Wasser, gutem Essen, Cocktails und netten Menschen mit guter Laune, die den ganzen Tag um mich herum wären und die ich nicht erst suchen müsste. Ich würde zur Ruhe kommen und endlich wieder das Leben genießen.

Nach dem Buchen des Urlaubs konnte ich es nicht lassen und stieß im Internet wieder auf einen neuen interessanten Artikel. Es ging um Entzugssyndrome durch einen Mangel an Neurotransmittern und einen Überschuss an Stresshormonen, die vor allem

Männer aggressiv und gereizt machen, während Frauen meistens eine Depression durchleben. Frauen greifen eher zu Medikamenten, Männer betäuben sich eher mit Alkohol.

Abends rief mich Jürgen an. Er wollte wissen, wie es mir geht. Ich freute mich darüber, dass ich ihm wichtig war und er mich immer wieder anrief und wollte ihn nicht allzu sehr mit meiner depressiven Stimmung überhäufen, deshalb war es nur ein kurzes Telefonat. Er verabschiedete sich mit „Halte die Ohren steif und sei nicht so traurig, es gibt so viele Männer."

Ich war dankbar, viele Menschen um mich herum zu haben, die Anteil nahmen und mir helfen wollten.

20. Februar

Nach der Arbeit war ich mit Richard bei einem Italiener verabredet, was mir gut tun würde, war er doch ein Mann, der mir sicher neue Perspektiven und Erklärungen aufzeigen konnte. Ich erzählte ihm von dem Artikel, den ich am Vortag im Internet gelesen hatte. Er kommentierte: „Er ist so aggressiv, weil er vor sich rechtfertigen muss, dass er gegangen ist. Frauen verarbeiten ununterbrochen, Männer nur unterschwellig."

An dem Abend saß ich noch lange mit meinem Onkel und Tatjana im Wohnzimmer beim Essen, Trinken und Lachen. Ich konnte herzlich lachen und fühlte mich wohl. Sicher ging es mir besser als Metin. Konnte er zwischendurch auch so lachen wie ich?

21. Februar

Ich hing lethargisch durch und war total deprimiert. Mir gingen immer dieselben destruktiven Gedanken durch den Kopf. Immer und immer wieder hatte ich dieselben Bilder vor Augen. Meine Freundin Maria rief an, um zu sagen, dass ihr Vater gestorben sei. Mir war schlagartig klar, dass auch andere Menschen Kummer haben, und ich hörte ihr lange zu und versuchte sie zu trösten, was mir gut tat. Dann sprachen wir über mich, ich erzählte ihr alles vom letzten Treffen mit Metin. Sie war fassungslos über seine Veränderung, hatte sie doch immer sehr viel von ihm gehalten, und schimpfte:

„Er benutzt sie. Wenn mich ein Mann so behandelte, wie er sie behandelt, sähe er mich nie wieder. Du bist jung, hübsch, intelligent und hast dir nichts vorzuwerfen. Du musst dir jeden Morgen sagen: Es geht mir gut, ich habe ein schönes Leben, ich bin gesund. Immer wieder dieselben Formeln. Du fliegst in die Karibik. Er muss hier bleiben. Du bist stärker als er." Sie schimpfte viel und laut, was mir sehr gut tat.

22. Februar

Mir ging es viel besser seit dem Telefonat mit Maria. Ich hatte dadurch viel Kraft und Abstand bekommen und fühlte mich freier. Deshalb rief ich sie an und bedankte mich. Ich war ein gutes Stück weitergekommen in meiner Bewältigung und wusste genau, dass ich ihn nicht zurückhaben wollte. Meine schlechte Verfassung hatte sich sogar etwas in Euphorie gewandelt, ich freute mich auf ein neues Leben und schaute nach vorn und spürte Kraft, die daraus resultierte, dass ich mich positiv sah und wusste, dass ich, wenn ich wollte, alles erreichen konnte. Ich spürte mich intensiv. Ich weinte an diesem Tag nach mindestens zwei Wochen, in denen ich wieder täglich geweint hatte, nicht mehr. Ich erstellte eine Liste, auf der ich notierte, was mir gut tat (Freundinnen, Reden, Sport, mich pflegen, Schlaf) und was mir nicht gut tat (an ihn denken, zurückschauen, mich gehen lassen, grübeln, keine Bewegung, Alkohol). Auf diese wollte ich täglich schauen und mich daran halten.

24. Februar

Es war ein Samstag, und nach dem Aufwachen freute ich mich auf den Kauf eines neuen Bikinis für den Urlaub. Ich fuhr zum KaDeWe und kaufte einen bunten Bikini mit vielen Blumen, so wie er zur Karibik passt. Die Spiegel in den Umkleidekabinen waren leicht braun getönt, sodass man nicht so blass wirkt, und ich gefiel mir, außer dass ich zu dünn geworden war.

Bei Hugendubel kaufte ich für Maria ein kleines Büchlein mit Sprüchen, die ihr etwas Aufmunterung nach dem Tod ihres Vaters verleihen würden, so hoffte ich. In einem anderen Büchlein las ich: „ Es kommt eine Zeit im Leben, da bleibt einem nichts anderes übrig, als seinen Weg zu gehen."

Ich verstand Metin plötzlich freundschaftlich und empfand sogar Gefühle der Dankbarkeit. Er musste allein auf die Beine kommen, das war sein Wunsch, er musste den Weg gehen, den er gehen wollte!

Ich freute mich über meine guten Gedanken, den bevorstehenden Urlaub und eine neue Wohnung, die ich schön einrichten wollte.

Mir tat das Bummeln durch die Geschäfte sehr gut, was wahrscheinlich nur Frauen verstehen können.

Abends saß ich mit meiner langjährigen Freundin Kristin am Stuttgarter Platz in einem schönen Restaurant. Es war ein schöner und lustiger Abend.

Sie sagte: „Das war ein wichtiger Satz von ihm: Ich will mit meiner Mentalität zusammen sein!" Ich verstand diesen Satz. Er wollte mit seinesgleichen zusammen sein, sein Selbstbewusstsein war geschrumpft, sodass er zum Schluss Minderwertigkeitskomplexe neben mir hatte, da ich für uns beide arbeitete und meistens den Ton angab. Nun hatte er eine deutlich jüngere Freundin, die zu ihm aufsah.

25. Februar

Ich fuhr zu meinen Eltern, um in den Kisten nach Kleidung für den Urlaub zu suchen. Ich blieb nicht lange, da ich nicht viel erzählen und keine Fragen beantworten wollte. Außerdem wollte ich noch unsere Steuererklärung abschließen. Dies tat ich auch und fuhr klopfenden Herzens und unwillig zu ihm. Ich wusste, dass jedes Wiedersehen mich erneut aufwühlen würde, was ich nicht mehr wollte. Wie immer musste ich nur die Eingangstür an der Straße aufdrücken, dann war ich im Flur und gelangte durch den Hof zu seiner Wohnung. Der Spion zeigte mir, dass beide auf dem Sofa lagen, sie in seinen Armen. So hatten wir schon lange nicht mehr gelegen. Vielleicht hatten sie gerade Sex gehabt? Sofort wurde ich eifersüchtig und bekam einen Stich im Magen. Ich ging aus dem Haus und rief ihn an, um ihn herauszubitten, damit er die gemeinsame Steuererklärung unterschreiben würde. Als er herauskam, sagte ich ihm, dass ich keinen Streit möchte, gab ihm die Formulare, meine letzten beiden Gehaltsnachweise mit einer Aufstellung meines Unterhaltes an ihn sowie einige Fotos, die ich noch für ihn hatte, und erklärte ihm einige Worte dazu.

Er sagte: „Ich will nicht mehr."

„Ich auch nicht. Wir sehen uns heute zum letzten Mal."

„Ja, das will ich auch. Was du in den letzten vier Monaten getan hast ..."

„Das ist egal. Ich will nicht mehr. Du bist immer hergekommen, ohne vorher anzurufen."

„Du bist auch immer abends gekommen, ohne anzurufen."

Er unterschrieb, drehte sich um und ging ins Haus. Ich ging zu meinem Auto, eine innere Stimme ließ mich aber zurückgehen. Ich wollte wissen was nun in seiner Wohnung geschah. Sie saß auf dem Sofa, Metin konnte ich nicht sehen. Sie sprachen türkisch miteinander, ich konnte nur verstehen, dass es um mich ging. Er schimpfte. Ich ging. Ich wollte heute Abend abschließen und nicht wieder beginnen zu weinen. Ich war allein im Haus, trank eine Flasche Rotwein und rauchte mehrere Zigaretten im Garten. Ich war ziemlich betrunken und sehr eifersüchtig, als ich ins Bett ging, und ich hatte wieder eine ausgesprochen schlaflose und schlechte Nacht.

26. Februar

Ich konnte überhaupt nicht arbeiten, hatte Kopfschmerzen, war sehr müde und musste immer wieder wasserfallartig weinen. Es wurde im Laufe des Tages besser, da ich mich zwang, mich auf die Arbeit und deren Ergebnisse zu konzentrieren. Ich verwünschte den gestrigen Abend und wünschte beiden eine ausgesprochen kurze Beziehung. Sie war mindestens zehn Jahre jünger und wirkte etwas kindlich. Ich stellte mir ihn inmitten ihrer Freundinnen vor – ein ausgesprochen lustiges Bild –, er würde sich nach mir zurücksehnen. Sie wollte sicher mit ihm zusammenbleiben, jedoch hatte er zurzeit kein Geld, mit ihr etwas zu unternehmen. Ich dachte an alles, was ich über das Thema „Lückenfüllerin" gelesen hatte. Und Dankbarkeit ist keine Basis für eine Beziehung. Der Kopf muss dafür frei sein und das Herz offen. Der Anfang muss romantisch sein.

Ich erhielt eine Mail von Michaela: „Wie war dein Wochenende? Hoffentlich bist du ein bisschen zur Ruhe gekommen? Schon am Packen? Sind ja nur noch ein paar Tage."

Ich antwortete: „Gestern Abend fuhr ich unangemeldet zu Metin, damit er ein Formular unterschreibt. Wir stehen dann immer auf der Straße, weil sie ja da ist. Er ist natürlich sauer, dass ich einfach so komme. Letzte Woche stritten sie schlimmer, als wir jemals gestritten haben, sie machte ihn total fertig und ist eifersüchtig. Er ist zum Tier mutiert, lügt und lässt seinen ganzen Hass auf mich prasseln. Danach ging's mir sehr schlecht, ich trank eine Flasche Rotwein und rauchte zehn Zigaretten, heute Morgen heulte ich weiter. Hoffe, es war das letzte Mal, dass wir uns sahen, ist alles so verletzend. Ja, ich zahle die gesetzlichen drei Siebtel von meinem Netto-Unterhalt. Sein Bezirksamt wollte eine Aufstellung von mir. Ich will mir nichts vorwerfen und korrekt sein. Gott sei Dank haben wir einen Ehevertrag, das ist beruhigend. Ohne sollte man nicht heiraten, auch wenn's unromantisch ist. Wenn ich mir vorstelle, dass ich ihm nach der Scheidung Unterhalt zahlen müsste und er einen Teil meiner späteren Rente erhält ... Seelische Grausamkeit ohne Ende!"

Sie schrieb: „Du müsstest eigentlich diejenige sein, die Grund zur Wut hat. Warum er wütend ist, kann doch nicht nur an dem liegen, was du alles falsch gemacht haben sollst. Du solltest wirklich versuchen, den Kontakt so weit wie möglich zu vermeiden."

„Ich schaue schon oft nach vorn, aber dann kommen Tage wie gestern, die alles über den Haufen werfen. Den Kontakt vermeide ich ab jetzt. Leider geht Kontaktlosigkeit nicht, wenn man verheiratet ist, oder man bezahlt zwei Anwälte. Wir haben nur einen."

Abends lud ich meinen Onkel und Tatjana in ein neues südamerikanisches Restaurant in unserer Nähe ein. Es war bunt angestrichen und voll und laut, und ich hatte sofort nach Betreten gute Laune. Ich erzählte von den letzten Ereignissen, aber hauptsächlich sprachen wir über andere Dinge und lachten viel. Es war ein schöner, befreiender Abend. Ich dachte immer mehr an mich und freute mich auf den Urlaub am anderen Ende der Welt. Ich spürte schon ein bisschen Glück in mir und konnte diese Zeilen ohne Wehmut schreiben. Ich hatte alles behalten, meine Familie, meine Freunde, meine Arbeit – während er von vorn beginnen musste. Ohne sie wäre er sehr allein. Ich werde irgendwann mein Singleleben genießen. Ich habe meinen Kopf, meine Hände und gute Gedanken. Ich kann schöne Pläne machen: segeln und tanzen gehen, lange Radtouren, meine Geburtstagsfeier, ein Buch schreiben ...

Aber es tat weh, weggeschmissen worden zu sein und dass der andere, mit dem man früher Pläne machte und zusammenlebte, nur ein Fremder war und mich ausgetauscht hatte gegen eine andere Frau. Irgendwann würde er zurückblicken und sich gedanklich bei mir entschuldigen, dachte ich.

28. Februar

Ich war mit meiner Freundin Annette nach der Arbeit verabredet, die mir aber absagte, da ihr kleiner Sohn krank war. Sie schrieb mir: „Ich wünsche dir einen superschönen Urlaub, mit vielen interessanten und netten Leuten, spannenden Landausflügen und angenehmem Seegang! Tanke viel Sonne, Erholung, Energie und Abstand zu allem. Versuch möglichst oft den Alltag zu vergessen und komm gesund, braun gebrannt und mit 2-3 Kilos mehr zurück. Ganz viele liebe Grüße und AHOI!!! Annette"

1. März

An den beiden letzten Abenden hatte ich Dates mit zwei Männern, die ich über das Internet gefunden hatte, und mit beiden hatte ich mich näher eingelassen. Obwohl sie nicht meine Typen waren, tat es zunächst gut, neue Männer kennenzulernen und mich zu unterhalten, im Nachhinein hätte ich mir das Weitere sparen können. Ich fühlte mich deswegen schlecht, und das kurzfristige und schnelle Einlassen mit ihnen verursachte mir ein ekelhaftes Gefühl. Das, was Männer anscheinend sehr gut können und was ihnen Selbstbestätigung gibt, ist für uns Frauen nicht geeignet, um uns besser zu fühlen, auch nicht kurzfristig. Im Gegenteil, ich dachte dadurch wieder mehr voller Selbstvorwürfe an meine zerbrochene Beziehung als vorher. Ich dachte an viele Situationen, in denen ich ihm gegenüber abweisend und unfreundlich war, und es tat mir unendlich leid. Kein Wunder, dass er mich verlassen hatte. Ich versank in Selbstvorwürfen und -mitleid. Ich dachte, dass jeder Mann mich, so wie ich bin, verlassen hätte. Und ich hatte so einen gefühlvollen Mann und konnte es nicht immer erwidern. Ich hasste mich. Ich wollte nur weinen und ging nach der Arbeit gleich ins Bett, um zu schlafen, da ich total übermüdet war. Ich fühle mich in dem ehemaligen Kinderzimmer meines Cousins sehr wohl, in meinem Bett unter der Dachschräge, mit seinen Möbeln und meinen wenigen Sachen. Ich war froh, an diesem Abend allein im Haus zu sein und niemandem über den Weg laufen zu müssen. Ich hatte Magen- und Blasenschmerzen und wollte endlich, dass es aufhörte. Wie lange müsste ich das noch ertragen? Ich hatte Metin und die Beziehungsbewältigung rund um die Uhr in jeder Minute in meinem Kopf, was so anstrengend und zermürbend war. Richard rief mich an, um zu erfahren, ob ich Fortschritte gemacht hätte in der Bewältigung meiner Ehe. Wie schön war es doch, einen guten Freund zu haben, der wirklich zuhören konnte! Für unsere Telefonate ging er immer in sein Arbeitszimmer in den Keller seines Hauses, denn seine Familie war oben noch wach. Richard konnte mich wieder in die richtige Richtung lenken, indem er auf Metin schimpfte und mich und mein Verhalten in Schutz nahm.

2. März

Das Telefonat mit Richard zeigte Wirkung, denn ich konnte danach einigermaßen gut schlafen, und nach dem Aufwachen war ich sehr wütend auf meinen Noch-Ehemann. Ich erinnerte mich an den Druck, den ich während unserer Ehe spürte, weil alles auf meinen Schultern lastete. Ich war Alleinverdienerin, wir waren immer uneinig darüber, wie wir das Geld ausgeben wollten – er am liebsten für Autozubehör und seine Familie in der Türkei, während ich es hauptsächlich sparen und ab und zu einen Urlaub machen wollte, wofür er kein Verständnis hatte. Ich bezichtigte ihn der Unehrlichkeit, was seine Situation und seine Neue betraf. Die Wut drehte sich einige Stunden später jedoch wieder ins Gegenteil um. Ich musste während der Arbeit immer wieder die Toilette aufsuchen, um zu weinen. Ich fühlte mich total kaputt. Ich hatte nach der Arbeit nichts vor und fuhr heim, um mich wieder hinzulegen. Abends schaltete ich den Fernseher an, um mich abzulenken. Der Film „Mexican" mit Julia Roberts und Brad Pitt lief.

In einer Szene fragt Julia ihn: „Wenn zwei Menschen sich lieben und es nicht auf die Reihe kriegen, wann kommst du an den Punkt, wo du sagst: genug ist genug?"
Brad antwortete: „Niemals."
Dieser Dialog brachte mich wieder zum Weinen.

4. März

Endlich Urlaub! Ich flog von Berlin über Paris nach Martinique, wo der Segeltörn begann. Ich landete in den frühen Abendstunden. Dies ist schon eine kleine Strapaze für einen mental und körperlich Gesunden, für mich war es außerordentlich anstrengend, da ich völlig kaputt und übermüdet und überdies ausgemergelt war. Dennoch – als ich auf Martinique landete, wich etwas die Anspannung von mir, und als ich im Taxi saß auf dem Weg zur Marina, fühlte ich mich schon freier und voller schöner Erwartung auf die nächsten zwei Wochen. Der Skipper und die Crew waren sehr nett, Männer und Frauen jeden Alters, es war wie immer ein Mix aus verschiedenen Charakteren mit mehr oder weniger Segelerfahrung. Wir waren 4 Frauen und 3 Männer auf einer 14-Meter-Yacht. Vier von ihnen waren schon seit zwei Wochen an Bord, da sie den vorherigen Törn mitgesegelt waren, was den Vorteil hatte, dass fast alle Dinge in der Pantry und dem Salon schon ihren Platz hatten und sie außerdem den Einkauf für den Törn übernommen hatten. Ich war etwas gereizt, als es um die Verteilung der Kojen ging, wollte ich doch nicht in einer der Kojen schlafen, deren Betten übereinander liegen, denn unten habe ich das Gefühl, in einem Sarg zu liegen, oben habe ich Angst, herauszufallen. Meine Gereiztheit und – wie man mir sagte – Nervosität kamen natürlich nicht gut an. Am Ende teilte ich mir eine der Bugkojen mit Monika, die etwas jünger war, zu Hause Mann und zwei Kinder im jugendlichen Alter hatte und sich etwas abnabeln wollte von ihrem Leben als Halbtagssekretärin, Mutter und Organisatorin ihrer Familie. Die

Neuen packten ihre Tasche aus, dann saßen wir alle noch ein bis zwei Stunden an Deck, um uns vorzustellen und den Törn zu besprechen. Ich war so müde, dass ich kaum sprechen konnte, und in der ersten Nacht an Bord schlief ich ungewöhnlich gut.

5. März

Leider war das Wetter überhaupt nicht so, wie ich es mir gewünscht hatte. Es war kühl, bewölkt, und es sollte den ganzen Tag regnen. Ich verwünschte mich in den Ferienclub auf Fuerteventura. Unser Skipper Timo wies uns in das Schiff ein, wir besprachen das Ablege-Manöver und segelten nach Saint Lucia in die Rodney Bay. Auf der Überfahrt war es mir für den ersten Tag zu windig, und es regnete immer wieder. Mir war übel trotz des Kauens von Ingwer, den mir Monika gegeben hatte. Ich selbst hatte vergessen, Tabletten gegen Übelkeit einzupacken. Ich lag nur kraftlos herum und zählte die Stunden bis zur Marina Rodney Bay. Manchmal ging ich in meine Koje, um zu weinen. Gott sein Dank war ich nicht die Einzige, die seekrank war, insgesamt waren wir vier Personen, denen es nicht gut ging. Es war eher ein Schwerwettertörn. Außerdem fror ich den ganzen Tag und wurde immer wieder mal von einer hohen Welle durchnässt, sodass Corinna, eine der Mitseglerinnen, mir aus meiner Koje trockene Kleidung holte. Ich selbst konnte irgendwann vor lauter Übelkeit nicht mehr das Deck verlassen, und wenn, dann nur, um schnell die Nasszelle aufzusuchen. Ich trank so wenig wie möglich, um nicht so oft nach unten zu gehen. Es war nicht mein erster Segeltörn, und normalerweise war ich seefest. So schlecht ging es mir noch nie beim Segeln. Als wir in der Marina am uns zugewiesenen Liegeplatz anlegten, gingen wir alle duschen. Während die anderen in ein nahes Restaurant zum Abendessen gehen wollten, wollte ich nur auf einem Stück Brot kauen und mich zum Schlafen legen.

6. März

Ich schlief sehr gut und wachte nur kurz auf, als Monika in die Koje kam, um sich schlafen zu legen. Am nächsten Morgen wachte ich einigermaßen ausgeruht auf und voller Hoffnung auf leichten Wind und Sonne, wurde aber enttäuscht. Es war genauso bewölkt und windig wie am Vortag. Wir legten ab, fuhren unter Motor aus der Bucht und setzten die Segel. Der Plan von Timo war es, den ganzen Tag sowie die ganze Nacht hindurchzusegeln bis nach Grenada. Ich wusste nicht, wie lange ich das aushalten würde. Der Wind meinte es gut, er blies nicht zu kräftig, aber auch nicht zu schwach, und zunächst schien sogar hin und wieder die Sonne, bis der Himmel sich zuzog und es zu regnen begann. Mir ging es genauso schlecht wie am Vortag, und wieder musste mich Corinna mit trockener Kleidung, Salzstangen und Cola versorgen. Den beiden Mitseglern Franz und Ulrich war auch wieder übel, was ich gut fand, dann war ich wenigstens nicht die Einzige, die seekrank war. Dadurch, dass wir uns schon einen Tag kannten, wurden die Gespräche mehr und auflockernder, wir lachten und erzählten von unseren bisherigen Törns. Die Stunden vergingen, und als es Zeit war zum Abendessen, ging Timo in die Kombüse und kochte Pasta mit Tomatensauce, wovon ich nur sehr wenig aß, hatte ich doch überhaupt keinen Hunger. Ich dachte immer und immer wieder: Was mache ich hier bloß? Ich könnte jetzt zu Hause auf der Couch im Trockenen liegen. Nach dem Abendessen – es war schon dunkel – besprachen wir die Wachen: Jeweils drei Personen sollten abwechselnd drei Stunden segeln und schlafen. Ich wurde ausgenommen, was mir peinlich war, ging es mir doch noch schlecht. Franz und Ulrich ging es mittlerweile besser. Während des Essens hatte ich meine Mitsegler kurz über den Grund meines schlechten Zustands aufgeklärt, damit sie sich nicht wunderten, denn ich merkte immer wieder, dass ich gereizt und nervös war. Ich wollte in der Nacht an Deck bleiben und mich nicht in die Koje legen, sofern es nicht regnete.

Die Stunden zogen sich langsam hin. Es regnete zwar nicht, aber mir war durchgehend übel und kalt, und manchmal dachte ich, es bis Grenada nicht mehr zu schaffen, sondern vorher zu sterben. Ich zählte die Stunden und irgendwann die Minuten. Wir segelten die ganze Nacht bei lauem Wind auf dem Steuerbordbug, während ich auf der Bank des Backbordbugs lag und litt. Timo brachte mir irgendwann eine zweite Decke, weil ich vor Kälte und Müdigkeit zu zittern begann. Ich selbst wollte gar nicht aufstehen, sondern nur liegen. Wir hatten keinen Sternenhimmel, und um uns herum war Stille, bis auf die Geräusche des Wassers und des Bootes. Die jeweilige Wache war ruhig und unterhielt sich nicht, sondern schaute nur aufs Meer und die Küste. Ich hätte gern dasselbe getan, war jedoch dazu nicht fähig. Ich erinnerte mich an frühere Nachttörns, bei denen wir Wale und beleuchtete Kreuzfahrtschiffe gesehen hatten, und beim Erinnern daran vergingen die Minuten. Ich nickte immer wieder mal ein, aber nur für kurze Zeit. Gegen vier Uhr früh schlief der Wind fast ein. Wir mussten den Motor starten, um vorwärts zu kommen. Es war noch ein ganzes Stück nach Grenada, und das laute Motorengeräusch gab mir den Rest. Mein Entschluss stand fest: Ich würde in Grenada aussteigen und heimfliegen, um dann nach Fuerteventura zu fliegen. Als Timo mich erneut fragte, wie es mir ging, teilte ich ihm meinen Entschluss fest. Er sprach beruhigend und verständnisvoll auf mich ein und bat mich, das gute Wetter, das sich im Laufe des heutigen Tages einstellen sollte, abzuwarten. Sicher würde es mir dann besser gehen. Außerdem meinte er, dass wir eventuell unter den Bedingungen gar nicht nach Grenada, sondern nur bis zu einer der vorgelagerten Inseln kämen, auf denen es gar keinen Flughafen gäbe. Er wollte auf keinen Fall bis nach Grenada unter Motor laufen, das wäre ihm zu weit. Er konnte mich etwas beruhigen, ich plante aber weiterhin den Heimflug, notfalls zunächst per Kleinflugzeug von der vorgelagerten Insel bis nach Grenada, koste es, was es wolle. Gegen 6 Uhr früh erreichten wir eine Bucht auf Carriacou, einer zu Grenada gehörenden Insel. Diejenigen, die Wache hatten, gingen in ihre Kojen, um eine Runde zu schlafen, die anderen schliefen sowieso, und auch ich trollte mich runter und legte mich in den Salon zum Schlafen. Ich mag es, im Salon zu liegen, auf irgendwelchen schon salzigen Kissen und Decken, und von oben Frischluft zu erhalten. Das Boot lag ruhig in der Bucht. Ich schlief tief und fest bis 9 Uhr. Als ich aufwachte, ging ich nach oben, wo frischer Kaffee und Tee auf dem Deckstisch stand. Wir saßen alle an Deck und schauten zum Strand herüber, an dem es eine Strandbar gab und ein paar Häuschen und einige am Strand oder auf den Treppenstufen der Bar herumlungernde, kiffende Rastafaris. Und plötzlich ging es mir gut. Mit einem Schlag waren die letzten furchtbaren 48 Stunden vergessen, und ich sog die Umgebung in mich auf. Der Urlaub konnte beginnen! Nach dem Frühstück und Aufräumen des Schiffes fuhren wir mit dem Dinghi an Land und liefen in den nächsten Ort zum Einkaufen und Aufsuchen einer Bank, oder einfach, um sich umzuschauen. Ich freute mich so sehr, dass es mir wieder gut ging nach den vielen Stunden der Übelkeit, und ich war voller Vorfreude auf die nächsten Tage. Im Ort trennten wir uns und verabredeten uns in einer Bar für die gemeinsame Heimfahrt. Franz und ich suchten eine Bank auf, um Geld abzuheben, dann schlenderten wir über einen Obst- und Gemüsemarkt, tranken einen Früchtecocktail in einer Strandbar, saßen am Strand und erholten uns von den Strapazen. Per Kleinbus, in dem laute Reggae-Musik lief, fuhren wir zur Bucht zurück. Den Rest des Tages ruhten wir uns aus, gingen schnorcheln, dösten, unterhielten uns und lachten, und alle meinten, dass ich schon viel besser aussehen würde. Ich dankte Timo dafür, dass er so mitfühlend und eindringlich mit mir gesprochen hatte, doch an Bord zu bleiben. Abends setzten wir wieder per Dinghi über zum Strand, um in einem Restaurant zu essen. Der Fisch schmeckte köstlich, und wir ließen uns natürlich auch den Rum-Punch schmecken. Wie schön war es doch, weit weg von zu Hause zu sein, in einer anderen Umgebung, Sonne und Meer und nette Menschen um mich herum zu haben und auf andere Gedanken zu kommen!

8. März

Ich hatte nicht vor, mein Handy oft anzuschalten. An diesem Morgen tat ich es und fand eine SMS von Richard vor: „Na, meine Liebe, wie isses, alles gut, und erholst du dich?"
Ich schrieb zurück: „Nach 2 seekranken Tagen bin ich wieder Mensch. Wir ankern vor einer Insel, vor mir am Strand lauter bekiffte Rastafaris, bin in einer anderen Welt, herrlich." Von Carriacou aus segelten wir nach Petit St. Vincent, einer sehr kleinen Insel mit nur einem Resort. Die Sonne schien, der Wind hatte genau die richtige Stärke für uns, und ich atmete häufig tief durch und merkte, dass ich langsam wieder zu mir kam. Berlin, Metin und dieses endlose Leiden waren weit weg. Er war zwar auch hier anhaltend in meinem Kopf, aber die Gedanken schmerzten nicht. Zu viel Neues war um mich herum, die Crew und die Aktivitäten an Bord lenkten mich ab sowie unsere Gespräche, die sich natürlich nicht um mich drehten. Wir lernten uns alle besser kennen, waren eine gute Truppe, und die Stimmung war heiter. Wir erreichten am Nachmittag Petit St. Vincent und ankerten zusammen mit drei anderen Jachten in einer wunderschönen Bucht. Das Bild war ein klassisches Klischee: die kleine Insel, die Bucht, die Jachten, und am Strand hing zwischen zwei Palmen eine Hängematte. Nach dem Anleger-Drink sprangen wir alle ins Wasser. Ganz langsam schwamm ich einige Minuten zum Strand hinüber, ging zur Hängematte und legte mich hinein. Zum ersten Mal nach vielen Monaten fühlte ich mich fast glücklich. Ich konnte mein Glück kaum fassen, an diesem schönen Ort zu sein.

Wir zauberten ein Abendessen an Bord, tranken Wein oder Rum-Punch und machten uns nach dem Abwaschen und Aufräumen per Dinghi auf zum Übersetzen auf die Insel. Aus der offenen Bar des Resorts, die im ersten Stock lag, schallte Livemusik herüber. Nach dem zweimaligen Übersetzen, sodass alle von uns auf der Insel waren, erklommen wir einen kleinen Hügel und die Treppenstufen zur Bar und nahmen Platz. Das Publikum bestand hauptsächlich aus älteren Amerikanern mit ihren jungen hübschen Freundinnen. Der Sternenhimmel und der Blick von der Bar aus im Mondlicht über die Bucht und die wenigen Jachten waren überwältigend. Dazu spielte die Band amerikanische Oldies. Der Tag hatte mich schon sehr ruhig und milde gestimmt, und ich genoss den Abend in vollen Zügen und konnte mit den anderen herzhaft lachen.

9. März

Wir mussten nach Carriacou zurücksegeln, um auszuklarieren. Unser nächstes Ziel war Clifton Harbor auf Union Island. Nach dem Ankern an einem der wenigen Stege und dem Anleger-Drink gingen wir die Hauptstraße entlang zu einem Markt, um unser Obst und Gemüse aufzufüllen. Dann gingen wir duschen in einem kleinen Häuschen in Pilzform mit offenem Dach, einem Vorhang und kaltem, tröpfelndem Wasser – es war herrlich erfrischend, und man war endlich schweißfrei, zumindest für einige Minuten. An der Hauptstraße war ein schönes und großes Restaurant, in dem wir zu Abend essen wollten. Es war voller Touristen, und eine Steelband spielte, was die Stimmung ordentlich anheizte. Einige Menschen tanzten. Die Atmosphäre war herrlich, und es war wunderbar, jeden Tag an einem anderen Ort zu sein, mit immer neuen Erlebnissen und voller Freude auf das, was uns erwartete. Ich fühlte mich wieder. Monika saß neben mir, und wir sprachen über unsere häuslichen Situationen, die beide vollkommen anders waren: sie als glückliche Ehefrau und Mutter zweier Kinder, ich als Single mit Liebeskummer. Ich konnte hier mit innerem Abstand sehr klar über meine Situation sprechen. Es kam mir so vor, als läge das Erlebte zu Hause schon sehr lange zurück. Es war ein sehr befreiendes Gefühl.

13. März

Nach unseren Stationen in den Tobago Cays, einem Areal mit fünf unbewohnten kleinen Inseln, die hufeisenförmig gelegen sind, wo wir zwei Tage blieben, viel schnorchelten und am Strand ein Barbecue mit vielen anderen Jachties hatten und wo ich mich richtig glücklich und frei fühlte, segelten wir bei immer gutem Wind nach Mayreau und Bequai. Zwischendurch schnorchelten wir, relaxten, schauten aufs Meer, hatten nach dem Abendessen an Bord bei einem Glas Wein gute Gespräche unter dem Sternenhimmel, kauften von den Einheimischen, die mit ihren bunten Motorbooten vorbeikamen, Brot, Fisch, Gemüse, Obst und T-Shirts, schwammen zu den verschiedenen Stränden, lagen im Sand oder machten einen kurzen Spaziergang auf die andere Seite der Inseln, wobei wir viele scheue Leguane im Gebüsch verschwinden sahen. Wir wurden immer brauner und genossen einfach das wunderbare Leben. Ich dachte sehr oft an Metin und seine Neue, aber mit einem gewissen Abstand, und es tat nicht weh, an sie zu denken. Ich vermisste ihn nicht, auch nicht mehr körperlich. Ich dachte sogar etwas überheblich, dass ich es ihm gönnte, jetzt mit einer weniger attraktiven Frau und Lückenfüllerin zusammen zu sein. Ich dachte ganz sachlich, dass es früher oder später mit beiden vorbei sein würde, aber zurzeit tat sie ihm gut, und er brauchte sie, anderenfalls wäre er allein. Ich hätte ihn im Laufe unserer Ehe auch verlassen können oder ihm eine Frist geben können, innerhalb der er sich eine Arbeit hätte suchen oder sich fortbilden müssen, anderenfalls hätte ich gedroht, ihn zu verlassen. Aber Respekt, Liebe, gegenseitiges Zuhören und – wenn auch schlechten – Sex hatten wir bis zum Schluss. Er hatte ein schönes Leben mit mir gehabt, abgesehen von unseren Streitereien. Daran dachte ich fast täglich, aber vor der Kulisse der karibischen Inseln verursachten sie keinen Schmerz.

16. März

Ich war wieder Mensch geworden, und die anderen wunderten sich und lachten über meine Verwandlung, war doch aus einer anfangs sehr nervösen, gereizten Frau eine sehr entspannte, lustige und kommunikative geworden, die die wunderbaren Tage in vollen Zügen ebenso genoss wie alle anderen. Dass ich in den ersten Tagen so gesehen wurde, war mir nicht bewusst gewesen, und ich schämte mich etwas dafür.

Mittlerweile waren wir auf dem Heimweg und wieder in der Rodney Bay auf Saint Lucia angekommen, hatten Saint Vincent und einige kleine unbewohnte Inseln mit riesigen Muschelbergen oder nur einer Palmenreihe hinter uns gelassen. Wir waren eine tolle, zusammengewachsene Truppe, jeder half jedem und dachte mit, und wir waren uns bei fast allem einig, wenn es hieß, ein Restaurant für das Abendessen oder einen Ankerplatz zu wählen. Bei Letzterem hatte natürlich Timo das letzte Wort, da er auch die Verantwortung hatte. Er war ein sehr erfahrener Segler, war über dreißig Jahre auf allen Weltmeeren beruflich und privat gesegelt, kannte die Kleinen Antillen wie seine Westentasche, und in manchen Häfen oder Buchten wurde er von den Einheimischen wie ein alter Freund begrüßt.

Wir hatten viel über jedes Crewmitglied erfahren und wollten gar nicht daran denken, dass der schöne Törn jemals zu Ende sein könnte. Aber es ging von der Saint Lucia bei nochmals kräftigem Wind zurück in den Ausgangshafen Le Marin auf Martinique. Beim Hineinfahren in den Hafen unter Motor überkam uns kein glückliches Gefühl, aber einige von uns hatten noch zwei Tage an Land vor sich, die wir getrennt geplant, aber gemeinsam verbringen wollten. Nach dem Anlegen an unserem Steg, dem Anleger-Drink, dem Aufräumen des Schiffes und dem Packen der Taschen gingen wir ein letztes Mal gemeinsam in ein Restaurant in der Marina, um ein festliches Mal einzunehmen und Timo von ganzem Herzen für den schönen, entspannten Törn zu danken. Er gab den Dank zurück, indem er uns für unser Teamwork lobte und uns alle zu sich nach Hamburg in sein Haus einlud: „Ich segele schon dreißig Jahre und habe schon viele Crews kommen und gehen sehen, aber mit euch war es am Schönsten."

17. März

Es war wieder ein Samstag, der Tag mit dem meisten Treiben in einem Hafen. Die Crews verlassen die Jachten, die Jachten werden von den Vermietern gecheckt und bei Bedarf repariert, neue Crews stehen zum Teil mit ihrem Gepäck schon am Steg. Über allem liegt ein Schleier von Aufbruchsstimmung und Wehmut, weil man die Jacht und die neu gewonnenen Freunde nicht verlassen möchte. Nach einem letzten Kaffee in einer der vielen Bars verabschiedeten wir uns von Timo, Ulrich und Bettina, die ins kalte Deutschland heimflogen, während Monika, Corinna, Franz, Ulrich und ich noch zwei Tage blieben, um die Insel per Auto zu erkunden. Wir mieteten ein Auto direkt am Hafen und fuhren über die wunderschöne und grüne Insel in den Norden, kauften unterwegs auf einem Markt für ein Picknick ein, das wir auf einer großen Wiese einnahmen, und suchten am späten Nachmittag an der Nordküste nach einer Unterkunft, die uns allen gefiel, fanden aber keine. Ich schlug vor, Richtung Westküste zu fahren, wo wir fündig wurden und ein wunderschönes altes Herrenhaus inmitten einer großen Plantage fanden, das für uns noch zwei freie Zimmer hatte und das nur wenige hundert Meter vom Meer entfernt lag. Wir waren überwältigt von der großen Eingangshalle mit den dunklen alten Holzmöbeln, der Veranda, dem Blick auf eine nahe Bananenplantage und auf das Meer von unseren Zimmern im ersten Stock. Wir drei Frauen hatten ein riesiges Zimmer bekommen. Das Abendessen mit allerlei kreolischen Köstlichkeiten nahmen wir auf der Veranda ein, ließen uns dazu den Wein schmecken und schlenderten danach durch den großen Garten, der das Herrenhaus umgab. Es war ein fantastischer letzter Abend, allerdings wurde mir zwischendurch immer wieder mulmig, wenn ich an die Rückkehr nach Hause dachte: In fünf Tagen würde meine Scheidung stattfinden.

18. März

Ich schlief großartig in dem großen Himmelbett, das ich mir mit Monika teilte, und als ich aufwachte, hatte ich den Eindruck, dass das Bett zur Seite kippte. Ich streckte meinen linken Arm aus, um mich am Bettrahmen festzuhalten, drohte ich doch, auf die rechte Seite zu rollen. Nach einigen Sekunden verflog dieses Gefühl jedoch, und ich war wieder Herr meines Gleichgewichtssinnes. Nach dem Frühstück schlenderten wir durch die Bananenplantage und dichte Vegetation zum Strand, der menschenleer war. Wir machten einen langen Strandspaziergang und gingen gegen Mittag zurück, um das Gepäck zu holen und an der Westküste entlang Richtung Flughafen zu fahren, unterwegs einen Imbiss einzunehmen und noch einmal im Meer zu baden. Am späten Nachmittag erreichten wir den Flughafen, von wo wir uns am Abend in Richtung Deutschland via Paris aufmachen mussten.

19. März

Ich konnte kaum schlafen im Flieger und war entsprechend übermüdet nach der Ankunft. Das Wetter in Paris war nicht so kalt wie befürchtet, und wir mussten per Shuttlebus vom Flughafen Charles-de-Gaulle nach Orly fahren, um unsere Anschlussflüge zu bekommen. Sofort nach der Landung im grauen Paris übermannten mich ungute Gefühle und Gedanken an Metin und die Scheidung. Ich versuchte, entspannt zu bleiben und an den schönen Urlaub zu denken. Vor allem wollte ich den entspannten Blick beibehalten, den ich hatte, wenn ich aufs Meer schaute. Sollte ich ihn verlieren, musste ich ihn eben wieder üben. So wollte ich auch meine Scheidung über mich bringen.

In Paris-Orly trennten wir uns, um die Heimflüge zu verschiedenen Destinationen in Deutschland anzutreten. In wenigen Wochen wollten wir uns alle bei Timo wiedersehen, was ein gutes Gefühl war. Ich flog sehr müde nach Berlin, nahm am Flughafen ein Taxi und fuhr nach Hause. Es war niemand da, aber eine herzliche Begrüßung seitens meines Onkels und Tatjana lag in Form eines Zettels im Flur. Wir würden uns erst morgen früh sehen. Mein Spiegelbild gefiel mir – braun gebrannt und entspannte Gesichtszüge. Ich packte das Nötigste aus und ging gleich ins Bett, wo ich viele Stunden schlief. Nach dem Aufwachen machte ich mir ein kleines Abendessen und ging wieder schlafen. Ich war gedanklich in der Karibik und hatte die dortigen Bilder vor meinen Augen.

20. März

Nach dem Aufwachen ging ich in die Küche und begrüßte meinen Onkel und Tatjana und war sehr fröhlich. Wir hatten nicht viel Zeit zum Reden. Sie freuten sich sehr, mich wiederzusehen und auch darüber, dass es mir so viel besser ging.

Im Büro hatte ich noch „Urlaubsschutz", und ich erzählte voller Wehmut meinen Kolleginnen von dem schönen Urlaub, die mich beneideten, was ein schönes Gefühl war. Ich nahm mir für den übermorgigen Tag frei, Gott sei Dank fragte mich niemand, was ich an diesem Tag vorhatte.

Abends telefonierte ich lange mit Patrizia und erzählte ihr auch von den letzten Treffen mit Metin. Sie sagte, dass er sehr unzufrieden mit sich wäre und in mir ein Ventil hätte. So hatte ich es noch gar nicht gesehen. Sie sagte auch, dass ich auf keinen Fall allein bleiben würde, was schön war zu hören. Während wir sprachen, merkte ich, dass ich durch den Urlaub einen guten Abstand gewonnen hatte, beim Gedanken an den bevorstehenden Scheidungstermin wurde ich allerdings unruhig.

Patrizia meinte: „Wahrscheinlich findest du die Scheidung schlimmer als alle anderen."

21. März

Schnee in Berlin! Ich mochte Schnee in der Stadt und den weißen, sauberen Anblick und hoffte, er würde nicht so schnell schmelzen. Er beruhigte mich, wurde ich doch schon etwas nervöser.

Als ich nach dem Büro nach Hause fuhr, googelte ich wieder zum Thema „Männer und Trennung" und „Zweckbeziehung". Ich las, dass eine Scheidung eher kein Glück bringt, denn die tiefe – geschlechtsunabhängige – Zufriedenheit stelle sich nicht wieder so ein wie vorher. Demgegenüber kannte ich einige Paare, die ein zweites Mal geheiratet hatten und nun glücklicher waren als während der ersten Ehe, da sie aus ihren Fehlern gelernt hatten und diese vermieden.

Dann las ich in verschiedenen Foren über Männer, die von ihren Frauen verlassen wurden und die fast alle – nach einer kurzen Zeit voller Alkohol und Affären – schnell wieder eine Neue hatten. Ich las Statements von Frauen mit Helfer-Syndrom, die immer wieder Pech hatten mit ihren Männern, da sie noch eine lange Zeit an ihrer Ex hingen. Jeder hatte eine andere Meinung, und je mehr ich las, desto mehr erfuhr ich zwar, aber desto verwirrter war ich auch. Auf jeden Fall war allen klar, dass man Liebeskummer durch eine andere Person erst kompensieren kann, nachdem man durch den gröbsten Schmerz hindurchgegangen ist.

Es gab andere Foren, in denen Männer schrieben, dass sie mit ihrer Lückenfüllerin oder Zweckbeziehung eine richtige Beziehung begonnen hatten, die zwar einige Jahre hielt, aber am Ende doch zerbrach, weil nie richtige tiefe Liebe daraus entstanden war.

Um nicht davon zu träumen und mich zu entspannen, blätterte ich danach in einer Frauenzeitschrift. Ein Artikel handelte vom

Geschlechterunterschied in Verbindung mit Glückshormonen, von Dopamin und Oxytocin. In einem Auszug des in diesem Zusammenhang vorgestellten Buches las ich, dass eine Beziehung gute Chancen hat, lange zu dauern, wenn die Frau dauerhaft Oxytocin ausschüttet, das für Nähe-Gefühle sorgt. Ein Mangel dieses Hormons, zum Beispiel durch das Stresshormon Cortisol, blockiert die Wirkung von Oxytocin, wodurch der Wunsch nach Nähe und Sex nur gering beziehungsweise gar nicht vorhanden ist. Davon konnte ich ein Lied singen. Ich hatte am Ende unserer Beziehung gar keine Lust mehr auf Sex gehabt, weil ich mich fast immer gestresst fühlte und er obendrein immer gleich und viel zu schnell ablief.

Ich hatte niemandem von meinem Scheidungstermin erzählt, wieder nach dem Motto: Was man nicht erzählt, existiert auch nicht.

Vor dem Schlafengehen telefonierte ich noch mit Maria. Als eine meiner besten Freundinnen machte ich bei ihr eine Ausnahme, darüber hinaus hoffte ich, von ihr noch etwas Aufmunterung zu bekommen. Ich hatte Angst vor der Scheidung und dem Gefühl, geschieden zu sein. Sie sagte: „Für dich fängt morgen ein neuer Lebensabschnitt an. Ich gratuliere dir herzlich. Er hat dich nicht verdient. Glaube mir, du wirst noch triumphieren. So wie er dich behandelt hat, so behandelt man keinen Menschen. Er wollte dir gezielt wehtun. Du hast es einfacher als er durch dein Umfeld, und du kannst wegfahren, wenn du möchtest. Es geht dir besser als ihm."

Ich hatte im Urlaub weiterhin über meine Fehler nachgedacht und mir diese nachgesehen. Dennoch dachte ich, dass er eine bessere Frau als mich verdient hatte. Ich konnte sehr hart sein mit mir selbst. Die Lebensumstände in der Ehe hatten mich dazu gemacht. Ich hatte kein leichtes Leben und hatte mich ins Negative verändert. Er war die meiste Zeit unserer Ehe ohne Arbeit, hatte keine Arbeit gesucht, ich hatte das Geld zusammengehalten, war oft wütend über ihn …

Sie sagte: „Ihr habt euch beide verändert. Und was ist so schlimm daran, wenn du sagst, dass du geschieden bist?"

Sie hatte mich etwas gestützt. Vielleicht war ich morgen nach dem Scheidungstermin sogar erleichtert?

22. März

Der Termin war für 9 Uhr anberaumt. Ich hatte gut geschlafen und war nur leicht nervös. Ich übte den karibischen, gleichgültigen Blick vor dem Spiegel. Der Schneefall war in Regen übergegangen. Als ich zum Gericht fuhr, war ich mittlerweile sehr nervös und hoffte auf eine kurze Verhandlung, da ja alles geklärt war: Er wollte die Scheidung, ich wollte sie zwar nicht, aber stimmte unter den gegebenen Verhältnissen zu. Als ich im Gebäude aus dem Fahrstuhl in den Flur trat, trafen sich Metins und mein Blick sofort. Er stand einige Meter entfernt und hatte rote Augen, so, als hätte er unmittelbar vorher geweint. Er war gut gekleidet und hatte einen langen schwarzen Schirm in der Hand. Solange ich ihn kannte, hatte er noch nie einen Schirm benutzt. Mein Herz begann heftig zu pochen, ich ging den Flur bis ans andere Ende und blickte dort aus dem Fenster. Leider konnte ich dort nicht den eingeübten weiten Blick anwenden, da in wenigen Metern Abstand ein anderes Gebäude stand.

Eine Tür öffnete sich, und wir wurden hineingerufen. Ich wusste, dass unser gemeinsamer Anwalt nicht gegenwärtig war, er hatte eine Vertreterin geschickt, die mich an der Tür begrüßte. Ich sagte ihr kurz, dass dies die Party meines Mannes wäre und fragte sie, ob wir beide nach dem Termin noch etwas zu besprechen hätten. Sie verneinte. Daraufhin sagte ich ihr, dass ich das Gebäude unmittelbar nach dem Termin schnell verlassen würde.

Es dauerte nur wenige Minuten. Wir wurden beide nach unserem Einverständnis für die Scheidung gefragt, dann unterschrieben wir, und die Richterin erklärte uns für geschieden. Mich störte, dass mein Nachname im Urteil an erster Stelle stand und sein Nachname an zweiter Stelle, was für mich implizierte, dass ich gegen ihn vorging und nicht umgekehrt. Aber da wir einen gemeinsamen Anwalt genommen hatten und ich, der deutschen Sprache mächtiger als Metin, hauptsächlich die Gespräche mit dem Anwalt geführt hatte, stand mein Name an erster Stelle. Mir war, als hätte sie mein Todesurteil ausgesprochen, und die Sekunden danach waren sehr schrecklich. Ich dachte nur: Ich bin jetzt geschieden. Dann fing ich mich, stand auf und ging zur Tür, die schon jemand geöffnet hatte. Ohne jemanden anzusprechen oder anzuschauen ging ich hinaus und suchte das Treppenhaus, da ich nicht auf den Fahrstuhl warten wollte und schon gar nicht mehr Metin sehen wollte, der schnellen Schrittes hinter mir Richtung Treppenhaus lief. Wir liefen die Treppen hinunter.

Er sagte in bösem Ton: „Heute hast du gelernt. Ich störe dich jetzt nicht mehr. Jetzt brauchst du nichts mehr für mich zu bezahlen."

Es waren die schlimmsten Worte, die er mir noch mitgeben konnte: Heute hast du gelernt.

Wir waren auf dem Platz vor dem Gericht angekommen und mussten leider beide in dieselbe Richtung laufen. Es regnete, und mir war kalt, aber ich empfand es als angenehm.

Ich rechtfertigte mich, obwohl es gar keinen Sinn mehr hatte: „Ich habe immer nur für uns beide gearbeitet und alles freiwillig geteilt."

Er schimpfte: „Als mein Vater gestorben ist, hast du gesagt, ich soll für die Beerdigung meinen Schmuck verkaufen."

Das stimmte, und ich schämte mich sehr dafür. Ich hatte es damals gesagt, weil ich ihm schon viel Geld mitgegeben hatte und ihm nicht noch mehr Geld überweisen wollte. Mir war damals nicht klar, dass sein Vater so schnell sterben würde, was natürlich keine Entschuldigung war.

Ich sagte: „Ich habe immer nur für uns beide geplant. Du wolltest nie dein Leben mit mir in Deutschland planen."

Er sagte: „Wir müssen noch zum türkischen Konsulat."

Ich dachte nur, dass wir nirgendwo mehr hingehen müssen.

„In meinem ganzen Leben habe ich nur eine Frau geliebt."

Dieser Satz tat genauso weh wie „Heute hast du gelernt"- Ich fühlte, dass ich alles kaputt gemacht hatte.

Wir warteten schweigend an einer roten Ampel. Ich verfluchte den gemeinsamen Weg. Hätte ich doch bloß die andere Richtung eingeschlagen. Unsere Worte waren völlig überflüssig und taten nur noch weh. Die Ampel schaltete auf Grün.

Er sagte: „Ich muss jetzt nach links. Gibt es noch etwas zu sagen?"

„Nein. Leb' wohl."
Er sagte etwas, dass sich wie „Ich wünsche alles Gute" anhörte. Ich überquerte die Straße und schaute mich kurz nach ihm um. Ich würde ihn vielleicht nie wieder sehen. Jetzt würde er zu ihr gehen und ihr sagen, dass er geschieden wäre, sie würde sich freuen, und vielleicht schauten beide gemeinsam nach vorn. Ich fühlte mich sehr einsam und absolut schlecht. Ich hatte mir vorgenommen, in Kreuzberg in einem türkischen Imbiss eine Pide zu essen. Sozusagen als Abschluss unserer Ehe. Dort war ich mit Metin einige Male gewesen, weil die Pide dort besonders gut schmeckte. Es regnete Bindfäden, und nach zirka 30 Minuten Fußweg kam ich dort an. Mir schallten unsere soeben gesagten Worte im Ohr. Schlimmer konnte es nicht mehr kommen. Ich war am absoluten Tiefpunkt angelangt. Es saßen nur wenige Menschen in dem Imbiss. Ich bestellte, wartete auf das Essen, setzte mich hin und starrte ins Leere. Ich dachte immer und wieder daran, dass ich jetzt geschieden wäre und empfand dies wie eine schlimme Krankheit. Beim Essen kamen mir die Tränen. Ich wollte ihm noch einmal schreiben. Es war eigentlich egal, aber ich schickte ihm dies: „Ich habe niemals gesagt, dass du mein Geld willst. Ich hätte bis zum Tod für uns gearbeitet. Aber du hättest helfen können, das Geld zu verdienen. Ich habe auch nur dich geliebt. Ich möchte jetzt tot sein." Das war wirklich mein Wunsch.

Nach dem Essen wusste ich nicht, wohin ich gehen sollte. Ich war wie gelähmt und nicht in der Lage, jemanden anzurufen. Ich ging zum nahegelegenen Kanal und starrte ins Wasser. Dann schickte ich eine SMS an Anna mit der Information, dass ich gerade geschieden sei. Anna war schon lange geschieden und antwortete umgehend: „Sei nicht frustriert, wenn heute kein Spitzentag ist, es kommen auch wieder andere!"

Dann hatte ich das Bedürfnis, meinen verstorbenen Bruder auf dem Friedhof zu besuchen. Ich lief durch den Regen zurück zum Gericht, wo mein Auto stand, und fuhr zum Friedhof. Als ich am Grab stand, konnte ich mich nicht mehr halten. Die Tränen brachen aus mir heraus. Gott sei Dank war dies ein Ort, an dem man ungeniert weinen konnte. Am liebsten hätte ich mich neben ihn gelegt, und ich überlegte ernsthaft, wie ich es anstellen konnte, ohne dass jemand um mich weinte. Hierfür gab es natürlich keine Lösung, was gut war.

Ich fuhr nach Hause. Es war niemand da. Ich duschte heiß und begann die Flasche Baileys zu trinken, die ich für diesen Tag gekauft und nach dem Aufwachen heute Morgen neben mein Bett gestellt hatte. Ich legte mich ins Bett, trank ein Glas Baileys und hoffte auf Schlaf, fand aber keinen. Als ich die Hälfte der Flasche geleert hatte und leider immer noch nicht richtig betrunken war, klingelte mein Handy. Es war Anna, die wissen wollte, wie es mir ginge und was ich gerade machte. Als sie hörte, dass ich Baileys trinkend im Bett lag, sagte sie, ich könne die Stunden nach meiner Scheidung unmöglich so verbringen und lud mich am Abend zu einer Kinopremiere in die Volksbühne ein. Ich ließ mich gern überreden. Nach dem Telefonat konnte ich endlich Schlaf finden. Der Abend war sehr schön, der Film sogar lustig, und ich traf einige Bekannte. Ich hatte mich gefangen und mir verinnerlicht, dass ich nur ein einziger Mensch unter vielen Geschiedenen war. Das Leben würde weitergehen.

Mein Onkel und Tatjana saßen in der Küche. Ich begrüßte sie kurz und erzählte vom Kinofilm, aber nicht von meiner Scheidung. Ich war zu müde und fühlte mich zu leer.

Maria hatte mir aufmunternde Worte auf den Anrufbeantworter gesprochen, um mir alles Gute für meinen neuen Lebensabschnitt zu wünschen.

Meine Scheidung fand auf den Tag genau zehn Jahre nach unserem Kennenlernen statt. Als ich mir diesen „Zufall" vor dem Schlafengehen vergegenwärtigte, weinte ich wieder dicke Krokodiltränen. Ich nahm ein Blatt und schrieb einen Brief an Metin, den ich aber nicht abschicken wollte. Die Zeilen halfen mir, etwas Ruhe zu finden: „Du hast zu mir gesagt: ‚Du siehst mich nie wieder' und ‚Du hast alles falsch gemacht'. Du machst es dir einfach. Ich habe über alle meine Fehler nachgedacht. Sie tun mir alle leid. Du hast anscheinend gar nicht nachgedacht.

Du fühlst dich hundertprozentig als Opfer. Du sagst einfach, du hast nichts falsch gemacht. Ich wünsche dir alles Gute. Und ich wünsche auch, dass du einmal in deinem Leben in eine Situation kommst, wo du später sagst: ‚So schlecht war mein Leben mit Beatrice nicht. So schlecht war sie nicht.' Das Leben muss noch ein einziges Mal gerecht sein. Aber das werde ich dann nicht wissen. Irgendwie sagte mir mein Inneres aber, dass der Tag kommen würde.

23. März

Ich fühlte mich als das, was man mit „okay" bezeichnet, versuchte konzentriert zu arbeiten und mit der Scheidung umzugehen. Auch im Büro erzählte ich nichts. Alle meine Kolleginnen und Kollegen waren langzeit-liiert, ich wusste, dass ich ihnen leidtat, sie hätten meine Situation aber gar nicht nachvollziehen können. Nach dem Büro hatte ich etwas Angst davor, nach Hause zu fahren und dort in ein Loch zu fallen.

Ich rief Anna an, um mich mit ihr für den Abend zu verabreden. Sie war gerade dabei, einen Mürbeteig zu kneten und lud mich zu sich zum Essen ein. Wir sprachen über unsere Scheidungen, über ihre derzeitigen Probleme mit ihrem Freund und über gemeinsames Geld und Sparen in einer Partnerschaft. Sie wollte zum Beispiel nie mit ihrem Ex-Mann einen gemeinsamen Sparplan aufstellen bzw. ein gemeinsames Konto haben, sondern ihr Geld separat anlegen und ausgeben, um diesbezüglich unabhängig zu sein.

Sie fragte mich, ob Metin gewusst hatte, wie sehr ich ihn liebte. Es gab mir einen Stich. Ich hätte es ihm öfter zeigen müssen. Aber letztendlich änderte es nichts mehr.

24. März

Die Sonne schien, und es war mild an diesem Samstag. Wir hatten eigentlich Aprilwetter. Ich hatte elf Stunden geschlafen, was ein gutes Zeichen war, fühlte mich ausgeruht, aber sehr allein. Mein Onkel wollte mit seinen Kindern und Tatjana nach Hamburg zu einem Konzert fahren. Bevor sie abfuhren, umarmte mich Tatjana fest und fragte, wie es mir ginge. Sie sagte: „Ich dachte mir, dass es dir noch sehr schlecht geht. Ein Mann ist es nicht wert, sich seinetwegen kaputt zu machen. Du bist jung und hast viel Schönes vor dir." Die Worte taten mir gut, hatte sie doch recht, und irgendwann in absehbarer Zeit würde der Tag auch kommen, wo ich innerlich wieder frei und glücklich war – mit oder ohne Mann.

Als ich ihnen zum Abschied zuwinkte, fing ich an zu weinen vor Einsamkeit. Ich legte mich auf mein Bett, schloss die Augen und war in der Karibik. Obwohl der Törn erst einige Tage zurücklag, konnte ich die gute Stimmung nicht mehr nachvollziehen. Ich heulte lange, dann raffte ich mich auf und radelte durch den Grunewald an den Havelstrand, um dort zu entspannen und mich an den Karibikurlaub zu erinnern. Ich verweilte dort zirka zwei Stunden, was mir sehr gut tat. Ich kam innerlich etwas zur Ruhe und wollte Pläne machen, dachte aber zwischendurch immer wieder an Metin und was er wohl gerade machen würde. Immer und immer wieder kamen mir die Tränen. Auf dem Rückweg radelte mir mein Ex-Freund Victor entgegen. Er ist oft mit seinem Mountainbike im Grunewald unterwegs. Ich hatte am Strand liegend auch kurz an ihn gedacht, und nun stand er vor mir! Unglaublich! Ich freute mich und radelte mit ihm an den Strand zurück. Ich erzählte ihm von meinen letzten Wochen und der Scheidung.

Er kommentierte: „Das mit ihr ist nichts Dauerhaftes. Er wollte einfach ausbrechen. Der Kerl ist zu jung."

Ich verneinte das.

„Beatrice, du bist so eine unglaublich tolle Frau, wie konnte er gehen? Du bist so ein lieber Mensch. Wie konnte er sich keine

Arbeit suchen, aber viele Wünsche haben? Er hatte ein bequemes Leben bei dir." Die Zeit mit ihm tat mir gut. Überhaupt tat es mir gut, von allen Seiten so viel Zuspruch zu erhalten.

Abends besuchte mich Katja. Sie ist meine langjährigste Freundin. Wir sind zwei völlig unterschiedliche Charaktere, und ich schätze sie außerordentlich, weil sie die Dinge ungeschönt beim Namen nennt. Wir sprachen unter anderem über Deutschland und wie wir Deutsche vom Ausland gesehen werden, nämlich leider oft als Geldesel. „Wir arbeiten so hart für unser Geld, und viele Ausländer denken, das Geld kommt von allein." Wir redeten bis 1 Uhr nachts. Alles in allem war es ein ganz guter Tag gewesen. Ich war nicht allein.

25. März

Ich schlängelte mich so durch den Tag, schlief lange dank des Rotweins vom Vorabend, machte eine kurze Radtour, legte mich wieder ins Bett und heulte zwischendurch immer wieder. Ich hasse diese gefühlsmäßigen Achterbahnfahrten. Wann würde das endlich aufhören? Wann wäre ich mental endlich nicht mehr so zerbrechlich, wann hätte ich nur noch positive Gedanken und nicht mehr solche, die mich elend fühlen ließen und zum Weinen brachten? Wann wäre ich nicht mehr abhängig davon, dass meine Familie und meine Freundinnen mir gut zuredeten? Wann wäre mein Kopf endlich wieder frei?

Beim Abendessen mit viel Rotwein erzählte ich meinem Onkel und Tatjana endlich, dass ich seit drei Tagen geschieden wäre. Sie waren erschrocken darüber, dass ich noch nichts gesagt hatte. Tatjana meinte, sie hätte es sich gedacht, da ich in den letzten Tagen noch trauriger gewirkt hatte. Sie nahm meine Hand. Sie fragte mich, was ich jetzt vorhätte. Nun, vielleicht noch einen Segeltörn, einen Tanzkurs, eine Wohnung suchen ...

Sie hielt meine Hand ganz fest und sprach langsam und eindringlich: „Du bist jung. Metin ist jetzt nicht mehr da. Das tut

sehr weh, und du musst das erst einmal verarbeiten, bevor du eine neue Liebe findest. Er hat dadurch nichts gewonnen. Dir geht es gut: Du hast eine nette Familie, du hast viele gute Freunde, du hast einen guten Job, du verdienst Geld, du bist jung …"
Ja, ich fühlte jetzt schon, wie mein Leben immer bunter wurde. Dann baten mich beide, meine Mutter und Patrizia anzurufen, um ihnen zu erzählen, dass ich geschieden sei. Sie mussten mich richtig überreden. Nach den Telefonaten fühlte ich mich befreit. Wir saßen bis tief in die Nacht zusammen, sie weinten mit mir, und ich war sehr dankbar, dass ich sie hatte.

26. März

Es ging mir besser, und ich hoffte, dieser Zustand würde anhalten. In den letzten drei Tagen hatte ich fast nur geweint. Ich wollte keinen Rückfall mehr, es war so anstrengend. Ich hatte wieder etwas mehr Abstand gewonnen und wollte voller Mut und Hoffnung nach vorn schauen, aber es war schwer, die vielen Gedanken im Kopf zu ordnen. Ich war jeden Morgen dankbar darüber, nicht allein zu wohnen, sondern im Haus meines Onkels eine „seelische Auffangstation" zu haben.

Zum Abendessen verabredete ich mich mit Lisa. Es war ein schöner Abend, und wir sprachen auch über dies und das. Als ich im Auto saß, um nach Hause zu fahren, überkam mich ein Gedanke, dem ich folgen wollte. Ich wollte ein allerletztes Mal zu ihm fahren und schauen, was er machte und ob sie bei ihm war. Gegen 21.45 Uhr parkte ich mein Auto einige Straßen weiter entfernt von seiner Wohnung und ging wie immer langsam und mich immer wieder umschauend zu seinem Haus. Als ich nur wenige Meter von der Eingangstür entfernt war, kam ein rotes Auto die Straße entlanggefahren. Ich erkannte sie hinter dem Steuer. Nicht auszudenken, wenn sie mich im Haus erwischt hätte! Ich ging am Haus vorbei und machte einen kleinen Spaziergang auf die andere Seite des Hauses, kroch hinter die noch kahle Hecke und spähte ins Schlafzimmer. Ich war unentspannt, denn immer wieder kamen Fußgänger an der Hecke entlang, ich musste tief in sie hinein kriechen und möglichst leise dabei sein. Sie hatte die Haare hochgesteckt, saß auf dem Bett und sortierte Wäsche, die sie vorher vom Wäscheständer genommen hatte. Auf dem Wäscheständer hing Damenwäsche. Sie war definitiv bei ihm eingezogen. Ich beobachtete sie minutenlang. Sie war jetzt die Frau an seiner Seite. Mein Gehirn konnte diesen Satz noch nicht ganz verarbeiten. An der Seite eines Mannes, der total fremd für mich geworden war und von dem ich seit vier Tagen geschieden war. Ich hatte jetzt alles gesehen, was ich sehen wollte. Ich wusste, dass sie bei ihm lebte, und ich kannte ihr Auto. Auf der Heimfahrt überlegte ich, ob sie Krankenschwester war und gerade von ihrer Schicht heimgekommen war. Ich stellte mir auch vor, wie er seine spontanen Wutausbrüche hatte, wenn er sich über sich selbst ärgerte und wie sie damit fertig werden würde. Wahrscheinlich nicht so gut wie ich. Gab sie ihm genauso viele Freiheiten, wie ich sie ihm gegeben hatte? Könnte er sich mit seinen Freunden treffen, wann immer er es wollte, oder würde sie ihm Vorhaltungen machen? Würde sie ihm genauso vertrauen, wie ich es getan hatte? Diese Fragen und Überlegungen waren völlig überflüssig, denn ich würde es nie erfahren, und sie waren total destruktiv, aber es war verdammt schwer, sie einzustellen. Ich musste damit aufhören. Leider schlief ich auch mit den Gedanken an das eben Gesehene ein, und ich schlief und träumte natürlich sehr schlecht.

27. März

Ich wachte völlig gerädert auf und verfluchte mich. Wieso musste ich zu ihm fahren? Hoffentlich war ich zukünftig standhaft. Im Büro konnte ich mich dafür etwas besser konzentrieren, wenn auch nur ein klein wenig. Ich wollte wenigstens dort abgelenkt sein, genug zu tun hatte ich, und es tat gut, einen Ort zu haben, an dem ich nicht allzu viel über mich redete und die anderen keine Fragen stellten.

Ich war erneut im Internet und las in Foren über Trennungen. Es gab viele Frauen, die eine ähnliche Situation durchmachten, indem sie die Alleinverdiener waren und dadurch keine gute Partnerschaft hatten. Alle gingen nach der Trennung durch die Hölle, gaben meinen Zustand wieder, und ich konnte jedes Wort und Gefühl nachvollziehen. Manchen ging es sogar noch viel schlechter, vor allem, wenn Kinder im Spiel waren. Ich war froh, dass wir keine hatten. Aber dann wäre vielleicht alles gar nicht passiert. Ich las auch viele Kommentare von Männern. Es tat mir immer gut, diese Foren zu lesen, auch wenn es mir nicht weiterhalf, aber ich hatte das Gefühl, nicht allein mit meinem Kummer zu sein. Ich beschäftigte mich dadurch nicht nur mit mir selbst und hatte später etwas, worüber ich nachdenken konnte.

Abends telefonierte ich mit Maria. Sie hatte mir sehr die Daumen gedrückt. Ich sagte ihr, dass mein großer Schmerz vorbei wäre, ich aber mit Wehmut und Trauer zu kämpfen hätte. Ab und zu hätte ich schon das Gefühl, es zu schaffen, eines Tages über ihn hinwegzukommen. Dann fühlte ich mich stark und hatte Lust auf die Zukunft und darauf, mich wieder richtig zu amüsieren. Im nächsten Moment fielen mir aber schöne Alltagsdinge ein, die ich mit ihm erlebt hatte, was mich wiederum zu einem Häufchen Elend machte.

Maria bestärkte mich darin, dass dieses Auf und Ab völlig normal wäre und beglückwünschte mich zu meinen guten Gedanken und meinem Willen, mich nicht gehen zu lassen.

29. März

Ich hatte seit gestern eine Erkältung mit einer Kehlkopfentzündung, etwas erhöhte Temperatur und war sehr schlapp. Nun wollte mein Körper nicht mehr. Ich ging vormittags zu meiner Hausärztin, die mich krankschrieb und sagte, ich solle einige Tage gar nicht reden.

Als meine Vertraute erzähle ich ihr von meiner Trennung und der schnell darauf folgenden Scheidung. Sie war zirka zehn Jahre älter als ich und sagte: „Viele Frauen in Ihrem Alter werden von ihren Männern verlassen, was mit ihrem eigenen Alter und der Lebenssinnfrage zu tun hat. Frauen kompensieren eine schlechte Ehe mit vielen Dingen, während Männer sich schneller als Frauen sagen, dass es so nicht weitergehen kann, und sie verlassen dann ihre Frauen. Viele werden dann ganz aktiv, wechseln noch einmal den Job und nehmen eine Jüngere. Hat Ihr Mann auch eine Jüngere?"

Ich bejahte, meinte aber, dass er sicher auch eine Gleichaltrige oder eine Ältere genommen hätte in seiner Situation.

30. März

Ich hatte sehr viel geschlafen in den letzten sechsunddreißig Stunden. Aus dem Radio neben meinem Bett kam leise Musik und lullte mich immer wieder in einen guten Schlaf. Meine erhöhte Temperatur war weg, die Sonne schien, und ich wollte einen kurzen Spaziergang machen, um meinen Kreislauf anzuregen. Durch die Erkältung war mein Kopf lahmgelegt, ich hatte nur wenige und flache Gedanken im Kopf. Ich wollte mir etwas Gutes tun und bummelte durch einige Geschäfte und Boutiquen und erstand eine neue Handtasche, Ohrringe, eine Halskette mit Anhänger, eine Übergangsjacke und zwei Tops. Dadurch, dass ich bei meinem Onkel „frei" wohnte, sparte ich eine Miete und genoss die Shoppingtour. Ich fühlte mich so gut, wie Frauen sich nach einem Einkauf nur fühlen können! Mit einer der Damen, die kassierte, wechselte ich ein paar Worte, während sie die Waren zusammenlegte und einpackte. Sie war Türkin, und ich erzählte ihr kurz, dass mich mein türkischer Ehemann verlassen hatte und dass dies ein „Kompensationskauf" wäre, der mich glücklicher machte. Ihre Antwort war: „Die beste Rache ist, ein glückliches Leben zu beginnen."

Ein wunderbarer Satz! Ich wollte ihn nicht vergessen.

31. März

Ich blieb den ganzen Tag im Bett, war wieder schlapper, schlief viel und pflegte mich und meinen Hals mit allerlei Hausmitteln. Mein Kopf war voller Nebel, und es tat gut, mal weniger zu denken.

1. April

Es war ein sonniger, milder Sonntag. Ich fühlte mich immer noch schlapp, aber meinem Hals ging es etwas besser, da ich ihn geschont hatte. Ich half meinem Onkel etwas bei der Gartenarbeit, und wir unterhielten uns über seine Gartenpläne, somit war ich abgelenkt. Ich legte mich nachmittags wieder hin. In der Nacht träumte ich von Metin. Ich wollte nicht über ihn nachdenken und verbot es mir – aber der Verarbeitungsmechanismus war voll im Gange, der kaum zu stoppen war. Ich wollte nicht länger als ein Jahr leiden, das hatte ich mir am Anfang gesagt. Sieben Monate waren schon vergangen.

Ich hatte nichts vor und keine Verabredung, und so saß ich wieder viele Stunden vor dem Internet und las Foren über Liebeskummer. Ich konnte es nicht lassen, hoffte ich doch insgeheim immer darauf, dass es mir nach dem Lesen besser ging, was auch oft der Fall war. Ich hielt mir vor Augen, dass ich nicht die Einzige war, die eine ungewollte Trennung hinter sich hatte und mit ihren Gefühlen und Gedanken allein war. Ich zog mir aus den vielen Antworten die heraus, die mir gut taten und mit denen ich mich identifizierte.

Wenn ich an Männer und Liebeskummer dachte, war ich oft neidisch darüber, wie sie mit Liebeskummer umgingen, nämlich oft pragmatischer als Frauen. Eine Frau – vielleicht war es auch ein Mann – drückte es sinngemäß gut aus: Frauen neigen mehr dazu als Männer, sich über ihre sozialen Beziehungen zu definieren. Das Scheitern einer Beziehung ist für sie deshalb auch ein

Scheitern ihrer Person. Männer sehen Beziehungspflege nicht an erster Stelle, sondern eher andere Dinge wie Karriere, Hobbys etc. Deshalb können sie sich mit diesen Dingen auch eher ablenken, statt stundenlang mit ihren Freunden über ihren Kummer zu reden, zumal sie ihre Gefühle nicht so preisgeben wie Frauen. Während es Frauen erlaubt ist, lange zu leiden, ist es für Männer eher tabu und unmännlich. Das traf natürlich nicht auf alle Männer zu, aber wahrscheinlich auf die meisten. Ich dachte an die Männer, die ich kannte und musste dem zustimmen.

Am meisten half es mir, zu lesen, dass die Verarbeitung einer gescheiterten Beziehung in erster Linie eine Sache des Verstandes ist. Trotz aller Gefühle und Trostpflaster wie Schokolade, Alkohol und Shoppingtouren, die die Stimmung kurzzeitig heben, ist ein klarer und analytischer Verstand und Gespräche mit Vertrauten – notfalls mit einem Therapeuten – das Beste, um aus dem Tief herauszukommen. Nicht verdrängen, sondern aktives Angehen und Durchleben des Liebeskummers ist das Hilfreichste! Das merkte ich deutlich. Mein Unterbewusstsein schlief nicht, und ich konnte mich nur eine kurze Zeit ablenken oder betäuben, aber mein Verstand wollte zum Ziel kommen. Ich wollte mich wieder ganz frei von Selbstvorwürfen und Kummer fühlen.

Ich war zweifellos und Gott sei Dank schon in der dritten Phase der Überwindung des Liebeskummers angelangt, der Phase, in der man schon klar verarbeitet, oft an die Zukunft und an sich denkt und sich nach und nach an das neue Leben gewöhnt, wenn es auch noch viele Einbrüche gab. Die Kontrolle über mein Leben zurückzuerlangen, war schwierig und schmerzhaft, aber mit starkem Willen, stetem Austausch mit guten Freundinnen, einem neuen Zuhause bei meiner Familie und dem täglichen Schreiben gelang es mir sehr gut, und ich war auf dem richtigen Weg. Ich spürte schon Selbstheilungskräfte, die mir sagten, dass ich am Ende dieser schrecklichen Zeit gestärkt und gereift herauskommen würde. Ich war mehr und mehr darauf bedacht, es mir gut gehen zu lassen und an mich zu denken, statt den ganzen Tag über ihn und sie nachzudenken. Meine Stresshormone peitschten nicht mehr so hoch, und ich konnte mich schon auf andere Menschen und Dinge konzentrieren. Ich dachte oft an die Worte meiner Freundin Kristin: „Es kann dir egal sein, wie es ihm geht und was er macht und sagt, denke an DICH." Ich versuchte es mehr und mehr, und es gelang mir besser und besser.

3. April

Es ging mir aber wieder schlechter, mittlerweile hatte ich auch noch eine schmerzhafte Blasenentzündung bekommen, sodass ich nochmals meine Hausärztin aufsuchte. Sie verschrieb mir ein Antibiotikum, da ich Blut im Urin hatte, und verlängerte die Krankschreibung. Ich verbrachte den ganzen Tag wieder im Bett beziehungsweise vor dem Internet und gab Worte wie „Liebeskummer", „Trennungsschmerz" und „Trauer" ein. Manchmal las ich das Wort „Scheidung". Zunächst brachte ich es gar nicht mit mir in Verbindung, wenn ich aber realisierte, dass ich auch geschieden war, kamen mir die Tränen, und es verursachte mir einen Adrenalinstoß. Es war ein furchtbares Wort, und zukünftig musste ich auf Formularen „geschieden" ankreuzen. Dieses Wort bedeutete so viel Kummer, Schmerz und eine traurige, vorangehende Geschichte bei fast allen Geschiedenen. Ich war vierundvierzig Jahre alt, schlank, normalerweise attraktiv, sympathisch, manchmal sogar charmant, hatte einen guten Job und einen cleveren Kopf, und ich hatte noch Aussicht auf eine neue Liebe. Ich stellte mir viel ältere Frauen vor, die verlassen wurden und die vielleicht nie wieder einen Partner finden würden. Natürlich hing die Dauer des Leidens von der Dauer der Beziehungslänge ab. Wie ging es einer verlassenen Frau, die zwanzig Jahre älter war als ich und die über dreißig Jahre mit ihrem Mann zusammen war, der sie wegen einer Jüngeren verließ? Sicher noch schlechter als mir. Vielleicht hatte sie mit dem Thema „Männer" abgeschlossen und wollte für den Rest des Lebens lieber allein sein? Ich las auch immer wieder Artikel darüber, dass Männer und Frauen in diesem Alter psychisch nicht mehr auf die Beine kämen und lebenslang darunter litten. Aber auch in diesem Alter konnte man wieder einen Partner finden, es wurden ja auch immer wieder Frauen und Männer – aus welchem Grund auch immer – frei. Man musste attraktiv bleiben, sich nicht gehen lassen, eine positive Grundeinstellung haben und früher oder später wieder an sich glauben.

Ich schwor mir, niemals unattraktiv und langweilig zu werden. Gute Gene hatte ich, und vielseitig interessiert war ich auch. Ich war froh über diese Voraussetzungen. Wenigstens etwas! Gott sei Dank hatte ich auch etwas Unabhängiges in mir und schwenkte in einer Partnerschaft oft die Unabhängigkeitsfahne. Ich brauchte sowohl die Sicherheit einer Partnerschaft als auch ein Eigenleben. Ich war im Laufe meines Lebens immer wieder Single gewesen und hatte diese Zeit nach einer Weile auch genossen. Ich wusste, dass ich auch ohne einen Mann zufrieden sein konnte. Nur konnte ich es mir zurzeit noch nicht wieder vorstellen, aber ich arbeitete mental daran. Und obwohl ich noch viel durchhing, spürte ich seit einigen Wochen immer häufiger: Ich lebe und bin wieder wichtig!

4. April

Michaela schrieb: „Warum hast du denn nichts von deinem Scheidungstermin gesagt? Das ist jetzt ein Abschluss. Vielleicht kommst du ja langsam zur Ruhe und findest einen Neuanfang für dich. Mit der Zeit wird alles blasser." Sie musste es wissen, war sie doch schon geschieden.

Ich schrieb zurück: „Ich konnte es keinem sagen. Auch jetzt wissen es erst wenige Personen. Es ist zu furchtbar. Wenn ich das Wort lese, fange ich an zu weinen. Der Termin wäre schon im Januar gewesen, aber ich habe ihn verschoben auf März, weil es mir zu schnell ging … Mein Onkel und Tatjana und meine Freundin heulten und tranken mit, sie waren total süß. Ich bin eigentlich schon ganz gut drauf und lache schon wieder, aber

denke täglich sehr oft an ihn. Gott sei Dank nicht mehr den ganzen Tag. Ich kann einfach noch nicht glauben, wie arschig er sich nach der Trennung verhalten hat."
„Sich dann so zu wandeln und komplett ins Gegenteil umzuschlagen ... Oder zeigt er jetzt erst sein wahres Gesicht?"
„Nein, er war neuneinhalb Jahre meistens lieb und immer ehrlich. Er hat sich niemals verstellt. Anscheinend ist er sauer auf sich und gibt mir die ganze Schuld. Ich bin sozusagen sein Ventil. Außerdem habe ich gelesen, dass bei Männern in dieser Phase ein bestimmtes Hormon, das aggressiv macht, die Oberhand gewinnt. Während Frauen eben eher analysieren und heulen. Ich halte meinen Kopf schon ganz schön hoch, finde ich. Und außerdem trifft der Spruch zu: Man vergisst einen Mann am besten mit anderen Männern. Manchmal flirte ich schon wieder."

5. April

Metins Geburtstag. Ich versuchte es zu ignorieren, stellte mir aber mehrmals vor, was er heute machen würde. Irgendwann im Laufe des Tages hatte ich genug daran gedacht und ließ es. Ein weiterer Schritt in die Freiheit!

Meine liebe Verena meldete sich und bat um ein Resümee meiner letzten Wochen. Ich schrieb: „Wie geplant hat die karibische Sonne mein Gehirn weggebrannt. Die Gedanken wurden oberflächlich, ich bekam Abstand. Geist refreshed. Die Leute waren nett, wir sind gut zusammengewachsen, viel gelacht. Die ersten beiden Tage war ich seekrank und wollte aussteigen. Ab dem dritten Tag war es super, es waren lauter perfekte Tage, und das Segeln war fantastisch. Metin und ich sahen uns am 22. März das letzte Mal. Die Scheidung hätte ich nicht überstanden, wenn ich nicht vorher Urlaub gehabt hätte. Danach überschüttete er mich nochmal mit Gemeinheiten. Ich war total leer. Danach trank und heulte ich drei Tage. Habe keinen Schmerz mehr, nur noch Wehmut. Komme aber immer noch nicht klar

damit, dass er mich weggeschmissen hat wie ein altes Handtuch und seit Monaten Lügen und Aggressionen auf mich prasseln."
Sie antwortete: „Kann dir doch egal sein, was er macht/sagt! Dasselbe habe ich hier mit meinem Chef – er ist sauer auf sich und hat in mir ein Ventil. Was kümmert es den Mond (dich), wenn ihn ein Hund anbellt? Thema erledigt! Dicken Schmatz und Drückerchen." So war sie, und dafür liebte ich sie. Klar und sachlich. Kurze Ansage, und weiter geht's. Immer nach vorn schauen und nicht zurück. Sie hatte nach eigenen Aussagen schon viele Trennungen, aber noch nie Liebeskummer gehabt.

An diesem Abend musste ich noch Koffer packen für den bevorstehenden Urlaub mit meiner Familie auf Menorca, was mich ablenkte und mir gut tat.

6. April

Ich hatte mich einigermaßen erholt, mein Hals war wieder gesund, ich musste aber das Antibiotikum aufgrund der Blasenentzündung noch nehmen, was mich schwächte. Ich freute mich auf den Urlaub mit meiner Familie. Meine Familie, das waren meine Mutter, meine Schwester mit ihrer Familie und mein Onkel mit Tatjana. Ich war froh, für zehn Tage dem Alltag zu entfliehen, gleichzeitig würde es anstrengend werden, mit meiner fröhlichen Familie mitzuhalten. Menorca empfing uns mit Regen und viel zu kühlem Wetter für diese Jahreszeit. Darüber hinaus fand ich die Insel schon während der Fahrt vom Flughafen zur Ferienanlage langweilig. Nach dem Ankommen und Auspacken gingen wir zum Abendessen in den Speisesaal. Wie erwartet strotzte meine Familie ob der bevorstehenden gemeinsamen Zeit vor guter Laune, die sich in Anbetracht der Gruppendynamik potenzierte, während ich lieber meine Ruhe gehabt hätte. Ich hörte den Gesprächen und dem vielen Lachen gar nicht zu und war damit beschäftigt, zu hoffen, dass ich die zehn Tage ohne große Emotionseinbrüche überstehen würde. Die Normalität meiner

Familie hing in gewisser Weise wie ein Schwert über mir und verstärkte meine Melancholie und Deprimiertheit noch. Nach dem Essen verabschiedete ich mich bis zum Frühstück und verzog mich in mein Zimmer, in dem ich mich sehr allein fühlte.

15. April

Der Urlaub war nicht schön. Es regnete täglich, während hingegen in Deutschland sonniges Frühlingswetter war. Die Tage zogen sich wie Kaugummi dahin, und ich fühlte mich dauerhaft allein, obwohl ich oft meine Familie um mich hatte. Ich wollte sie aber nicht bei jeder Gelegenheit mit meinen Gedanken konfrontieren. Wir unternahmen wegen des Regens nur wenige gemeinsame Ausflüge über die Insel, die ich nach wie vor langweilig fand. Meistens sonderte ich mich ab und ging allein spazieren oder bummelte durch die Läden. Das Alleinsein tat mir nicht gut, und auf einer einsamen Landzunge mit tosendem Meer unter mir erfasste mich ein extrem tiefer Schmerz, der mich mindestens eine Stunde lang weinen ließ. Ich dachte alle Tage hindurch mehr oder weniger nur an Metin. Nachts konnte ich nicht schlafen, lag mehrere Stunden wach oder wachte schon um 6.30 Uhr auf und konnte nicht mehr einschlafen.

Aufgrund des Antibiotikums, das ich nahm, bekam ich einen Scheidenpilz und musste einen Frauenarzt aufsuchen. Gott sei Dank gab es einen deutschen Frauenarzt, der sogar im selben Ort seine Praxis hatte. Ich hatte mir vorgenommen, ihn zu fragen ob ich normal gebaut wäre. Metin hatte mir diesbezüglich noch ein böses Wort mit auf den Weg gegeben. Obwohl ich es nicht geglaubt hatte, ging es mir wegen seiner Worte schlecht, da ich mir alles zu Herzen nahm, und ich weinte schon auf dem Weg.

Der Frauenarzt beruhigte mich: „Das hat er nur gesagt, um sein Gehen zu rechtfertigen. Absoluter Unsinn. Sie sind völlig normal gebaut."

Ich hatte in meinem Leben mit verschiedenen Männern schon viel guten Sex gehabt. Zu Beginn unserer Beziehung war es mit Metin auch so, nur fiel mir schon anfangs auf, dass er nicht besonders zärtlich war. Ich erinnerte mich an wilde, endlose Nächte in der ersten Zeit, als ich ihn wiederholt in seinem Heimatort besuchte. Dies änderte sich sofort, als er zu mir zog. Plötzlich hatte ich große Verantwortung für ihn, musste mich um ihn kümmern, ihm alles erklären und für zwei arbeiten gehen. Nun, was einem zu Beginn am Partner auffällt, sollte man im Auge behalten, da es im Laufe der Jahre meistens zu spät ist, etwas zu ändern. Im Laufe der Jahre hatten wir auch andere Probleme, als auf guten Sex zu achten. Wir hatten immer öfter Sex ohne Zärtlichkeit, ich wurde zur emotionslosen Maschine. Ich wollte anders berührt werden, als er es tat. Allerdings konnte ich auch immer weniger geben. Ich hatte oft das Gespräch darüber gesucht und ihm meine Bedürfnisse erklärt, aber nie änderte er etwas. Manchmal artete es sogar in Streit aus, und wir gingen nicht mehr auf den anderen ein. Ich dachte daran, dass es schwer ist, in einer eingefahrenen Beziehung die sexuellen Wünsche des Partners bzw. der Partnerin zu erfüllen. Es ist schwer, plötzlich etwas anderes zu tun. Irgendwann hörten wir auf, uns Mühe zu geben.

Plötzlich dachte ich, dass dies vielleicht der Hauptgrund für sein Gehen gewesen war? Das war schon wieder ein neuer, destruktiver Gedanke.

Ich hatte in meiner Ehe durchgehend vermisst, dass wir beide gemeinsam abends schlafen gingen. Da er nicht früh aufstehen musste, saß er allabendlich – wenn er nicht gerade mit seinen Freunden verabredet war – bis 2.00 Uhr oder 3.00 Uhr vor dem Fernseher. Nur in der ersten Zeit gingen wir gemeinsam zu Bett, und ich liebte es, ihn neben mir liegen zu haben, noch ein paar Worte mit ihm zu sprechen und dann dicht neben ihm einzuschlafen. Ein schönes Gefühl von Vertrautheit und Sicherheit!

Ich erinnerte mich an viele böse Worte von ihm, die er mir kurz nach seinem Auszug gesagt hatte. Damals ging es mir so schlecht, dass ich sie zwar wahrnahm, aber sie mich nicht heftiger trafen als der Schmerz selbst. Ich konnte damals nicht alles verarbeiten, was auf mich einstürzte. Jetzt, wo der große Schmerz weg war und mich „nur noch" Trauer und Wehmut umgaben, trafen mich diese Worte plötzlich bis ins Mark: „Du bist zu alt." „Ich wollte mal wieder guten Sex haben." „Ich sitze zwischen zwei Frauen." Zwischendurch hatte ich in diesen Tagen viele Stunden voller Wut auf ihn. Am meisten Wut hatte ich darauf, dass er sich anscheinend keine Gedanken machte, was er falsch gemacht hatte und dass für ihn die Schuldfrage geklärt war. Ich fand es ungerecht, dass es ihm so viel besser ging als mir – obwohl ich es ja gar nicht wusste. Ich kam immer erst durch das Nachdenken an einen Punkt, an dem meine Wut oder mein Ärger begann. Dachte ich spontan an ihn, begann zunächst die Trauer. Das strengte mich sehr an. Konnte ich nicht gleich zu einem für mich besseren Ergebnis kommen, ohne zum wiederholten Mal alles gedanklich durchzukauen? Ich grübelte wieder pausenlos nach und konnte diese Urlaubstage in keiner Weise genießen.

In einer Illustrierten las ich einen Artikel über die ehemalige Gattin eines deutschen Fußballers, die von ihm aufgrund einer anderen Frau verlassen wurde und die sich gerächt hatte. Die Story ließ mich nicht los – ich konnte die Frau verstehen.

Manchmal bummelte ich mit meiner Mutter durch den Ort und die Läden, und während sie immer irgendetwas kaufte, konnte ich mich nicht mal zum Kauf von Flipflops hinreißen lassen, so lustlos war ich. Einmal stieß ich beim alleinigen Bummel dennoch auf einen schönen Ring mit einem großen, türkisfarbenen Stein. Es war Modeschmuck, und er gefiel mir. Durch die Größe des Steins wollte ich ihn am Mittelfinger tragen. Leider war er in meiner Größe nicht mehr vorhanden. Ich brauchte sowieso einen neuen Ring für meinen Ringfinger. Vor ein paar Tagen erst hatte ich daran gedacht, und nun hatte ich einen schönen Ring gefunden. Dadurch besserte sich meine Melancholie etwas.

Er hatte mich auch um ein Kind gebracht. Wenn ich andere Familien oder meinen süßen dreijährigen Neffen sah, war ich traurig darüber.

Wenn ich das Wort „Scheidung" hörte, war es, als gehörte das Wort nicht zu mir, ich konnte es nicht mit mir in einen Zusammenhang bringen. Ich musste mich daran erinnern, dass ich jetzt geschieden war. Ein Psychologe hätte wohl von „abgespalten" gesprochen.

Ich musste an Victor denken, der vor vielen Jahren mal eine sehr viel Jüngere kennengelernt hatte, die sofort bei ihm eingezogen war und mit der er viele Jahre zusammenblieb. Ich dachte an die Dinge, die ich von Metins Neuer schon in seiner Wohnung gesehen hatte: ihre Katze, ihre Wäsche auf dem Wäscheständer, ein Stofftier im Schlafzimmer. Meinem Magen taten diese Gedanken nicht gut. Ich hatte auch richtig dumme Gedanken wie: „Sagt sie schon Papa zu ihm?"

Vielleicht sollte ich mir einen Neuen suchen, der gerade frisch getrennt ist? Er wäre dankbar und sexwütig. Natürlich müsste ich damit rechnen, dass er auch noch Sex mit seiner Ex hat und dass er mich vor ihr schlechtmacht. Umgekehrt natürlich genauso. Aber ich wusste ja, wie alles funktioniert und dass ich nur als Lückenfüllerin agieren würde. Ich dachte an meine „Interviewpartner", die ich mir gesucht hatte und die mir so viele Antworten gegeben hatten.

Ich war froh, dass es am nächsen Tag wieder nach Hause ging. Ich hatte mich keineswegs erholt. Kurz vor dem Zubettgehen schaltete ich den Fernseher im Hotelzimmer ein. Es gab irgendeine spanische Soap, in der gerade in einer Kirche geheiratet wurde. Ich verstand die Worte „Was Gott zusammenfügt, das soll der Mensch nicht trennen". Meine Tränen kannten keine Grenzen.

16. April

Wir hatten zehn Tage Regen und Kälte ausgehalten, und am Abreisetag schien die Sonne bei milder Temperatur. Wir konnten es kaum glauben, fühlten uns verarscht und schlecht behandelt. Ich konnte es kaum erwarten, nach Hause zu kommen. Die Zeit mit meiner Familie war auch schön gewesen, auch wenn wir nicht alle Tage gemeinsam verbrachten, sondern oft in kleinen Gruppen die langweilige Insel per Auto erkundet hatten. Oft hatte ich mich abgesondert, um allein zu sein, was für die anderen in Ordnung war. Sie drangen nicht in mich, sondern ließen mich in Ruhe.

Nach der Ankunft in Berlin merkte ich in gewohnter Umgebung meine Unausgeglichenheit. Ich hatte Gott sei Dank etwas an Gewicht zugenommen und sah dadurch – auch durch die noch anhaltende karibische Bräune – gesünder aus, fühlte mich aber fett, was völlig absurd war.

In der Post war das Scheidungsurteil. In diesem stand, dass ich die Scheidung wollte. Ich bekam plötzlich eine ungeheure Wut auf ihn, die mich besser fühlen ließ. Sie setzte Energie frei, sodass ich das Haus verließ, um das auszuführen, was ich auf Menorca gedanklich vorbereitet hatte. Meinem Onkel, der im Wohnzimmer saß und die Zeitung las, rief ich zu, dass ich noch etwas zu erledigen hätte. An diesem Abend zerstörte ich fremdes Eigentum. Ich hätte vorher nicht gedacht, dass ich dazu in der Lage war – ich war es. Unmittelbar danach bekam ich ein Wohlgefühl, so, als ob ich mir etwas Gutes getan hätte. Es war sehr befreiend. Ich atmete tief durch und dachte: gut gemacht!

17. April

Ich fing mit Suggestionsformeln an. Ich streckte jeden Morgen meine Beine in die Höhe und sprach: „Mir geht es gut. Ich bin zufrieden und glücklich. Ich habe nette Kolleginnen, nette Freundinnen, eine nette Familie und bin gesund. Ich werde geliebt. Ich vergesse Metin." Aus esoterischen Büchern wusste ich, dass man Suggestionen in der Gegenwart formulieren muss, damit das Gehirn denkt, die Dinge sind schon so, wie man sie sich visualisiert. Formuliert man alles in der Zukunft, denkt auch das Gehirn, die Dinge passieren irgendwann in der Zukunft und verschiebt die Dinge immer weiter in die Ferne.

Richard rief an. Er war sehr an meinem Befinden interessiert und ein echter Freund in dieser schweren Zeit. Ich erzählte von dem missglückten Urlaub auf Menorca, der in mir viele Wunden erneut aufgerissen hatte, und er fragte, ob ich Lust auf einen erneuten Tapetenwechsel hätte, da er am Wochenende in Wien auf einem Forum wäre. Ja, ich hatte – besonders nach dem melancholischen Urlaub auf Menorca – Lust auf einen Tapetenwechsel, und Wien kannte ich noch nicht. Ich könnte mir die Stadt ansehen, und wir würden uns abends nach dem Forum treffen.

20. April

Ich hatte Mühe gehabt, noch ein einigermaßen günstiges Hotel in Wien zu buchen, das nicht weit vom Zentrum entfernt lag. Während Richard mit seinem Kollegen unweit des Forums am Stadtrand untergekommen war, konnte ich in der City alles fußläufig erreichen. Mein Flug ging am frühen Nachmittag, nach dem Büro fuhr ich zum Flughafen Tegel. Ich freute mich auf diese Abwechslung. Als wir uns am frühen Abend vor dem Dom trafen, machte Richard mir ein Kompliment über meine schlanke Figur und mein mädchenhaftes Aussehen. „Wie hast du dir deine schlanke Figur erhalten?"

„Ganz einfach – durch eine Scheidung. Ich gehöre zu denjenigen, die bei Kummer nichts essen können."

Es war sehr schön, einen Ex-Kollegen wiederzusehen. Wir ließen uns gleich in einem guten Restaurant nieder und sprachen über Gott und die Welt, vor allem über seine Arbeit. Das lenkte mich wunderbar ab. Zwischendurch geizte er nicht mit Komplimenten: „Den Mann, der dich mal bekommt, beneide ich jetzt schon."

23. April

Das Wochenende in Wien tat mir außerordentlich gut. Am Samstag schaute ich mir die Stadt an, die mir fantastisch gefiel. Ich bestieg den Dom und besah mir die Stadt von oben, vor allem aber wollte ich die Modewelt sehen und spazierte durch die Straßen, in denen die guten Boutiquen zu Hause waren. Nach dem Abklappern einiger Sehenswürdigkeiten und auf der Suche nach lauter chic gekleideten Frauen, die ich leider nicht sah, war ich stundenlang kreuz und quer unterwegs und abends entsprechend hungrig und müde. Wir trafen uns am Samstagabend in einem Restaurant, das ich auf meiner Tour gesehen hatte, und ließen es uns bei Pasta mit Shrimps und Rotwein bei guten und lustigen Gesprächen gut gehen. Ich fühlte mich frei und unabhängig, vor allem wieder lebendig und leicht.

Am Sonntag war es sehr warm, und ich schlenderte nochmals durch die City, besuchte zwei Parks und traf mich am frühen Nachmittag am Flughafen mit Richard. Unsere Flieger gingen zur selben Zeit in verschiedene Richtungen. Wir verabschiedeten uns wie zwei sehr gute alte Freunde und flogen heim. Die Zeit in Wien tat mir außerordentlich gut. Ich war so beschäftigt gewesen mit Bummeln, dem Aufsaugen der Atmosphäre und guten Gesprächen und Inspirationen durch Richard, dass ich fast gar nicht an mein Leben zu Hause dachte. Ich flog entspannt nach Berlin zurück.

23. April

Ich stand an diesem Montagmorgen gern auf, ging gern ins Büro und fühlte mich in jeglicher Hinsicht ein Riesenstück weitergekommen. Es gab andere Dinge und Gedanken als die an Metin. Er war durch das schöne Wochenende viel weiter weg als vorher.

Ich fühlte mich wieder wie vor der Zeit meiner Ehe: lebensfroh, selbstbewusst und attraktiv. Ich hatte wieder Lust, mich zu amüsieren, mit Männern zu flirten und sie kennenzulernen. Ich wollte wieder unbeschwert in den Tag hinein leben. Darüber hinaus fehlte mir Richard, mit dem ich zwei wunderschöne Abende verbracht hatte. Wir hatten uns über alles ausgetauscht, was uns bewegte, über alte Zeiten gesprochen und dabei viel gelacht. Ich hatte mich sogar etwas verliebt.

Ich dachte daran, wie streng ich mit Metin gewesen war. Der Alltag hatte uns aufgefressen. Ich hatte in den letzten Wochen hauptsächlich noch aus Selbstmitleid geweint, nicht mehr, weil ich ihn sehr vermisste. Das war mir jetzt bewusst. Ich dachte an viele Alltagsszenen und an seine Liebe, aber sein Gehen schmerzte nicht mehr. Es tat mir leid, dass ich oft so eklig zu ihm gewesen war wegen des Drucks, den ich oft gespürt hatte, sei es wegen der Arbeitssuche für ihn, aus finanziellen Gründen oder weil ich so perfektionistisch war. Ich wollte es zukünftig besser machen.

Richard schickte eine SMS: „Hallo, Süße, du schläfst sicher schon, ich habe an dich gedacht. Küsschen."

24. April

Das Wochenende in Wien war ein Meilenstein in Bezug auf die Verarbeitung meiner Ehe, ich merkte es deutlich, da ich viel mehr nach vorn schaute und mehr Freude empfand. Zudem musste ich viel an Richard denken.

Ich hatte morgens einen Termin bei einem Psychotherapeuten. Ich dachte nicht an eine lange Therapie, aber ich wollte einige Gespräche mit einer professionellen Person führen. Es sollte ein Mann sein, der nicht zu jung war. Ich war schon den ganzen Tag aufgeregt. Es war mein erstes Gespräch, das ich mit einem Therapeuten hatte. Sein „Behandlungsraum" gefiel mir: Er war recht klein, bestückt mit einigen Antiquitäten, einem großen Schreibtisch voller Papier, einigen Pflanzen und Gemälden an den Wänden. Der Therapeut war einige Jahre älter als, hemdsärmelig, grauhaarig und sehr sympathisch. Ich war innerlich sehr aufgeregt. Er stellte Fragen, die nicht ins Detail gingen, sondern eher umreißender Natur waren. Ich hatte die ganze Zeit einen Kloß im Hals. Das Gespräch dauerte zirka dreißig Minuten und strengte mich enorm an. Ich versuchte, beherrscht zu bleiben, manchmal stiegen mir jedoch die Tränen in die Augen. Als ich wieder draußen war, musste ich erst einmal weinen. Ich hatte so viel geschwitzt, dass ich zu Hause duschen musste.

Ich rief Richard an, um ihm davon zu berichten. Es ging ihm gut nach dem Wochenende in Wien. Er hatte danach „jede Minute" an mich gedacht. „Ich bin unheimlich gern mit dir zusammen."

Dann fuhr ich ins Büro. Ich arbeitete wieder gern, und alles ging leichter von der Hand. Ich hatte wieder Spaß daran, meine Kollegen und Kunden freundlich zu behandeln. Ich fühlte mich einfach gut und attraktiv und lachte alle Männer an. Ich wollte mich nur noch amüsieren. Die Gedanken an ihn und sie waren mit Ekel verbunden.

Abends rief ich Anna an. Sie war froh zu hören, dass ich wütend war auf Metin. Sie hatte schon darauf gewartet. „Er hat sich wie Rumpelstilzchen benommen nach der Trennung, mal davon abgesehen, dass er eine neue Freundin hat. Er weiß gar nicht, wie sehr er dir wehgetan hat. Du wirst darüber hinwegkommen." Ich war auf dem besten Weg. Deshalb wollte ich auch keine Therapie, da ich mich nicht noch monatelang mit meiner Vergangenheit beschäftigen wollte. Ich wollte nie wieder eine Trennung erleben und zukünftig sehr gut meine Wahl treffen.

26. April

Michaela schrieb: „Wie war Wien?"
Ich antwortete: „Es war klasse und GENAU DAS, was ich brauchte. Seitdem geht's mir richtig gut. Habe jetzt wirklich großen Abstand. Die Stadt gefiel mir, leider war sie sehr voll wegen einer Messe. Abends traf ich mich mit Richard, und wir gingen

in einem Viertel aus mit tollen Bars und Restaurants. Wir waren in verschiedenen Bars und dann supergut essen. Ich wurde mit Komplimenten überschüttet. War ein perfekter Abend ... Ist so schön, einen guten Freund zu haben. Wir sind sogar ein bisschen verliebt. Schade, dass es so schnell vorbeiging. Und jetzt ist der Frühling da, alles ist grün, alle lachen, alles macht wieder Spaß."

Sie schrieb: „Fein, dass es dir wieder besser geht. Und sogar ein bisschen verliebt. Die Chance oder Möglichkeit auf was Ernsteres? Klingt jedenfalls gut ... Freue mich für dich. Du weißt ja: Einen Mann vergisst man am besten mit einem anderen."

„Ja, dass man einen Mann am besten mit einem anderen vergisst, weiß ich. In den ersten Wochen ging das ja gar nicht. Nein, mit Richard ist nichts Ernstes. Er wohnt in Düsseldorf und hat Frau und Kind. Ich halte mich zurück. Ich bekomme täglich süße SMS oder Mails, und abends telefonieren wir oft. Er hat mir in den letzten Wochen schon viel beigestanden. Wir sind aber nur Freunde."

27. April

Schon morgens erhielt ich eine „Guten-Morgen"-SMS von Richard, die mir gute Laune machte. Es war heißes Sommerwetter, und nach der Arbeit verabredete ich mich. An einem Abend saß ich mit Anna bei einer Erdbeer-Margarita auf einer Wiese an der Spree, am anderen Abend saß ich mit Lisa im Café am Neuen See im Tiergarten, oder ich genoss auf der Terrasse mit meinem Onkel, Tatjana und ihren Freunden bei leuchtendem Sternenhimmel einen Schlafdrink. Wie schön war das Leben wieder, wenn ich auch merkte, dass ich noch anfällig war für Trauer und Melancholie – und wie viel einfacher war das Leben im Frühling.

29. April

Ich war in Shoppinglaune und erstand ein paar neue Teile. Danach sortierte ich Kleidung und Accessoires aus, die ich nicht mehr behalten wollte, was befreiend war. Ich schmiss gleich alles in den Container vom Roten Kreuz. Am Nachmittag half ich meiner Familie im Garten, indem ich die Gartenmöbel aus Holz zunächst schleifte, danach lasierte und anstrich. Das machte großen Spaß, da ich gern körperlich arbeite und diese Arbeit fast meditativ ist. Nach zwei Tagen sah alles wieder wie neu aus, und wir nahmen darauf Platz und tranken einen Kaffee.

Ich las mein Horoskop für Mai. Dort stand zu meinem Erstaunen, dass es zu anstrengend für mich wäre, mich mit einem neuen Partner zu befassen da ich noch nicht fertig damit wäre, mich mit mir zu befassen.

Abends schrieb ich eine lange Mail an Richard: „Heute Abend komme ich nach einer Woche endlich wieder dazu, meine privaten Mails zu checken. Große Freude, als ich deine las …

Am Freitagabend war ich bei meiner Kollegin Anita zum Abendessen eingeladen. Wir brutzelten ein äußerst leckeres Fischrezept, das ich schon des Öfteren zubereitete. Am Samstag war ich in meiner Autowerkstatt, um endlich die Reifen wechseln zu lassen, danach schaute ich nach einem neuen Laptop und ging shoppen. Danach machte ich mich hier an die Gartenarbeit – Abschleifen einer Bank, Laub harken, Unkraut jäten … Es geht doch nichts über körperliche Arbeit, oder? Abends war ich im Kino – der neue Thriller mit B. Willis und H. Berry –, sehr spannend und böse, besonders das Ende. Als ich heimkam, war hier eine Garten-Grillparty voll im Gange, und es wurde ziemlich spät. Heute vergnügte ich mich wieder mit Gartenbank, Unkraut und Laub, danach traf ich mich mit einer Freundin für einen langen Spaziergang und „Mädchengespräche".

Ich muss ziemlich viel an dich denken, was sehr angenehm ist. Vielleicht sollte ich das nicht schreiben, aber ich denke, es freut dich. Mein Seelenzustand hat sich seit Wien sehr verbessert, worüber ich wirklich sehr glücklich bin. Danke für alles! Vor allem für die guten Gespräche und deine Freundschaft!"

30. April

Ich hatte an diesem Montag frei genommen wegen des morgigen Feiertages. Ich „lullerte" den ganzen Tag lang herum, hatte keine Lust auf meine Bügelwäsche, auf den Poststapel auf meinem Schreibtisch oder auf Aufräumen. Ich genoss es, keinen Plan zu haben und mich mit mir zu befassen. Es war wieder herrlich. Spätabends setzte ich mich doch vor das Internet und las Richards Antwort: „Ich muss abermals zugeben, dass ich genauso ziemlich viel an dich denken muss und will! Dass es dir ähnlich geht, freut mich sehr. Ich glaube, wir beide sind schon groß und können mit der Situation umgehen. Mein Eindruck, den ich von dir latent habe, wurde bestätigt: Du bist eine wirklich liebenswerte Frau und hast es nicht verdient, dass es dir schlecht geht. Du bist mir wichtig und damit auch dein Seelenzustand. Und wenn ich etwas dafür tun kann, dass es dir wieder besser geht, dann tue ich das sehr gern. Das ist auch für mich sehr schön. Da brauchst du dich nicht extra zu bedanken. Tanti cari saluti e baci"

Ich hoffte, es würde bei einer Freundschaft bleiben und nicht mehr daraus werden, denn das würde vielleicht alles zerstören. Ja, wir waren groß und mussten damit umgehen und uns im Griff haben. Er war liiert, und ich war frisch getrennt – schlechte Voraussetzungen. Dennoch überkam mich eine Wärme, wenn ich an ihn dachte. Mit diesem Gefühl ging ich ins Bett.

1. Mai

Ich konnte nicht schlafen, deshalb schrieb ich Richard noch in der Nacht eine Antwort: „Mit der drastischen Verbesserung meines Seelenzustandes hat sich auch endlich wieder ein positives Lebensgefühl eingestellt. Ich schaue fast gar nicht mehr zurück, seitdem habe ich nur noch gute Laune (bis auf eine kurze, aber heftige Auseinandersetzung mit meinem Chef), was schon einigen Leuten in meiner Umgebung auffiel. Ich wurde schon darauf angesprochen, ob es mit Wien zusammenhinge ... Es waren so schöne Stunden, lustig und romantisch, du machst mir so schöne Komplimente – und es ist wunderbar, dass ich dir so viel erzählen kann. Nichts im Leben ist selbstverständlich, und deshalb MUSS ich dir Danke sagen. Es ist nicht nur so, dass ich seitdem ziemlich viel an dich denke, sondern es gibt Situationen, in denen ich wünschte, du wärst hier."

Seine Antwort kam am Nachmittag, als ich damit beschäftigt war, eine Liste für das Finanzamt zusammenzustellen. Ich las sie mit Herzklopfen und Freude: „Nach dem Lesen deiner nächtlichen Mail hatte ich wieder 1. ein gewisses erfreutes Lächeln und 2. gewisse Konzentrationsschwierigkeiten. Ich schicke dir einen Kuss. Ich habe mit einer gewissen Ungeduld den PC hochgefahren. Und obwohl es ja schon recht spät ist, hast du dir die Mühe gemacht, mir noch ein paar Zeilen zu schreiben – das ist sehr schön. Es freut mich ganz besonders, dir etwas geholfen zu haben, ein positives, in die Zukunft gerichtetes Lebensgefühl wiederzugewinnen. Besonders erfreulich, dass das offenbar auch schon Dritte feststellen können! Es waren wirklich wunderschöne Stunden in Wien, und lieb und humorvoll zu dir zu sein sowie dir Komplimente zu machen, fällt mir aus guten Gründen sehr leicht. Ich habe dich sehr gern und verbringe gern Zeit mit dir. Wenn es also eine Situation gibt, in der du wünschst, dass ich bei dir bin, lass' es mich wissen, ich habe ein schnelles Auto. Ich habe heute einige Kundentermine geplant und denke, dass ich im Mai nach Berlin kommen werde. Die Krönung der Reise wäre zweifellos, wieder mit dir einen Abend zu verbringen zu können. Hast du ein schönes Foto/Portrait von dir, das du mir mailen könntest? Ich möchte die Erinnerung an dich unterstützen, und die Bilder aus Wien habe ich gelöscht. Ich umarme dich und gebe dir einen Kuss. Ich habe dich im Kopf – und sicherlich auch im Herzen. Dein Richard"

Nach dem Lesen der Mail hatte ich das Gefühl, dass wir wirklich aufpassen mussten, uns nicht allzu sehr in unsere Wunschträume zu verrennen, und ich beschloss, ihm kein Foto von mir zu schicken. Er sollte mich lieber in seinem Kopf haben als in seinem Handy.

2. Mai

Eine Postkarte meiner Ex-Kollegin und Freundin Susanne erreichte mich. Auf der Vorderseite war ein Krebs, der seine Scheren in beide Richtungen streckte, darüber stand: „Lass dir nichts gefallen!" Das passte in doppelter Hinsicht, denn mein Sternzeichen ist Krebs. Sie schrieb: „Es ist Frühling, und die Karten werden neu gemischt. Alles worauf die Liebe wartet, ist die Gelegenheit. Ich wünsche dir Glück! Susanne." Normalerweise verschickte ich diesen Spruch jedes Jahr im Frühling an meine Single-Freundinnen, und ich freute mich riesig, ihn jetzt auch einmal zu bekommen. Ich rief sie an und bedankte mich. Ich erzählte ihr die Neuigkeiten und dass ich ein Gespräch mit einem Psychotherapeuten hatte. Wegen einer Therapie war sie genauso skeptisch wie ich, da sie ebenfalls meinte, dass man sich zu lange mit der Vergangenheit beschäftigen würde. Über Metin sagte sie: „Er musste sich freischwimmen, er war mit sich und seiner Lage unglücklich. Er wollte dich verletzen, indem er sagte, du wärest an allem schuld." Ich erzählte ihr auch von meiner Idee, über diese Zeit und meine Trauerverarbeitung ein Buch zu schreiben. Sie staunte: „Du bist wirklich eine Frau der Tat. Dass du das so strong für dich verarbeitest. Du hast gesagt, du willst maximal ein Jahr leiden, und jetzt sind schon sechs Monate um, und du bist schon so weit. Was du alles machst!"

Nach dem Telefonat fühlte ich mich sehr gut. Susannes Lob freute mich, und ich fand mich selbst großartig, wie gut ich alles bisher gemeistert und verarbeitet hatte. Der Schlüssel war, dass ich nichts verdrängte, sondern durchlebte. Ich wusste, dass ich ein schönes Leben vor mir hatte und noch einmal einen Traumprinzen kennenlernen würde. Ich fasste den Entschluss, mich im Internet umzusehen. Ich musste noch gezielt überlegen, auf welcher Plattform ich mich einschreiben wollte.

Ich dachte an die erste Zeit mit Metin. Als er zu mir zog, hatte ich auf vieles verzichtet wie zum Beispiel neue Kleidung oder Ausgehen, machte bezahlte Überstunden, nebenbei noch Schreibarbeiten und verkaufte Dinge auf einem Flohmarkt, damit ich ihn finanzieren und seine Deutschstunden bezahlen konnte. Die Gelassenheit hatte mir immer gefehlt, ich fühlte mich durchweg wie ein Arbeitstier. Das hatte ich jetzt abgestreift, ich konnte nur an mich denken und konnte wieder durchatmen. Das war so befreiend. Während unserer Ehe hatte ich immer ein schlechtes Gewissen, wenn ich mal nur an mich dachte oder richtig fröhlich war, während Metin keine Arbeit hatte. Ich fühlte mich dann nicht gut und nahm mich zurück. Aber ich konnte auch egoistisch sein und bestimmen, wofür wir das Geld ausgaben, das ich verdiente. Mir gingen so viele ungeordnete Gedanken durch den Kopf.

3. Mai

Am Morgen hatte ich den zweiten Termin beim Psychotherapeuten. Er war ein wirklich netter Typ, und wir lachten sogar zusammen. Ich erzählte ihm ALLES. Es gab keine Tabus. Er meinte, dass Metin wütend auf sich selbst wäre, auf sein Heimatland, auf seine Mutter. Ich war sein Ventil. Er wollte wissen, inwieweit seine Mutter auf ihn Einfluss ausübte. Nun ja, als ich vor unserer Hochzeit sagte, dass ich keine typisch türkische Hochzeit möchte, weil ich mich dabei nicht wohlfühlen würde, war sie beleidigt. Als ich nach einigen Jahren Ehe noch immer nicht schwanger war, hatte sie einmal gefragt, ob ich krank wäre. Sicher war es ihr unangenehm vor ihrem Umfeld, dass ihr verheirateter Sohn immer noch kein Kind hatte.

Wir sprachen über die Dinge, die eine Rolle gespielt hatten: Religion, ein Baby, Geld, Sex, Arbeit. Er verstand sehr gut, dass ich kein Kind haben wollte in meiner Situation. Ich erzählte ihm, dass ich nach der Trennung nicht einen einzigen Tag depressiv im Bett geblieben war und dass ich vier Monate lang körperliche Schmerzen gehabt hatte. Ich erzählte ihm vom Umzug, von meiner Arbeit und von der Zeitungsanzeige, mit der ich Männer gesucht hatte, mit denen ich über Lückenfüllerinnen sprechen konnte.

Er sagte: „Sie haben unheimlich viele Ressourcen."
Und nach einer Pause: „Würden Sie ihn zurücknehmen?"
„Ja." Obwohl ich es selber nicht genau wusste.
Er war erstaunt.
Als ich wieder draußen war, legte sich meine Anspannung. Ich musste weinen. Die Gespräche forderten mich sehr. Ich überlegte, warum ich Ja gesagt hatte. Wieso sollte ich ihn zurücknehmen? Es erstaunte mich selbst, wie gut es mir ging – durch das Wochenende mit Richard in Wien. Wahrscheinlich würde ich sonst noch durchhängen. Und der Sommer stand vor der Tür. Ich wollte mich doch wieder unter die Männerwelt mischen. Das Einzige, was mich beängstigte, war das Wort „Scheidung". Damit kam ich noch nicht klar. Ich fand es so peinlich.

Ich war schon in der vierten Phase angekommen. Nach sechs Monaten! Man muss ein Ziel vor Augen haben. Mein Ziel, nicht länger als ein Jahr zu leiden, würde ich schaffen.

4. Mai

Ich telefonierte am Abend mit Maria. Es war wunderschön. Ich erzählte ihr alles, was in der Zwischenzeit nach unserem letzten Telefonat geschehen war. Über einige Dinge lachten wir herzlich. Ich bedankte mich bei ihr für alle guten Worte, die sie mir im Laufe der Zeit gesagt hatte.

Alles, was meine Freundinnen gesagt hatten, hatte ich abgespeichert in der Hoffnung, dass mich ihre Worte über den furchtbaren Schmerz tragen würden. Manches hatte ich erst Tage, Wochen oder Monate später verinnerlicht und umgesetzt. Alle Worte hatten geholfen. Kein Satz war umsonst gesagt worden. Jetzt, da das Schlimmste hinter mir lag und ich meinem neuen Leben voller Hoffnung und auch Freude entgegenging, wurde mir glasklar bewusst, wie sehr sie mich alle gestützt hatten.

5. Mai

Es war ein Samstag. Nach dem Aufwachen dachte ich sofort an Metin. Ich begann mit meinen Suggestionen und Formeln, aber ich war traurig. Ich dachte daran, wie wir nach dem Aufwachen im Bett lagen und uns umarmten. Ich wollte ihn gern sehen, aber das ging nicht mehr. Um mich abzulenken, las ich die neueste Mail von Richard. Wir wagten uns immer weiter vor. Ich antwortete ihm etwas neutraler. Mich überkam die Angst, dass er sich von seiner Frau trennen wollte, um mit mir zusammen zu sein. Ich wollte kein Trennungsgrund sein. Und überhaupt wollte ich nicht mit Richard zusammen sein. Ich wollte ihn als guten Freund behalten.

Ich musste weinen, ich fühlte mich sehr einsam. Ich dachte daran, dass ich mit der Wohnungssuche beginnen könnte, aber ich wusste immer noch nicht, wohin ich gern ziehen würde. Ich fühlte mich sehr wohl im Haus meines Onkels, und hier war ich nicht allein. Ich hatte Angst vor dem Alleinsein.

Am Abend befasste ich mich mit einer Plattform, auf der man Partner finden kann, und stellte mein Profil ein. Als ich zu der Stelle kam, wo ich „geschieden" ankreuzen musste, zögerte ich. Der Gedanke daran ließ mir sofort die Tränen in die Augen schießen. Wenn ich es bei anderen Personen las, fand ich es normal. Ich hatte meine geschiedene Freundin Carmen gefragt, ob das vorbeiginge. Sie beruhigte mich: „Das ging mir auch so. Das geht vorbei." Dennoch dachte ich daran, dass ich mich vielleicht nie daran gewöhnen würde.

Ich füllte mit Spannung den Persönlichkeitstest aus. Mein Persönlichkeitsprofil wich ab von einem anderen, das ich einige Jahre zuvor einmal über meine Firma gemacht hatte. Insgesamt war ich „weicher" geworden, was mir gefiel. Ich verbrachte den ganzen Abend damit, und in Gedanken traf ich schon einige Männer.

6. Mai

Das Ausfüllen des Persönlichkeitstests und das gedankliche Beschäftigen mit fiktiven Männern hatte die Wirkung, dass ich stark an Metin denken musste. Es verstärkte sich, als ich die erste Wohnung besichtigte. Natürlich dachte ich nicht daran, dass die erste Wohnung gleich die Richtige für mich wäre. Sie war nicht schlecht, aber mir war extrem mulmig zumute bei der Vorstellung, dort allein einzuziehen.

Als ich meinem Onkel erzählte, dass ich nun beginnen würde, eine Wohnung zu suchen, fragte er erschrocken: „Jetzt schon?" Das war sehr rührend, sprach doch daraus seine Sorge um mich.

Vielleicht musste man wirklich alle vier Jahreszeiten allein durchleben, um über den Partner hinwegzukommen.

Am späten Nachmittag fuhr ich zu Patrizia und half bei den Vorbereitungen für einen Grillabend mit der Familie und Freunden. Thomas hatte mir einen Laptop bestellt, da ich damit überfordert war, und erklärte ihn mir. Es war ein ausgesprochen schöner, lustiger Abend.

7. Mai

Wir hatten eine Familienfeier in einem Restaurant! Albtraum! Ich saß im Restaurant und später bei meiner Schwester zu Hause inmitten von lauter Paaren und sah Metin die ganze Zeit vor mir sitzen. Ich vermisste ihn sehr. Patrizia und Thomas hatten nur Paare als Freunde, ich war der einzige Single. Alle fragten mich, wie es mir geht. Ich machte gute Miene zum bösen Spiel und lächelte. Im Laufe des Abends ging es mir schlechter und schlechter.

8. Mai

Ich hatte morgens mein drittes therapeutisches Gespräch. Der Therapeut sagte sofort, dass ich keinen fröhlichen Eindruck machte. Ich erzählte ihm von meinem quälenden gestrigen Abend. Er antwortete, dass es völlig normal sei, dass zu bestimmten Anlässen wieder eine tiefe Trauer an die Oberfläche kommt. Wir stellten uns gegenseitig viele Fragen, und er hatte auf alle meine Fragen eine passende Antwort. Ich war sehr froh, dass ich ihn hatte. Ich sagte ihm, dass es mir zurzeit noch viel zu früh wäre, mich wieder zu binden. Am Ende gab er mir vier Persönlichkeitstests auf vielen Seiten Papier mit, die ich gewissenhaft ausfüllen sollte. Dieses dritte Gespräch hatte mich nicht mehr ganz so angestrengt wie die beiden vorherigen, was heißt, ich musste danach nicht mehr duschen gehen.

Verena fragte, wie es mir geht. Ich antwortete: „Ich bin etwas verliebt und werde mit Komplimenten überschüttet …"

„HAB' ich's doch gewusst! War auch klar! Es gibt ein Leben nach Metin!"

„Ja, hat zwar keine Zukunft, aber egal. Tut gut! Es werden weitere Männer folgen. Ich arbeite dran."

„Alles wird gut – früher oder später! Ich drück' dir die Daumen."

Abends füllte ich die Tests aus. Es strengte mich an, und ich weinte immer wieder. Ich beschloss, definitiv keine Therapie zu machen. Es wäre mental zu anstrengend, mich immer wieder mit den Fragen und Antworten zu befassen, die ich in den letzten Monaten immer und immer wieder selbst durchgekaut hatte. Ich musste nach vorn sehen und abschließen. Vor allem wollte ich erst einmal meine Freiheit genießen, bevor ich mich erneut binden wollte. Wunschdenken. Ich fühlte mich sehr einsam. Frisch geschieden zu sein, war schlimm. Ich wollte wieder heiraten. Ich wollte wieder mit jemandem zusammen sein, der mich ganz und gar wollte.

Mein letzter Gedanke vor dem Schlafen galt dem verheirateten Richard, und auch wenn ich Verena heute geschrieben hatte, dass ich etwas verliebt war – ich war es seit vier Tagen nicht mehr. Einerseits war Metin wieder präsenter in meinem Kopf, andererseits wollte ich keine Schwierigkeiten haben.

9. Mai

Im Büro lief die Arbeit besser und besser von der Hand. Ich hatte wieder meinen alten Rhythmus gefunden und konzentrierte mich auf die Arbeit, statt über meinen Ex nachzudenken. Ich war froh, dass Normalität eingekehrt war.

Nach der Arbeit traf ich mich mit Kristin in einem amerikanischen Restaurant. Sie hatte beruflich einen psychologischen Hintergrund und analysierte automatisch alle Männer, die sie kennenlernte, zuerst auf ihre Psyche. Es kamen bei ihr lauter skurrile Typen mit Macken zum Vorschein. Wir lachten herzhaft über ihre Schilderungen. Dann redeten wir über uns, und ich erzählte ihr von meiner Scheidung. Als Geschiedene hob sie die Hand, und wir klatschten uns ab. Wir lachten – und plötzlich fand ich es nicht mehr so schlimm, geschieden zu sein. Wir waren beide dankbar für unser Leben und gesund, fröhlich und mit optimistischer Grundeinstellung, dazu stark und intelligent.

10. Mai

Richard hatte beruflich in Berlin zu tun. Ich holte ihn bei seinem Kunden am Ku'damm ab, und wir gingen in dasselbe Restaurant, in dem ich am Vorabend mit Kristin gewesen war. Er war der erste Mann, an dessen Seite ich nach meiner Trennung ging. Es fühlte sich merkwürdig an, und ich dachte an Metin. Im Restaurant hielten wir schon nach kurzer Zeit Händchen. Dann küsste er mich und machte mir wieder wunderbare Komplimente. Wir verbrachten einen schönen Abend, ich fühlte mich zu ihm hingezogen, war aber zurückhaltender als er. Nach dem Essen gingen wir eingehakt noch über den Ku'damm spazieren, dann brachte er mich mit seinem Auto heim. Unterwegs hielt er an, und wir küssten heftig weiter. Es fühlte sich gut an. Als er mich zu Hause absetzte, war ich froh, nicht allein zu wohnen, wahrscheinlich hätte ich ihn sonst in meine Wohnung gebeten.

11. Mai

Ich war an diesem Freitag bis 18 Uhr im Büro. Abends gab es wieder eine Familienfeier, dieses Mal im Haus meines Onkels. Mein Cousin feierte eine große Party. Ich half bei den letzten Vorbereitungen und fühlte mich rundum wohl bei dem Trubel. Nach dem Grillen auf der großen Terrasse separierten sich Jüngere und Ältere. Während mein Cousin mit seinen Freunden in einem Zelt im Garten feierte, saß ich mit meinen Verwandten und Freunden im Wohnzimmer zusammen, wir tranken und lachten. Es war ein lustiger, unbeschwerter Abend, ich unterhielt mich mit anderen Single-Frauen, und allen ging es auch ohne einen Mann sehr gut. Ich war auf dem Weg dorthin. Zwischendurch dachte ich intensiv an Metin und Richard und vermisste keinen von beiden. Ablenkung und gute Freunde waren das Wichtigste auf dem Weg zur Gesundung.

12. Mai

Ich war den ganzen Tag müde vom Feiern und Alkohol. Wir räumten das Haus auf, und es war genauso eine gute Stimmung wie gestern. Wir sprachen über die Party, die Gäste und tranken zwischendurch Kaffee und aßen die Reste. Eigentlich wollte ich gar nicht mehr allein wohnen.

Den Rest des Nachmittags verbrachte ich mit Einkäufen und Gammeln. Ich war müde vom Vorabend und fühlte mich einfach wohl. Abends hatte Tatjana einige Freunde zum Essen eingeladen. Ich half beim Tischdecken. Zum Essen setzte ich mich dazu, danach ging ich auf mein Zimmer, weil ich allein sein wollte.

13. Mai

Ich hatte zwei Wohnungsbesichtigungstermine in meiner Nähe. Es war wieder ein mulmiges Gefühl. Eine der Wohnungen war sehr schön, und während des Termins stellte sich heraus, dass ich sie sofort mieten könnte. Oh nein, ich wollte noch keine Wohnung mieten, so eilig hatte ich es nicht.

Bevor es anfing, mich zu belasten, musste ich an Richard eine klare Mail schicken:

„Hoffentlich war dein Wochenende genauso schön wie meins. Wir hatten am Freitag und gestern eine Feier. Wegen des Regens hatten die Männer ein Zelt im Garten aufgebaut, in dem die jungen Leute feierten. Wir Erwachsene saßen im Wohnzimmer und beobachteten das Kommen und Gehen ... Sehr interessant. Ich liebe Party-Vorbereitungen, wenn alle ihrer Arbeit nachgehen und kurz bevor die Gäste kommen alles hektisch wird. So auch gestern. Natürlich wieder Landregen ... Und das Aufräumen macht mir fast noch mehr Spaß. Man räumt stupide auf und putzt und denkt noch mal über die Party und Gäste nach. Die waren ziemlich lustig. Ich stand heute den ganzen Tag neben mir, obwohl ich nur ein Glas Wein trank. Zwei Wohnungen sah ich mir auch an ...
Beim Putzen dachte ich ziemlich viel an dich. Manchmal tut man Dinge, die gut tun und die sich dann irgendwie verselbstständigen. Und wenn es nur Spaß ist – warum nicht? Aber du hast eine Sperre – was für dich spricht –, und ich habe auch eine Sperre. Ich bin frei, aber du nicht. Als wir am Donnerstag zusammen waren, war nicht die Zeit, und ich hatte keine Lust, darüber zu sprechen, wollte lieber mit dir flirten. Es war ein sehr schöner Abend. Du bist ein sehr lieber und verantwortungsbewusster Mensch, und das sollst du auch bleiben, vor allem Letzteres.

Ich habe schlimme Monate hinter mir. Nach dem Tod des Partners ist eine Trennung/Scheidung sicher das Zweitschlimmste. Ich weiß nicht, wie lange ich damit noch zu tun habe. Ich habe vier Monate nonstop geweint, es waren bestimmt mehrere Eimer voll. Mir ging es nach dem Karibik-Urlaub viel besser, und nach Wien sowieso. Dennoch bin ich noch nicht wieder „normal". Ich habe auch gesehen, wie derjenige, der geht, leidet. Ich wünsche diese seelischen und körperlichen Schmerzen meinem ärgsten Feind nicht. Ich habe mich nie gehen lassen, war immer beschäftigt und immer arbeiten. Aber ich habe nur von Stunde zu Stunde gelebt. Den Tipp hatte ich einmal von jemandem gehört. Zwischendurch wollte ich tot sein. Ich habe wirklich überlegt, wie ich es anstelle, tot zu sein, ohne dass irgendjemand um mich weint. Aber da kann man viele Abschiedsbriefe hinterlassen, es würde nichts nützen. Nach der Scheidung bin ich zu meinem Bruder gefahren und habe ihm gesagt, dass ich gern neben ihm liegen würde. So schlecht ging es mir an diesem Tag. Bevor ich mich mit einer Flasche Baileys ins Bett legte. Warum ich dir das schreibe? Weil wir schon etwas weitergedacht haben. Du hast es am Donnerstag gesagt, ich habe es gedacht. Es ist ganz angenehm, ein bisschen zu träumen und zu phantasieren. Eine meiner zentralen Fragen in den letzten Monaten – und ich habe auch dir aufmerksam zugehört – war, wie Menschen, die gerade eine Trennung hinter sich haben, damit umgehen, wenn sie sich sofort eine/n Neue/n nehmen. Auf jeden Fall sind sie in Gedanken nicht so bei ihm/ihr, als wenn sie frei wären (ich war schon einmal Lückenfüllerin, acht Monate lang, bevor mein Exfreund zu seiner Ex zurückging – Scheiße, sage ich dir). Ich wollte immer mit ein- und demselben Mann alt werden, ich beobachte Paare, die auf eine lange Ehe zurückblicken. Das ist so wunderbar. Nun muss ich von vorn beginnen. Sicher kommt irgendwann jemand, der mich wieder von Herzen liebt und mit dem ich hoffentlich alt werde. Ich weiß nicht genau, wie es dir geht. Ich hoffe, du wirst auch von Herzen geliebt und tust dasselbe. Du hast noch die Chance, mit deiner Frau alt zu werden. Man kann sich innerhalb einer Ehe nicht vorstellen, wie schlimm es nach dem Ende aussieht. Auf jeden Fall schlimmer, als ich je dachte! Ich dachte auch manches Mal daran, zu gehen. Nicht das Gehen ist das Schlimme, sondern das Durchhalten nach dem Gehen. Es ist die Hölle. Auch wenn sich irgendwann eine neue Tür öffnet. Ich denke immer noch, dass man sich nicht trennen darf, wenn man sich einmal füreinander entschieden hat. *Es gibt gute und schlechte Tage, und manchmal gibt es viele schlechte hintereinander, aber trotzdem darf man sich nicht trennen. Es ist so sinnlos. Und du möchtest sicher nicht, dass es deiner Frau mal so geht, wie ich es oben beschrieben habe. Ich möchte weiterhin mit dir Kontakt halten und mit dir essen gehen und dich zum Freund haben. Und vielleicht kann ich dir eines Tages auch einmal helfen – so wie du mir geholfen hast. Ich habe diese Mail – auch wenn sie lange dauerte – in einem Stück runtergeschrieben, und ich hoffe, sie ist schlüssig. Oft denken Männer: Was will sie jetzt damit sagen? Wenn du ein Fragezeichen im Kopf hast, sag mir Bescheid.*

Viele liebe Grüße und Kuss
deine Beatrice"

Nach dem Abschicken war ich erleichtert
Ich las alles noch einmal durch und schickte eine zweite hinterher:

„Ich habe meine Mail noch mal gelesen. Sie ist eventuell wirklich missverständlich, deshalb hier noch mal mit kurzen Sätzen, was ich sagen wollte:
- *Du sollst nicht über eine Trennung nachdenken.*
- *Wenn du dich einmal trennst, möchte ich nicht der Grund sein.*
- *Menschen, die sich trennen, denken immer noch an die/den Ex. Wenn's für beide Spaß ist – ok. Aber wenn's für einen/für beide Ernst ist – nicht ok.*
- *Träumen ist schön, aber wenn es ein wesentliches Leben um einen herum gibt, sollte man das nur bis zu einem gewissen Grad tun.*
- *Ich möchte dennoch den Kontakt zu dir halten – am besten für uns ohne Körperkontakt – leider –, das wäre zwar sehr schön, aber wir haben uns mittlerweile zu gern.*
- *Du sollst nicht mehr in einem Zwiespalt sein und eine Sperre haben.*

Außerdem fällt mir noch ein:
- *Es gibt weiterhin Situationen, in denen ich dich vermisse. Ganz schön blöd ...*
- *Ich hoffe, du hast mich immer noch gern.*
- *Ich schreibe das alles nicht für mich, sondern für dich.*

Beatrice"

14. Mai

Ich wusste, dass Richard mir noch in der Nacht zurückgeschrieben hatte, deshalb schaltete ich nach dem Aufwachen als Erstes den PC an und las:

„*Meine liebe Beatrice,*
herzlichen Dank für deine sehr schöne, offene und auch sehr wahre E-Mail von heute Abend. Deine Worte haben mich so berührt, dass ich noch unmittelbar zurückschreiben muss, obwohl es schon Mitternacht ist.
Unseren Donnerstagabend empfand ich als sehr schön, ich genieße deine Gegenwart, deinen Humor und die Leichtigkeit der Konversation mit dir. Wir kennen uns ja so lange und – so glaube ich – auch wieder sehr gut. Diese Mixtur und deine Offenheit, deine Bereitschaft zum Flirt und zu Zärtlichkeiten üben ganz ohne Zweifel eine enorme Anziehungskraft auf mich aus. Allein die Tatsache, dass ich nicht frei bin, gepaart mit Verantwortungsbewusstsein für meine Familie, hindert mich daran, mich hemmungslos in dich zu verlieben. Dein Geständnis, dass du dich nach Wien ein bisschen in mich verliebt hattest, hat mich sehr stolz und glücklich gemacht.
Deine Zeilen über deine letzten Monate haben mich insbesondere sehr berührt, ich kann dich gut verstehen, nachdem mir auch eine sehr enge Beziehung in die Brüche ging. Trost war zwar da, aber wenn ich ehrlich bin, nur um des Trostes willen. So eine lange Beziehung klingt eben nach, und ich kann mir deshalb gut vorstellen, dass du noch einige Zeit nicht wirklich frei bist. Nimm dir um deiner selbst und auch um deines zukünftigen Partners willen die Zeit, da den richtigen Abstand eingerichtet zu haben. Lückenfüllen ist nicht gerecht und kann recht wehtun. Da ich keine Lücke bei dir fülle, kannst du mir mit den Dingen um uns beide auch nicht wehtun. Du siehst mich nicht als Lückenfüller, da bin ich mir sicher. Aber auch ich würde dir niemals wehtun wollen dadurch, dass du dir vielleicht vorstellen könntest, dass ich irgendwann eine noch wichtigere Rolle für dich spielen könnte und ich diesem Anspruch nicht ohne Weiteres entsprechen könnte.
Die Möglichkeit, dir nah zu sein, erfüllt mich je nach Stadium mir Vorfreude, großem Vergnügen und heiterer Aufgeregtheit – und das, was ge-

schehen ist, kann ich gut einsortieren. Die Begegnung mit dir hat meiner Ehe nicht geschadet und wird ihr auch zukünftig nicht schaden. Du und ‚mein normales Leben' sind doch irgendwie zwei verschiedene Dinge."

Ich dachte „typisch Mann" und las weiter:

„Ich werde mich nicht von meiner Frau trennen, nachdem du und ich uns wiedergetroffen haben und die Dinge nun mal so passiert sind. Lass uns weiterhin immer mal wieder ein bisschen mit- oder voneinander träumen. Auf den Kontakt zu dir will ich keineswegs wieder verzichten. Lass uns einfach sehr gute bis leidenschaftliche Freunde sein, die ab und zu etwas miteinander essen, reden, flirten, träumen – und sich einfach damit gegenseitig gut tun. Lass uns bitte einfach umgehen mit den Dingen, die wir beide wollten, die passiert sind oder die sein werden – ohne Gefahren oder Leiden für dich oder mich. Ich werde dich immer gernhaben, und das sicherlich mindestens für die nächsten vierundvierzig Jahre. Ich bin glücklich, dein Freund zu sein.
Es umarmt und küsst dich
dein Richard"

Ich war erleichtert, dass alles ausgesprochen war und es kein Vertiefen unserer „Beziehung" gab, wenn er auch die Worte „weiterhin" und „leidenschaftliche Freunde" schrieb. Ich fühlte mich so gut und frei – wie in alten Single-Zeiten. Abends schrieb ich ihm zurück:

„Ich habe deine wunderschöne Mail mindestens fünfmal gelesen. Ich bin fasziniert von deinen Worten, besonders vom letzten Absatz. Er ist einfach so wunderschön, dass ich ihn immer lesen muss. Ich werde alle Mails aufheben, und wenn wir alt sind (du musst auch alt werden, also pass immer gut auf dich auf), dann treffen wir uns, ich lese uns alle Mails vor, und du schenkst uns von Zeit zu Zeit ein Gläschen Pino Grigio nach. Sind das nicht zauberhafte Aussichten?
Eigentlich wollte ich dir das Gestrige nicht schreiben, sondern es dir sagen, aber ich kann dich ja am Wochenende nicht einfach anrufen, um mit dir darüber zu sprechen. Ich habe beim Schreiben mehr an dich gedacht als an mich, zum Beispiel, als ich schrieb, dass wir uns emotio-

nal zurückziehen müssen. Ich wollte nicht, dass du hin- und hergerissen und im Zwiespalt bist, wenn wir uns sehen. Ich hatte das Gefühl, dass du mich zu gern hast, aber dagegen ankämpfst. Nach deiner Mail weiß ich, dass es nicht so ist. Du hast es gut erklärt. Bei mir ist es jetzt so: Ich fühle keinen Schmerz mehr und mich wieder fast frei. Ich muss aber öfter an zwei unschöne Dinge denken, was mich dann lähmt und auch noch zum Weinen bringt. Und es gibt nur eine Situation, in der ich mich allein fühle: Das sind Feiern. Oft sind dann nur Paare um mich herum, und ich fühle mich allein. Das hört hoffentlich bald auf. Ich komme schon klar. Und ‚getröstet' habe ich mich auch ziemlich schnell, auch wenn's nicht wirklich Spaß machte. Das machen ja nicht nur Männer.
Ich bin froh, dass wir beide dasselbe denken. Aber wie sollte es auch anders sein?
Es ist wunderschön, dass es dich gibt. Danke für alles, Richard, und es ist schade, dass du so weit weg bist. Aber es ist vielleicht besser so. Lassen wir es einfach laufen ... Und wir werden uns wohlfühlen und gut damit umgehen.
Alles Liebe
Beatrice"

Später rief Richard an, und wir redeten über unsere Mails. Offen, respekt- und gefühlvoll. Alles war geklärt. Ich hatte großes Glück mit einem so guten Freund, der immer für mich da sein wollte. Ein wenig redeten wir auch über Metin. Richard meinte, dass Metin deshalb verbal so gemein war zu mir, um sein Gehen zu rechtfertigen. Er hätte ein schlechtes Gewissen und bereue seine Entscheidung, deshalb wäre er so wütend. Während er das sagte, merkte ich, dass es mich nicht mehr belastete. Ich war wieder einen Riesenschritt weiter.

Auf Parship waren zwei Männer an einem Kontakt mit mir interessiert. Ich schrieb ihnen zurück und war gespannt, wie es weitergehen würde.

15. Mai

Ich musste sehr früh aufstehen, um mit meinen Berliner Kolleginnen und Kollegen nach Düsseldorf in die Unternehmenszentrale zu einem Abteilungs-Meeting zu fliegen. Es tat mir ausgesprochen gut, meine Kolleginnen und Kollegen der anderen Niederlassungen wiederzusehen. Das Meeting war wie immer gehaltvoll und anstrengend, und um 15 Uhr wurde ich wie immer sehr müde, sodass ich nur noch bedingt folgen konnte. Als ich abends wieder am Flughafen saß und das Geschehen um mich herum beobachtete, fühlte ich mich wieder motiviert und lebendig. Gegen 21 Uhr schloss ich die Haustür auf. Mein Onkel saß allein in seinem Sessel und las die Zeitung. Wir tranken noch ein Glas Wein zusammen.

Ich war so gespannt, was die Zukunft bringen würde. In den letzten Wochen hatte ich so viel erlebt, und ich hatte viele Pläne. Auf jeden Fall wollte ich ein Buch über meine Zeit und meine Erfahrungen schreiben. Ich freute mich auf alles, was kommen würde. Ich dachte: ICH LEBE.

16. Mai

Ich war mit Kristin und Katja in einem spanischen Restaurant am Stuttgarter Platz. Wir sprachen mehr oder weniger den ganzen Abend über unsere Exmänner. Katja war sogar schon zweimal geschieden. Sie sagte: „Das Leben ist schön." Sie hatte es sogar zweimal „geschafft". Die vielen Gespräche ließen mich nicht schlafen. Im Halbschlaf dachte ich viel an Metin, fühlte mich zu ihm hingezogen, und als ich an sie dachte, überkam mich Widerwillen.

17. Mai

Beim Aufwachen ging es mir schlecht. Zudem war ich stark erkältet. Wir hatten den gestrigen Abend im Freien gesessen, und ich hatte einige Stunden lang gefroren. Ich meldete mich krank und blieb fast den ganzen Tag im Bett. Ich wollte in den Arm und vermisste die Alltagssituationen, die ich mit Metin hatte, seine Liebe und Umarmungen. Er hätte mir jetzt einen Tee und eine Suppe gemacht und wäre immer wieder zu mir gekommen, um mich zu fragen, was er für mich tun könnte.

Ich dachte, ich wäre über den Berg, aber nun war ich wieder sehr traurig. Ich musste da hindurch, bis es vorbei war. Bis ich alles vergessen hatte oder es nicht mehr wehtat. Ich sollte mich nicht allabendlich mit Ausgehen betäuben, sondern mir zwischendurch einen ruhigen Abend gönnen, an dem ich meine Gedanken schweifen lassen konnte.

Zwischendurch räumte und kramte ich in meinen Sachen und las einige Mails auf der Partnerplattform. Einige Männer hatten mir ihre Telefonnummern geschrieben, ich hatte aber keine Lust, einen von ihnen anzurufen.

18. Mai

Dina war aus Italien nach Berlin gekommen. Wir trafen uns zum Spaziergang rund um den Schlachtensee und anschließendem Kaffee und Kuchen. Ich erzählte ihr die ganzen letzten Monate ausführlich. Sie sagte: „ Das, was er haben möchte – Job und Kind –, hätte er alles vorher haben können. Es war so unsinnig, zu gehen." Ja, das war es, aber Menschen treffen Entscheidungen, weil sie Gründe und Erfahrungen haben, und hinterher sind sie schlauer, und manchmal bereuen sie ihre Entscheidung.

Nachmittags schaute ich mir zwei weitere Wohnungen an, die mir aber nicht gefielen.

19. Mai

Meine Erkältung war schlimmer. Obwohl ich mich ausruhen wollte, hatte ich letztendlich „ants in the pants" und ging ins Kino. Ich schaute mir die Liebeskomödie „Zwei Tage Paris" an. Der Film lenkte mich zunächst ab, letztendlich tat er mir nicht gut, da ich später unaufhörlich an meinen Ex denken musste. Ich war noch nicht bereit, Liebesfilme zu sehen. Liebe erschien mir so mühsam. Ich dachte: Es kommt die Zeit, da hat man keine Lust mehr, von vorn anzufangen. Man muss von vorn beginnen, einem anderen über sich und sein Leben zu erzählen, man muss einen anderen Menschen kennenlernen wollen. Je älter man wird, desto mehr hat man erlebt. Wie viel schöner ist es doch, alle Jahre gemeinsam zu durchleben. Als ich zu Hause war, musste ich wieder weinen. Ich vermisste ihn sehr. Ich war sicher, dass er mich auch vermisste.

20. Mai

Es war ein Sonntag. Ich beschäftigte mich wieder mit Gartenarbeit und machte eine Radtour durch den Grunewald und legte mich an den Havelstrand. Es war wie ein Urlaubsnachmittag. Ich schaute aufs Wasser und erholte mich vom gestrigen Abend. Meine Psyche war wieder okay. Eine Stimme sagte zu mir: Warum musst du noch weinen? Es gibt keinen Grund dafür. Du hast ein neues Leben. Es hat nicht geklappt mit euch. Du musst jetzt ganz neutral und ohne Trauer daran zurückdenken und beginnen, dankbar zu sein, dass du ihn hattest. Das half mir. Ich wollte es versuchen.

22. Mai

Ich telefonierte mit einem Herrn, mit dem ich die meisten Matchpunkte hatte. Er war erst seit einigen Wochen getrennt und hatte natürlich das Bedürfnis, von seiner Ex-Beziehung zu reden. Besser gesagt, er sprach sehr schlecht über seine Ex und verteidigte sich. Er wollte gar keine Antworten von mir, er brauchte eigentlich nur eine Person, die ihm zuhörte. Obwohl ich diese Art von Gespräch nicht führen wollte, hörte ich ihm zu. Am Ende verabschiedete ich mich sehr freundlich von ihm. Ich wollte mich nur mit Männern treffen, die frei waren für eine neue Beziehung.
Mir fehlten die Alltagssituationen. Ich dachte viel an schöne Situationen aus unserem gemeinsamen Leben. Ich dachte an sein gutes Aussehen, sah ihn mit Kleidung, die ihm gut stand, mit Cap und Sonnenbrille und seinen schönen Männerbeinen, wie er auf mich zukam, mich umarmte und schöne Dinge sagte. Ich sah ihn nicht mit einem Bierbauch, den er zwischendurch immer wieder hatte, rauchend und mit schlechter Laune. Man vergisst das Schlechte einer Beziehung und erinnert sich nur noch an das Gute.

24. Mai

Ich hatte mein viertes Gespräch mit dem Therapeuten. Dieses Mal war es am Nachmittag nach dem Büro. Er fragte, wie es mir geht, ich erzählte ihm gleich von meinen Stimmungsschwankungen. Manchmal dachte ich, ich wäre über den Berg, dann wiederum erwischte es mich eiskalt, und ich musste weinen. Ich erzählte ihm von meiner Wohnungssuche und von der Partnersuche im Internet.
„Dass Sie traurig sind und weinen, ist eine natürliche Reaktion des Körpers. Das ist gut, sonst wären Sie starr. Das wird auch noch immer wieder kommen."
Er hatte meine ausgefüllten Bögen ausgewertet:
„Sie sind gesund. Sie brauchen keine Therapie."

„Ich möchte auch keine. Es strengt mich an, mich damit zu befassen."

„Was auffällt ist, dass Sie einen gewissen Jähzorn haben, aufbrausend sind. Aggressionen sind normal. Was auch auffällt, ist ihre Extrovertiertheit und dass Sie gesellig sind, sich mit Leuten umgeben. Sie aktivieren so viele Ressourcen, dass Sie keine Therapie benötigen."

Die Worte machten mich etwas stolz. „Je mehr Abstand ich habe, desto mehr denke ich, dass ich nur fünfzig Prozent Schuld habe."

Dann sprach er sehr entlastende und wunderbare Worte, die mich friedvoll stimmten und die Beziehung irgendwie mehr zum Abschluss brachten:

„Ich würde nicht von Schuld sprechen. Ich würde sagen, das war ein Kommunikationsproblem. Ich denke, selbst wenn Sie sich beide noch mehr Mühe gegeben hätten, wäre es auseinandergegangen."

Ja, es war ein Kommunikationsproblem, ein Zu-wenig-auf-den-anderen-eingehen, seine Wünsche respektieren und erfüllen.

Wir verabschiedeten uns, und er wünschte mir für das weitere gute Verarbeiten meiner Beziehung und meine Zukunft alles Gute. Ich war etwas wehmütig – auch wenn ich mit ihm nur vier Gespräche geführt hatte, war er irgendwie ein Bestandteil meines Lebens geworden.

Ich fuhr nach Hause und weinte eine Runde. Auch dieses Gespräch hatte mich angestrengt. Das Wichtigste war, dass ich mich entlastet fühlte. Es war gut, diese Worte aus dem Mund eines Fremden und Professionellen zu hören.

25. Mai

Ich telefonierte mit einem potenziellen Date. Ich ließ das Telefonat wirken. Da er mir verbal zu forsch gewesen war, schickte ich ihm eine SMS und sagte unser vereinbartes persönliches Date ab. Ich hatte einen freien Abend und radelte wieder zum Havelstrand und schaute auf das Wasser. Ich dachte daran, dass ich selbst unsere Aktivitäten zu verbissen geplant und durchgeführt hatte. Deshalb hatte ich auch nie richtig Spaß dabei gehabt. Ich hätte durchweg gelassener sein müssen.

Es begann zu regnen, und ich fuhr die Hälfte des Rückwegs bei Landregen heim. Das machte Spaß, da ich merkte, dass ich lebte. Außerdem war es warm dabei. Ich duschte und machte mir ein Abendessen. Tatjana schickte eine SMS aus dem Ausland und fragte nach meinen Dates: „Bist du schon soweit für einen neuen Mann?"

Ich antwortete: „Ich möchte neue Männer kennenlernen und wieder lachen. Für etwas Festes bin ich noch nicht bereit, aber bald. Vielleicht entwickelt sich aus einem Date etwas."

„Das ist wirklich sehr schön zu hören."

Ich lag im Halbschlaf im Bett. Ich vermisste ihn. Dann dachte ich, dass es für meine Psyche nicht gut wäre, abends zu Hause zu bleiben. Aber ich wollte nicht weglaufen, und mein Körper brauchte auch seine Ruhe. Ich dachte an einen neuen Partner und einen romantischen Anfang. Mir fiel der romantische Beginn mit Metin ein – das war wohl nicht zu übertreffen. Kann man so eine große Liebe noch einmal erleben? Ich konnte es mir nicht vorstellen. Sind die zweiten Frauen und Männer nicht nur Ersatz? Ich hoffe nicht. Werden sie genauso geliebt wie die ersten? Aber warum sollten sie nicht? Jeder Mann ist anders, und jeder ist auf seine Art liebenswert, ich sollte sie nicht vergleichen und jedem Neuen eine Chance geben. Noch konnte ich das nicht.

26. Mai

Es war Samstagabend und ein Mädchenabend mit Anna, Katja und Vanessa auf unserer Terrasse! Ich zeigte ihnen mein „Kinderzimmer", und wir lachten. Sie fanden es gemütlich, ein Mix aus Jugendmöbeln und Postern und meinen Sachen. Vanessa meinte: „Bleib doch den ganzen Sommer über hier, so lange, bis du je-

manden kennenlernst, zu dem du dann ziehst. Was willst du allein wohnen? Du willst dich wirklich jetzt wieder fest binden?"
„Nein."
„Genieße deine Freiheit."
Der Abend war überaus lustig. Wir sprachen hauptsächlich über unsere (Ex-)Männer.
Katja sagte: „Ich habe dich immer für deine Toleranz bewundert. Und wie viel du allein gemacht hast."
Anna meinte: „Metin war einfach unglücklich, weil es für ihn nicht so lief, wie er es sich vorstellte. Das hat wahrscheinlich auch Gründe, die nichts mit dir zu tun hatten."
Sie wollten wissen, ob ich oft an ihn denke.
„Ja. Täglich. Meistens kleine kurze Sequenzen. Ich vermisse Alltagssituationen. Wenn ich abends zu Hause bin, dann denke ich mehr an ihn und schlafe dann schlecht. Ich frage mich: Was macht er, hat er einen Job, welche Frau liegt neben ihm, lebt seine Mutter noch, denkt er an mich …"
Wir saßen bis tief in die Nacht auf der Terrasse. Mein Onkel gesellte sich in den letzten Stunden dazu und war der Hahn im Korb.
Ich träumte nachts von der Wohnung, die ich mir am Vormittag angeschaut hatte. Ich bekam Herzrasen und Stressatmung bei dem Gedanken, an einem Wochenende bei Regen allein in der Wohnung zu sein.

27. Mai

Morgens stellte ich mich auf die Waage: Ich wog 57,5 Kilo – ich hatte vier Kilo zugenommen und sah viel gesünder aus. Ich packte eine Tasche mit Winterkleidung und fuhr zu meinen Eltern, um sie in eine der Kisten zu packen und Sommerkleidung mitzunehmen. Als ich auf dem Dachboden alle Kisten sah, stand ich wie gelähmt davor. Ich war unfähig, sie zu öffnen. Ich bekam Atemnot. Ich öffnete ein Fenster, um frische Luft hereinzulassen, da es auch etwas schwül auf dem Dachboden war. Nach einigen Minuten war ich soweit, die jeweiligen Kisten zu öffnen und die Kleidung auszutauschen. Später saß ich mit meinen Eltern auf ihrer Terrasse. Bei ihnen ohne Metin zu sein, war auch noch nicht wieder normal für mich. Er war meistens dabei gewesen. Auf der Rückfahrt nach Hause kamen mir wieder die Tränen. Ich dachte an Situationen, in denen er im Auto neben mir saß, mir etwas erzählte und ich kalt reagierte. Wie recht er hatte, zu gehen. Nach einigen Minuten hatte ich mich wieder im Griff, da ich mir in Erinnerung rief, warum ICH hätte gehen können. Dennoch fühlte ich wieder eine gewisse Schuld. Niemand konnte mich von dieser Schuld entbinden, kein Psychotherapeut und keine Freundinnen, die mich noch so gut kannten.

31. Mai

Die letzten Abende waren ausgefüllt mit Dates. Alle Männer waren sympathisch und nett aussehend, und wir führten gute Unterhaltungen über die alte und jetzige Zeit. Ich erfuhr von allen die Trennungsgründe. Einer von ihnen war zum zweiten Mal verheiratet und war immer noch wehmütig, wenn er Urlaubsfotos mit seiner ersten Ehefrau sah. Zwischen beiden Frauen war eine längere Pause gewesen. Er sagte:

„Ich verstehe nicht, wie Menschen sofort wieder heiraten können. Aber es gibt welche, die nicht allein sein können. Das ist nicht gut. Man muss sich erst einmal selbst ordnen und mit sich im Reinen sein, bevor man eine neue Partnerschaft eingeht." Ich war erleichtert, das von einem Mann zu hören. „Für den einen kann die Schwelle des Aushaltens schon überschritten sein, für den anderen ist alles nicht so schlimm." Mit ihm lachte ich auch viel. Zum Schluss umarmte er mich und sagte: „Du siehst richtig glücklich aus. Du hast mich auch zum Lachen gebracht."

Dennoch hatte ich weder bei ihm noch bei den anderen Dates den Wunsch, sie wiederzusehen. Es war schön. wieder mit Männern auszugehen und mich gelegentlich einladen zu lassen. Es war für mich auch schön, wieder flüssig Deutsch mit einem Mann zu sprechen. Ich merkte, wie sehr ich es vermisst hatte. So wie Metin es vermisst hatte, mit einer Frau wieder Türkisch zu sprechen. Ich bedauerte, Türkisch nicht zu verstehen und zu wissen, wie er sich in seiner Sprache ausdrückte. Auf jeden Fall war er ein Mensch, der normalerweise nachdachte, bevor er etwas sagte.

Zwischendurch telefonierte ich nach wie vor viel mit Richard. Ich war froh, dass wir die Kurve gekriegt hatten und dass es nicht mehr um uns ging, wenngleich er mir weiterhin Komplimente machte. Ich spürte seinerseits ein wenig Eifersucht auf die Männer, mit denen ich mich traf.

1. Juni

Ich ging mit meiner ehemaligen Kollegin Marlene aus. Sie war knapp 20 Jahre älter und schon in Rente. Ihr Mann war vor einigen Monaten nach langer Krankheit gestorben. Sie war lebenslustiger Natur und kompensierte genauso wie ich, indem sie nach einer Zeit der Trauer und des Alleinseins viel ausging. Sie ging auch viel allein aus. In ihrem Alter waren einige Freunde und Bekannte schon gestorben, pflegten ihren Partner oder hatten kein Geld, um auszugehen. Ich dachte viel nach: Was tut mehr weh – wenn der Partner stirbt oder wenn er dich verlässt? Bei Ersterem kommt es sicher auch auf das Alter an – ist er noch jung oder schon alt? Ich dachte: Wenn er stirbt, geht er wenigstens nicht deinetwegen, man muss sich nicht mit Selbstzweifeln und Schuldgefühlen herumschlagen. Allerdings ist der Tod schrecklicher, da der Mensch nicht mehr wiederkommt. Beim Verlassenwerden haben beide die Chance, irgendwann wieder einmal in Kontakt zu treten und die Vergangenheit ruhen zu lassen.

2. Juni

Ich machte an diesem Samstagmorgen keine Suggestionen, da ich spät dran war. Patrizia und Thomas hatten mich gebeten, ihre beiden Söhne zu hüten, während sie einen Großeinkauf erledigen wollten. Ich freute mich darauf, und während der Fahrt dachte ich an diese glückliche Familie. Prompt kamen mir die Tränen, und zwar so wasserfallartig, dass ich das Auto am Straßenrand parken musste, um mich auszuweinen. Ich hatte das Bedürfnis, Richard anzurufen und mich trösten zu lassen, was aber heute nicht möglich war. Ich hatte das Gefühl, um zwei Männer zu trauern, was zu viel war und mich emotional total überforderte. Ich wollte gern mein Gehirn ausschalten und mich aus allem ausklinken. Ich merkte, dass ich mehr Ruhe in meinem Leben brauchte, um zu mir zu kommen. Ich wollte nicht mehr unruhig sein, wenn ich in meinem Zimmer war. Was sollte ich erst machen, wenn ich eine eigene Wohnung hätte?

Es war ein schöner Tag mit meinen kleinen Neffen, die mich super ablenkten. Abends grillten wir, und ich fuhr spät heim.

3. Juni

In meine Suggestionen baute ich den Satz „Ich fühle mich auch wohl, wenn ich allein bin" ein. Ich war den ganzen Tag allein im Haus und lief herum wie eine gelähmte Katze. Das windstille, drückende Wetter fesselte mich ans Haus. Nach dem Frühstück ging ich wieder ins Bett und schlief mich müde. Ich machte es mir mit dem Immobilienteil der Zeitung auf der von mir gestrichenen Gartenbank bequem und musste immer wieder weinen. Am Nachmittag konnte ich mir eine der von mir angekreuzten Wohnungen anschauen. Sie hörte sich gut an, wenngleich sie im Erdgeschoss lag, jedoch war sie zu dunkel wegen einer nur wenige Meter entfernt liegenden Feuermauer. Ich bekam wieder Atemnot und Herzklopfen beim Gedanken, in dieser Wohnung abends und nachts allein zu sein.

4. Juni

Ich hing im Büro genauso durch wie am Wochenende. Dazu kam, dass Anita nicht anwesend war und ich in unserem Büro niemand zum Sprechen hatte. Ich konnte doch nicht immer noch so viele Durchhänger haben! Mir fielen den ganzen Tag neue Situationen ein, in denen er so wundervoll lieb war und ich patzig oder genervt. Nach dem Büro musste ich in ein Kaufhaus fahren, um ein Kleidungsstück umzutauschen. Ich lebte auch ständig mit der Angst, ihn oder sie zu treffen. Viele Männer ähnelten ihm plötzlich. In diesem Kaufhaus war ich das letzte Mal im November gewesen, als es mir hundsmiserabel ging. Ich erinnerte mich daran, und alle Gefühle von damals kamen wieder hoch. Während ich durch das Kaufhaus ging, kam mir der Gedanke, bald wieder eigene vier Wände zu haben, nicht mehr so schlimm vor. Eine Wohnung mit meinen Möbeln, meinem Geschirr, meinen Bildern ... Gedanklich richtete ich sie mir schon ein. Das war wieder ein Meilenstein.

Ich war fahrig und vergaß die Hälfte der Besorgungen, die ich noch machen wollte. An der Kasse nahm ich beinahe mein Wechselgeld nicht mit. Ich war wieder so voller Trauer, dass ich nicht fähig war, alles auf die Reihe zu bekommen.

Ein Herr von meiner Krankenkasse rief an: Er benötigte das Scheidungsurteil mit rechtskräftigen Datum. Mir lag dieses Schriftstück noch nicht vor, es hätte aber schon längst bei mir sein müssen. Ich war nicht in der Lage, den Anwalt anzurufen, um darüber zu sprechen, so gelähmt war ich. Mir war bewusst, dass ich verdrängte, geschieden zu sein.

Abends rief Richard an. Ich musste sehr weinen. Er redete ungefähr eine Stunde auf mich ein und war richtig wütend auf Metin, weil ich ihm so leidtat. Er war wunderbar. Danach schlief ich gut.

5. Juni

Es ging mir viel besser. Michaela und ich tauschten wieder Mails aus. Wir wollten uns am letzten Wochenende treffen, aber sie war krank geworden. Ich schrieb: „Mir ging's auch nicht gut am Wochenende, ich war auch benommen wegen des Wetters und schlich die ganze Zeit wie gelähmt durchs Haus. Eigentlich deshalb, weil ich am Samstag in ein tiefes Loch fiel. Ich traf mich mit Marlene. Von ihr kann ich lernen. Sie geht viel aus, trifft Männer, ist auf jedem Empfang und schaut nach vorn und voller Dankbarkeit zurück.

Fiel dann Samstag in ein tiefes Loch – ich fuhr an unserer alten Wohnung vorbei und erinnerte mich daran, wie M. und ich uns das letzte Mal dort sahen – es war alles noch so lieb. Ich vermisse ihn manchmal so sehr. Ich hatte das Gefühl, es wäre erst gestern passiert, alles war so präsent. Dann wieder die ganzen Selbstvorwürfe. Und auch wenn man nicht von Schuld reden kann, so belastet mich das, was ich ‚falsch' machte, schwer. Trotz allem – er steht für mich menschlich immer noch ganz oben auf dem Podest, da kommt noch kein anderer Mann heran. Aus dem Loch kam ich erst gestern Abend heraus – Dank eines langen Gesprächs mit Richard, der mir sehr zur Seite steht. Er richtete mich auf."

Abends meldete sich Richard. Ich dankte ihm herzlich für das gestrige Telefonat. Er freute sich sehr, dass es mir besser ging. Wir sprachen bis 0.30 Uhr.

6. Juni

Ich hatte ein großes Schlafdefizit und verpasste mir einige ausgehfreie ruhige Abende, die ich im Garten verbrachte. Es war sehr heiß, und ich war schlapp und müde.

Jürgen rief nach langer Zeit wieder an. Ich sagte ihm, dass es mir trotz einiger Tiefen gut gehe und dass ich mich an das Alleinsein langsam gewöhne. „Aber zu zweit ist es schöner."

„Du willst dich doch nicht schon wieder binden. Du hast alle Zeit der Welt. Du musst nichts überstürzen." Es tat gut, diese Worte von einem Mann zu hören, der 20 Jahre älter war und zwei Ehen hinter sich hatte.

„Ich gehe viel aus mit Männern."

„Du bist ja auch eine tolle Frau."

Er hatte recht. Ich hatte alle Zeit der Welt, mich mit vielen Männern zu treffen und nichts zu überstürzen. Ich wollte erst einmal mein Singleleben genießen und musste wieder komplett zufrieden mit mir sein. Ich war eh' nicht der Typ, der sich bindet, nur um nicht allein zu sein.

7. Juni

Michaela antwortete mir auf meine Mail von vorgestern:

„Oje, und ich hatte so gehofft, dass du das Gröbste überstanden hast, aber Rückfälle sind wohl immer noch nicht auszuschließen. Ich habe das auch noch gut in Erinnerung. Kratzt ganz schön am Selbstbewusstsein, vor allem, wenn man sich schuldig fühlt. Das Jahr nach meiner Trennung von K. war für mich albtraumhaft und wurde erst besser, als sich S. für mich intensiver interessierte."

Ich schrieb zurück: „Ich glaube auch, dass erst alles vorbei sein wird, wenn ich mich neu verliebe oder genug Zeit verstrichen ist. Das ging mit Richard schon ganz gut, aber ich schaltete schnell den Verstand ein. Nein, schuldig fühle ich mich nicht mehr. Mein Therapeut, mit dem ich vier gute Gespräche hatte, sagte, dass man von Schuld auf beiden Seiten gar nicht sprechen könne. Je mehr Abstand ich habe, desto klarer sehe ich alles. Auch was Metin unterließ. Aber ich habe ihn vor lauter Liebe immer in Schutz genommen und fühlte mich verantwortlich. Ich hoffe, das war mein letzter Rückfall. Nach einigen ruhigen Tagen werde ich mich wieder ins Leben stürzen. Weißt du, was das Schlimmste ist? Dass M. mein Traummann war. Er hat alles für mich Wichtige vereint, liebte Wasser und Natur, war gütig, lieb, bodenständig, hatte eine ruhige Ausstrahlung, sieht gut aus, ist sexy. Ich war das Wichtigste für ihn. Nie wieder unsere schönen Bootstouren, nie wieder unsere Picknicks am Strand, nie wieder unsere Gespräche und diese seelische Verbundenheit. In der einen oder anderen Sache ist ein Mensch zu ersetzen, aber in allem? Kommt Zeit, kommt neuer Mann, der andere Vorzüge hat und den ich genau deswegen liebe. Ich konzentriere mich jetzt auf die Segler. Traf neulich einen Netten, der gerade zu einer zweijährigen Weltumsegelung aufbricht. Sehr schade.

Eben rief Marlene an und erzählte von einem Event, auf dem sie gestern war ... Hoffentlich bin ich, wenn ich alt bin und ohne Partner dastehe, auch so drauf ..."

Michaela antwortete: „Toll, wie schön du von ihm schreibst. Wer kann das schon von sich behaupten. Und das macht die ganze Sache offenbar so schwierig. Ich weiß, was du meinst. Aber im Nachhinein neigt man ja eher dazu, nur die schönen Dinge in Erinnerung zu behalten. Eine Freundin sagte zu mir mal: Wo siehst du dich mit diesem Mann in zehn Jahren? Wie entwickelt ihr euch gemeinsam weiter? Siehst du da Defizite? Vielleicht hilft es auch, wenn du versuchst, die Sachen, die dich genervt haben, in den Vordergrund zu stellen."

Ich schrieb: „Du hast recht. Da finde ich schon etwas ... Aber man lernt damit umzugehen bzw. die Dinge zu ignorieren. Das kennst du ja. Ich bin halt Realist. Und für mich zählt in erster Linie das Menschliche, und da war er unübertroffen. Bis jetzt jedenfalls. Aber andere Männer sind auch lieb, und wenn ein Mann eine Frau liebt, tut er eh fast alles für sie. Nach dieser hoffentlich letzten Krise werde ich wieder nur nach vorn schauen und bin auch froh, dass ich keine Zwänge mehr und meine Freiheit habe. Ich kann tun und lassen, was ich will. Das ist auch toll."

Der Kontakt von Parship, der mir neulich verbal zu forsch war, baggerte weiter. Das musste belohnt werden. Wir trafen uns an einem Platz, der nur 10 Minuten zu Fuß von mir entfernt war. Es war ein netter Abend bei einem Glas Wein, aber er war äußerlich überhaupt nicht mein Typ. Auf dem Heimweg dachte ich: Eine Sommerliebe wäre schön.

8. Juni

Es war ein Freitag, der Tag nach Fronleichnam, und ich hatte einen Brückentag genommen. Es war sehr heiß, und ich wollte mir mit Katja und Vanessa einen schönen Tag machen. Katja wollte sich wieder mit ihrem Exfreund einlassen. Sie ist der Typ Frau, der nicht allein sein kann, und irgendwie schaffte sie es auch immer spätestens nach zwei Wochen des Singleseins, wieder einen neuen Freund zu haben. Spätestens nach dem zweiten Date war sie mit einem Mann wieder fest zusammen, was nicht bedeutete, dass sie beide auch zusammenpassten und sie glücklich war. Vanessa hatte auch noch am Verlust ihres Exfreundes zu knabbern. Sie war blond und bildhübsch und hatte einige Verehrer, aber der Richtige war noch nicht dabei. Sie sagte zu mir:

„Es ist der Sommer. Man will nicht allein sein. Gerade im Sommer erinnert man sich an Dinge, die man zusammen erlebt hat."

Viele Gemeinsamkeiten hatten Metin und ich nicht. Wir hatten keine gemeinsamen Hobbys, was auch daran lag, dass er die Hobbys, die er in der Türkei gehabt hatte, in Deutschland nicht fortführen wollte. Er machte nicht gern Sport, und ich musste ihn selbst zum Schwimmen und Radfahren überreden. Für Kultur war er gar nicht zu haben. Ich erinnerte mich an die Fußball-Weltmeisterschaft vor einem Jahr. Es war so heiß, und wir lagen mit Schnittchen und Becks Gold auf dem Bett und wedelten mit Deutschland-Fähnchen. Das war eine schöne Erinnerung.

Wir verbrachten einen sehr schönen Tag zu dritt, fuhren mit den Rädern zu einem See, gingen schwimmen und tauschten uns auch – Gott sei Dank – über andere Dinge als Männer aus.

Nachts träumte ich von Metin, wie so oft. Es war ein bizarrer Traum: Er baute irgendein technisches Gerät ab. Wir sahen uns lange nicht und redeten kein Wort. Dann hatte er ein Handtuch um den Kopf gebunden und sah damit sehr sexy aus. Ich sah auch seine Oberarmmuskeln. Beim Aufwachen ging es mir nicht gut. Ich sollte nicht mehr so viel über ihn reden, dann würde ich auch nicht mehr so viel von ihm träumen.

9. Juni

Kristin gab eine Sommerparty. Es war ein wunderschöner lauer Sommerabend, und das Bufett war voller leckerer Delikatessen. Die meisten Freunde von ihr wussten, dass ich solo war und fragten nach Metin. Sie mochten ihn alle und waren überrascht, dass er mich verlassen hatte.

Eine Bekannte schimpfte: „Was? Spinnt der? Dem werde ich was erzählen, wenn ich den noch mal sehe. Ihr habt so gut zusammengepasst. Ihr wart so ein tolles Paar. Will er jetzt hier allein zurechtkommen, oder wie?"

Ihr Freund meinte: „Das wird bei dir schnell gehen, dass du jemanden findest. Da bin ich sicher."

10. Juni

Ich fühlte mich wie nach einer ausgiebigen Party, nämlich mit einem etwas schweren Kopf und unfähig, klare Gedanken zu fassen, aber guter Grundstimmung. Am Nachmittag raffte ich mich zu einer Radtour durch den etwas kühleren Grunewald auf und ging schwimmen. Ein ebenfalls schöner, entspannter Tag!

12. Juni

Anita fragte mich, ob ich schon geschieden wäre. Ich bekam einen Adrenalinstoß und erzählte ihr von der Scheidung, die nun schon zweieinhalb Monate zurücklag. Ich hatte meinen Kolleginnen und Kollegen noch nichts erzählt. Die Büroatmosphäre hinderte mich daran, zu emotional zu werden, und ich sah mich beim Erzählen selbst in der dritten Person und so, als hätte ich schon losgelassen.

Zu Hause lag Post vom Rechtsanwalt: Das rechtskräftige Urteil vom 8. Mai. Seitdem waren sechseinhalb Wochen vergangen. Ich trank vor dem Spiegel auf nüchternen Magen ein Glas Sekt und prostete mir zu. Ich brutzelte mir ein Abendessen und trank noch ein Glas Sekt, das mir sofort in den Kopf stieg. Ich fühlte mich elend und allein und weinte. Ich vermisste Richard. Dann dachte ich an ihn und sie. Nach dem Abendessen machte ich etwas Gymnastik und duschte. Danach ging es mir besser, und ich war wieder nüchtern.

Ich konnte nichts forcieren. Alles würde von allein kommen, was kommen sollte. Vor dem Schlafengehen las ich noch eine Kontaktanfrage eines potenziellen Partners und war froh darüber.

14. Juni

Die Tage waren immer heiß, schon morgens. Ich radelte wie immer morgens ins Büro durch die City und durch einige Parks, was ich genoss. Ich hatte meine Suggestionen geändert: „Ich verändere mich. Ich bin reich. Ich habe das Allerbeste."

Von einem Date erhielt ich eine SMS: „Lass dich nicht unterkriegen." Wie nett!

Ich war wieder über den Berg und konnte an Metin wieder mit mehr Abstand denken. Nach jedem überstandenen Tief hatte ich mehr Abstand. An diesem Punkt war ich schon einmal angelangt, dennoch fühlte ich mich noch freier als nach dem vorherigen Tief. Das tat so gut. Ich dachte all' die Gedanken, die ich schon tausendmal dachte, wenn es mir besser ging: dass er einen Fehler gemacht hatte und dass er es früher oder später bereuen würde.

Abends ging ich mit meinen Kollegen essen. Es war unser „Sommerfest". Wir gingen in ein vermeintlich gutes Restaurant in Berlin Mitte, in dem das Essen leider gar nicht so gut war, wie angenommen, dafür aber sehr teuer. Der Abend war aber sehr schön und lustig, und ich hatte meine Kolleginnen und Kollegen richtig lieb.

15. Juni

Genau vor einem Jahr waren wir beide beim Scheidungsanwalt gewesen. Damals wollte Metin schon die Trennung, während sie für mich noch in weiter Ferne lag. Zur Feier des Tages war ich mit Verena nach dem Büro zum Essen verabredet. Als sie mich sah, rief sie: „Du siehst ja blendend aus! Wenn es dir nur halb so gut geht, wie du aussiehst! Du bist jetzt allen Ballast los." Sie war immer positiv und konnte nie verstehen, dass man Kummer hatte oder litt.

„Was – ihr habt keinen Kontakt mehr? Ich habe alle meine Männer verlassen und sie nach zwei Monaten wieder angerufen."

„Ich habe keine Veranlassung, ihn anzurufen, nachdem er mich verlassen hat, die Scheidung wollte, sich wie ein Tier benahm und eine Neue hat."

„Ich hatte gedacht, dass er dich anruft."

„Du kennst Metin nicht. Er ruft mich nicht mehr an."

Die Gespräche mit Verena waren immer direkt, klar, unemotional, auf den Punkt gebracht und oft sehr lustig. Sie hatte ein breites Repertoire an Männerbekanntschaften gehabt und wusste von fast jedem etwas Skurriles zu erzählen. Sie litt nie, fragte nicht viel und machte, was sie wollte. Sie war schon seit vielen Jahren die Geliebte eines Mannes, der zwanzig Jahre älter war als sie, war nie eifersüchtig auf die Ehefrau und genoss beides: den Mann und ihre Freiheit.

Ich musste mir eine Scheibe abschneiden und beginnen, meine Freiheit innerlich mehr zu genießen, statt sie mit immer wiederkehrenden Gedanken über meinen Ex zu belasten. Vielleicht hätte ich bald wieder einen neuen Partner und bedauerte dann, sie nicht richtig genossen zu haben. Aber ich hatte alle Zeit der Welt. Ich konnte mich amüsieren, Dates haben, lachen und alles tun, ohne einen festen Partner haben zu müssen. Er würde eines Tages von allein kommen. Die Dinge würden passieren, wenn es soweit war.

16. Juni

Ich hatte acht Stunden gefühlt sehr gut geschlafen und die ganze Nacht von Wohnungen geträumt, die ich mir anschaute. Es regnete stark an diesem Samstagmorgen. Ich verspürte nach dem Aufwachen eine tiefe innere Ruhe, was bedeutete, dass ich mit mir zufrieden war. Ich verspürte weder Hektik noch irgendeinen Aktivitätszwang. Zweifellos hatte der ausgesprochen schöne Abend mit Verena dazu beigetragen. Es war ein sehr wichtiger Abend gewesen. Jeder Tag mit allen Erlebnissen, die ich hatte, war ein wichtiger Tag. Alles brauchte seine Zeit! In schlechten Zeiten durchlebt man die Tage viel intensiver, als wenn es einem gut geht.

Ich konnte mir sogar vorstellen, ihn zu treffen, anzulachen und mit ihm zu plaudern, so wie mit einem Bekannten. So, als ob es nie eine Liebe gegeben hätte. Ich konnte es mir vorstellen, weil ich mich innerlich zufrieden fühlte. Eines Tages würden all die Schmerzen und Tränen keine Rolle mehr spielen. Alles braucht seine Zeit. Es wäre lange her, und ich könnte mich nicht mehr so gut daran erinnern.

Ich hatte ein Wochenende ohne Pläne vor mir. Ich hatte keine Verabredungen und konnte mich treiben lassen. Ich musste mich auch ausruhen, da ich merkte, dass die vielen Überstunden, die ich seit einigen Wochen machte, ihren Tribut forderten. Ich fühlte auch eine gewisse mentale Erschöpfung. Die innere Zufriedenheit hielt genau bis zum frühen Nachmittag. Bis dahin war ich beschäftigt mit Aufräumen, Putzen, meiner Wäsche und Einkaufen. Dann setzte ich mich mit dem Immobilienteil der Zeitung an meinen Schreibtisch. Draußen begann es wieder zu regnen. Mir fiel unsere ehemalige schöne Wohnung ein. Dann fiel mir ein, dass ich geschieden war, und die Tränen kamen. Dann vermisste ich Richard, der mir gut zugeredet hätte. Ich wollte nicht weiterhin den Tag zu Hause verbringen, und nachdem ich einige Besichtigungstermine vereinbart hatte, fuhr ich spontan nach Potsdam, spazierte durch die Innenstadt und fuhr anschließend um den Templiner See und Schwielowsee herum. Der Ausflug gab mir meine Ruhe und mehr Kraft zurück.

18. Juni

Den Rest des Wochenendes hatte ich mit etwas Gartenarbeit, Wohnungsbesichtigungen und einem spontanen Treffen mit Kristin verbracht. Alles in allem war ich heute erholt ins Büro gefahren. Am Nachmittag telefonierte ich mit meiner Bausparkasse, um mich nach dem Kreditbetrag zu erkundigen, den ich aufnehmen könnte für eine Eigentumswohnung. Als mir die Summe genannt wurde, war ich konsterniert – ich hatte mit einer höheren gerechnet. Ich dachte an einige Freundinnen, die nach ihrer Scheidung eine Auszahlung sowie Unterhalt ihrer Exmänner erhalten hatten und sich davon eine Wohnung oder sogar ein Haus leisten konnten. Ich war nicht neidisch, aber empfand die Welt in diesen Minuten als ungerecht.

20. Juni

Nach dem Büro radelte ich zu Anna, die einen Flammkuchen vorbereitet hatte, der im Ofen brutzelte. Dazu tranken wir einen von mir mitgebrachten Weißwein aus Sardinien – die Weine von dieser Insel schmecken mir besonders gut. Wir unterhielten uns zunächst über ihre Beziehung, die auf dem Weg der Besserung war, dann kamen wir zu mir. Sie fand es völlig daneben, was Metin mir an unserem Scheidungstag noch mit auf den Weg gegeben hatte. Und Verena hatte recht: dass er sich danach nicht gemeldet hatte, war auch unterirdisch. Wenigstens ein „Hallo, wie geht's" hätte ich erwartet. Obwohl ich wusste, dass ich keine Erwartungen haben durfte, schon gar nicht die eines weiteren Kontaktes seinerseits, hatte ich darauf gewartet. Beim Aussprechen dieser Worte wurde mir bewusst, dass ich auf nichts mehr warten sollte, denn das würde meinen Weg zu einem vollständigen Abschluss verlängern. Wir hatten gegenseitig einfach überhaupt nichts mehr zu erwarten.

21. Juni

Sommeranfang und weiterhin Regen. Nach dem Büro fuhr ich nach Hause und legte mich aufs Bett. Die Selbstverordnung nach mehr Ruhe trug Früchte: Ich konnte insgesamt wieder besser allein sein. Als ich es bemerkte, machte mich das sehr zufrieden. Es war ein gutes Gefühl. Jeder Tag brachte mich ein Stück weiter von ihm weg und hin zu mir. Den Rest des Abends verbrachte ich im Internet mit der Wohnungssuche und mit dem Lesen und Beantworten meiner Kontakte auf der Partnerplattform.

22. Juni

Ich bemerkte Überarbeitungssymptome aufgrund der täglichen Überstunden und des Zeitdrucks, unter dem ich arbeitete. Ich fühlte mich gestresst und genervt und verließ das Büro an diesem Freitag sehr müde. Ich belohnte mich für die anstrengende Woche mit einem kleinen Einkaufsbummel und kaufte mir eine goldene Halskette mit passenden Ohrringen und je ein Geschenk für meinen Onkel und Cousin, der, wenn er zu uns kam, weiterhin geduldig im Souterrain des Hauses wohnte, während ich weiterhin sein Zimmer belagerte. Auf dem Nachhauseweg telefonierte ich kurz mit Richard, der ebenfalls müde war. Ich war ruhebedürftig und zu müde, um mir ein Abendessen zu machen. Stattdessen trank ich zwei Martini, die mir sofort in den Kopf stiegen. Wehmut ereilte mich, und mit ihr ein paar Tränen, aber sie waren gewollt und taten nicht weh. Es war ein Mix aus Erschöpfung und Dankbarkeit. Ich ging in mein Zimmer, legte mich aufs Bett und hörte leise Musik, bis ich dabei einschlief.

23. Juni

Ich machte meinen Lebensmitteleinkauf nach langer Zeit wieder einmal bei Lidl. Ich hatte Lidl seit Monaten gemieden, da ich dort meistens mit Metin gemeinsam den Einkauf gemacht hatte. Auf dem Rückweg packte mich die Wut, dieses Mal hätte ich vor Wut heulen können. Wenn wir ein Team gewesen wären, könnten wir jetzt in einem schönen Haus wohnen. Aber den Weg dorthin hätte ich allein bewerkstelligen müssen. Metin hätte lieber ein Grundstück in der Türkei auf einem Acker gekauft, um es zu erschließen und seinen Bruder dort wohnen zu lassen. Er hätte hier gern ein teures Auto gekauft, um damit in die Türkei zu fahren und dort die Nachbarn zu beeindrucken. Ich dachte: Was für eine falsche Welt. Wieder und wieder musste ich daran denken, dass ich Dinge wie Flüge zu seiner Familie, seine Kleidung und anderes bezahlt hatte, während er sein Geld für einen Kredit, Zigaretten und zwei Mobilverträge ausgab. Letztendlich war alles umsonst gewesen.

25. Juni

Ich traf mich mit drei Männern, die in Trennung lebten und die Scheidung noch vor sich hatten. Einer von ihnen war Rechtsanwalt, die anderen beiden arbeiteten in der Immobilienbranche. Zwei von ihnen waren vierundzwanzig Jahre mit ihrer Noch-Ehefrau zusammen gewesen. Ich hörte ihnen stundenlang zu, wenn sie ununterbrochen von ihrer Arbeit, ihren Hobbys und davon erzählten, wie sie ihre Frauen betrogen hatten, Letzteres auf meine Nachfrage hin. Was mich aber faszinierte, waren ihre Erzählungen über ihre Unterhaltszahlungen an ihre Frauen und Kinder. Diese Frauen hatten in meinen Augen ausgesorgt, so viel Trennungsunterhalt und monatliche Unterhaltszahlungen erhielten sie. Sie waren, teilweise mit den Kindern, entweder im gemeinsamen Haus wohnen geblieben, oder sie waren zurzeit auf der Suche nach einer Eigentumswohnung. Ich hatte mehr und mehr das Gefühl, etwas falsch gemacht zu haben. Abends saß ich am PC und löschte sämtliche Dokumente, die mich an Metin erinnerten, wie zum Beispiel unsere Hochzeitsrede, die ich gehalten hatte, Fotos und anderes.

26. Juni

Richard war wieder in der Stadt, und wir trafen uns zum Abendessen in einem spanischen Restaurant. Ich wäre lieber zu Hause geblieben, um die letzten Tage zu verarbeiten. Wir umarmten uns ohne eine Gefühlsregung meinerseits, während er etwas aufgeregt war. Ich erzählte ihm von meinen Dates und den Erzählungen der Männer, wozu er nicht viel sagen konnte. Meine Grundstimmung war Frustration, und ich haderte mit meinem Schicksal, war aber sehr froh darüber, auf einem Ehevertrag bestanden zu haben und finanziell gut aus der Ehe herausgekommen zu sein. Es hätte schlimmer für mich kommen können, nämlich, dass er von meiner späteren Rente einen Teil bekommen würde, was wir ehevertraglich ausgeschlossen hatten.

28. Juni

Mittlerweile arbeitete ich seit vier Wochen zu viel und zu lange und stand permanent unter Zeitdruck. Ich hatte Stresssymptome wie eine verspannte Brustwirbelsäule, Kurzatmigkeit, Pickel und ein dauerhaft angespanntes Gesicht. Nach dem Büro hetzte ich zur U-Bahn, da zwei Wohnungsbesichtigungen anstanden. Alle Wohnungen, die ich anschaute, waren in der Nähe meines jetzigen Domizils. Ich hatte mich an diese Gegend gewöhnt, darüber hinaus war weder die City noch das Grüne weit. Eine der Wohnungen gefiel mir schon beim Hereinkommen. Ich war die

Einzige, bekundete Interesse und füllte einen Bogen aus. Danach lief ich heim. Ich war so angestrengt und müde, dass ich keinen klaren Gedanken mehr fassen konnte. Darüber hinaus trugen eine für diese Jahreszeit ungewöhnliche Kälte und Dauerregen nicht zu guter Stimmung bei. Ich ging sofort ins Bett. Mein letzter Gedanke galt ihm, aber ich war zu müde zu irgendeiner Gefühlsregung.

29. Juni

Ich fühlte mich total kaputt und hatte starke Rückenschmerzen. Im Büro machte ich tausend Kleinigkeiten, die nicht viel Zeit beanspruchten, während ich zeitintensive Arbeiten liegen ließ. So hatte ich das Gefühl, etwas zu schaffen.

Victor schickte eine SMS. Ich rief ihn an. Er hatte schon sehr viele Freundinnen gehabt, war kinderlos und gegen eine Ehe. Als Argument führte er immer Scheidungsstatistiken an: „In Deutschland geht jede dritte Ehe in die Brüche." Er redete zehn Minuten ununterbrochen: „Nach einem Jahr merke ich bei Freunden, die eine böse Trennung hinter sich hatten, dass sie wieder gut drauf sind. Du klingst auch schon viel besser. Egal ob man selber geht oder verlassen wird, der neue Partner ist immer anders. Putzt sich anders die Zähne, man weiß nicht, was kommt, denkt an den anderen zurück ..."

Nach seinem Redeschwall unterbrach ich ihn und beendete das Gespräch. Ich musste dringend eine Runde weinen.

Der Vermieter der schönen Wohnung rief an: Ich könnte sie mieten! Ich sagte zu, und wir vereinbarten einen Termin.

Mein Onkel hatte für den Abend die Familie und viele Freunde zu einem bayerischen Sommerfest eingeladen. Wie immer half ich sehr gern bei den vielen Vorbereitungen. Das Wetter war weiterhin zu kühl und regnerisch, und wir trugen in letzter Minute die ursprünglich auf der Terrasse aufgestellten Bierzeltgarnituren hinein ins Wohnzimmer. Besonders freute ich mich darauf, einen meiner Cousins wiederzusehen, den ich nur selten sah. Wir saßen auf der Eingangstreppe und rauchten ein paar Zigaretten. Ich rauchte mittlerweile nicht mehr, aber mit ihm war es sehr gemütlich, zu rauchen. Es war ein ausgelassenes Fest, und ich fühlte mich zum ersten Mal während einer Feier nicht mehr allein. Ich dachte keine einzige Sekunde an Metin, sondern amüsierte mich durchgehend.

30. Juni

Ich freute mich auf meine neue Wohnung und richtete sie schon im Geiste ein, während wir mit den Aufräumarbeiten des Festes beschäftigt waren. Danach aßen wir die Reste des Festes und tranken dazu kühles bayerisches Bier.

Am frühen Nachmittag machte ich mich fertig, da Anita und ihr Mann zu einer Housewarming-Party eingeladen hatten. Der Weg dorthin führte mich an der Autobahnabfahrt vorbei, die zu Metin führte. Ich dachte daran, ihn versehentlich einmal zu treffen, und mein Magen krampfte sich zusammen, und mir wurde leicht übel. Ich war wieder einmal der einzige Single inmitten vieler Paare mit mindestens doppelt so vielen Kindern, was kein schönes Gefühl war. Außer einem Paar kannte ich niemanden von den anderen Gästen, die alle sehr locker und kommunikativ waren. Ich versuchte hier und da ein Gespräch zu führen, ließ mich von Anita durch das neue Haus und den Garten führen und freute mich mit ihr. Auf dem Rückweg fuhr ich lieber eine andere Strecke.

1. Juli

Ich verbrachte den Sonntag wieder allein, um mich zu erholen. Mittags fuhr ich per Rad zu einer Wohnungsbesichtigung nach Tegel in der Nähe unserer ehemaligen Wohnung. Sie war sehr gut geschnitten, hatte einen Balkon mit Blick auf das Wasser, und ich könnte einen Bootssteg dazu mieten. Nach der Besichtigung lief ich zur Havel, setzte mich auf eine Bank, schaute auf das Wasser und die vielen Boote und ließ die Wohnung und die Umgebung auf mich wirken. Hier hatte ich sechs Jahre mit ihm gelebt und war oft an dieser Stelle gewesen. Wie lange es her war! Ich hatte keine Gefühlsregung in mir. Es waren neun Monate vergangen seit seinem Auszug und sechs Monate seit meinem Auszug, gefühlsmäßig hätten es in diesem Moment auch sechs Jahre sein können. Ich radelte an der Havel entlang und dann zurück nach Hause. Auf dem Weg kam mir ein kleiner weißer Lastwagen mit türkischer Aufschrift entgegen. Mein Atem ging leicht schneller. Ich schaute ins Auto hinein: Ich konnte den Fahrer nicht erkennen, aber es hätte durchaus Metins Unterarm sein können, der aus dem Fenster lehnte.

Tatjana und mein Onkel hatten drei Freunde aus Schweden eingeladen. Sie saßen zu fünft auf der Terrasse bei griechischen Köstlichkeiten. Tatjana berichtete von gemeinsamen lustigen Erlebnissen mit meinem Onkel. Zu zweit ist es schöner, man freut sich gemeinsam und schaut auf eine gemeinsame Zeit zurück, dachte ich.

Ich telefonierte mit Susanne und berichtete ihr von der heutigen Besichtigung.

Sie hatte natürlich wieder recht: „Sechs Monate Wegsein ist nicht lange. Pass auf, wenn du in denselben Supermarkt gehst." Ich entschied mich gegen die Wohnung, auch, da ich als Single doch lieber die Nähe zur City brauchte. Obwohl ich eine neue Wohnung hatte, fragte ich mich: Was wäre jetzt am besten für mich? Eine Weile ins Ausland gehen? In eine andere WG ziehen? Noch eine Weile im Haus meines Onkels bleiben? Allein wohnen? Ich wusste es nicht. Immerhin war ich innerlich bereit, wieder allein zu wohnen.

Ich dachte ständig an den Unterarm und bemerkte, dass die Erinnerung an einzelne Begebenheiten oder Szenen mit Metin verblasste, ich vermisste nur noch „die Vision", wie Sally einmal zu Harry sagte im gleichnamigen Film. Ich dachte, dass man – wenn man so etwas durchmacht wie ich – nur mit einem neuen

Partner den alten Partner ganz vergessen könnte. Nur mit der Konzentration auf eine neue Liebe verblasste die alte Liebe ganz. Oder es musste eine lange Zeit vergehen. Ich war zu fünfundsiebzig Prozent bereit, einen neuen Partner zu haben.

5. Juli

Nach dem Aufwachen las ich eine Nachricht von Richard: „Ist es nicht schön, wenn du weißt, dass du so vielen Menschen wichtig bist?" Nach dem Büro fuhr ich in meine neue Wohnung, um den Vertrag mit dem Vermieter zu unterschreiben. Er öffnete mir die Tür, freute sich, und gemeinsam gingen wir noch mal durch alle Räume und nahmen Schönheitsfehler auf, die er vor meinem Einzug noch in Ordnung bringen musste. Ich bekam plötzlich einen Druck auf der Brust und bekam Angst, hier bald allein zu wohnen. Ich sah einige Schönheitsfehler, die ich bei der ersten Besichtigung nicht gesehen hatte. Vor allem der Balkon, der längs an einer Feuerwand „klebte", störte mich. Auch der Blick in den Innenhof gefiel mir nicht und dass die Wohnung im fünften Stock war. Als wir wieder in der Küche ankamen, wo die Vertragsunterlagen lagen, war ich sicher, die Wohnung nicht mieten zu wollen. Ich erklärte ihm, dass ich einige Dinge, die ich bei der Besichtigung übersehen hatte, jetzt als sehr störend empfand, und ebenso erklärte ich ihm meine Situation. Er sagte: „Für Ihr Gefühl kann ich nichts, aber das Parkett können wir noch mal abschleifen." Ich wollte nicht einziehen und entschuldigte mich für meinen Rückzieher. Er blieb freundlich, hatte Verständnis und sicher noch mehrere Bewerber auf seiner Liste. Als ich die Wohnung verließ, war ich erleichtert und wusste, dass es die richtige Entscheidung gewesen war. Es gab noch viele freie Wohnungen in meiner Gegend.

Zum Abendessen war ich mit Victor beim Griechen verabredet. Ich war erleichtert und guter Stimmung, er war es sowieso. Er bot sich an, zukünftig zu den Besichtigungen mitzukommen,

hatte er doch beruflich mit Immobilien und Inneneinrichtungen zu tun gehabt. Er hatte auch Handwerker an der Hand, die mir eventuelle Veränderungen in einer Wohnung günstig bauen konnten. Es war ein richtig schöner Abend. Als wir das Thema Metin abgehakt hatten, sagte ich:
„Ich bin sicher, dass er mich auch manchmal vermisst."
„Natürlich vermisst er dich. Er wird dich auf jeden Fall wieder anrufen."

8. Juli

Vormittags machte ich mich auf Richtung Hamburg. An diesem Wochenende traf ich mich mit meiner Karibik-Crew. Wir hatten Kontakt gehalten und freuten uns alle riesig über das Wiedersehen bei Timo im Haus, der am Samstagabend den Grill für uns anschmiss. Wir waren vorher gemeinsam einkaufen gegangen und alle mit den Vorbereitungen beschäftigt, so wie auf der Jacht. Jeder erzählte, was bei ihm in der Zwischenzeit passiert war. Nach dem Grillen fing es zu regnen an, und wir lümmelten uns im Wohnzimmer auf den Sitzmöbeln vor dem brennenden Kamin. Es war urgemütlich, und wir klönten bis spät in die Nacht. Am Sonntag mieteten wir uns bei milder Temperatur und Sonne drei Kanus und paddelten auf den Kanälen der Alster. Danach saßen wir am Elbstrand in einer Bar und ließen den Tag ausklingen, bevor sich jeder wieder in sein Auto, in die Bahn oder in den Flieger setzte, um nach Hause zu gelangen. Ich war auf der Rückfahrt bester Laune. Natürlich hatte ich ein paar Sätze über Metin verloren, was ich im Nachhinein als unnötig betrachtete. Ich wollte gar nicht mehr über ihn sprechen, sondern musste die Vergangenheit endgültig begraben. Je weniger ich von ihm sprach, desto weniger dachte ich auch an ihn.

11. Juli

Ich hatte ein dreitägiges anstrengendes Seminar in der Nähe von Frankfurt am Main hinter mir. Ich hatte viel gelernt, viel geredet und wenig geschlafen. Da die drei Tage sehr gehaltvoll waren, hatte der Coach zudem die Idee, zur Auflockerung nach dem Abendessen noch Gruppenspiele zu machen. Keiner durfte sich entziehen. Ich saß völlig erledigt am Flughafen und wartete auf meinen Flieger, als Katja plötzlich auf mich zusteuerte, die ebenfalls in Frankfurt zu tun hatte. Sie tauschte ihren Sitzplatz mit dem meines Nachbarn, sodass wir während des Rückflugs zusammensaßen. Wir waren beide müde und sprachen die ganze Zeit mit geschlossenen Augen. Zwischenzeitlich hatte sie sich von ihrem Freund getrennt, hing aber noch sehr an ihm. Sie hatte sich mit einem anderen Mann eingelassen, der aber ihr Herz nicht erreichte. Ich sagte ihr, dass dies kein Wunder wäre, wenn ihr Herz noch nicht frei wäre. Es wäre auch ein Sechser im Lotto, nach einer langen Liebe gleich wieder einen Partner zu finden, für den dem man dasselbe empfindet.

13. Juli

Im Büro musste ich die drei letzten Tage nachholen und arbeitete ohne Pause. Mittlerweile war ich die sechste Woche im Arbeitsstress. Danach besichtigte ich je eine Wohnung und ging vor Müdigkeit ohne ein Abendessen um 19 bzw. um 20 Uhr ins Bett. Ich war abends so kaputt, dass ich kaum noch denken konnte. Mich interessierte nichts mehr, noch nicht einmal die Wohnungen, die mir beide nicht gefielen. Ich nahm alles nur noch wie unter einer Glocke wahr. Ich dachte bewusst an Metin – selbst er interessierte mich nicht mehr, unsere Ehe erschien mir Lichtjahre her. Mentales und körperliches Ausgezehrtsein hatte auch etwas Gutes.

14. Juli

Ich schlief elf Stunden mit nur einer kurzen Unterbrechung. Nach wochenlangem schlechtem Wetter war es endlich wieder heiß. Ich packte meine Strandtasche und radelte zum Havelstrand, um mich zu erholen. Das Radeln war anstrengend. Ich hatte in den letzten vier Wochen vor lauter Arbeit und Ausgehen nicht viel Sport gemacht, zudem hatte ich mich schlecht ernährt – zu viele Süßigkeiten und zu wenig Obst und Gemüse. Vor allem hatte ich löffelweise Nutella gegessen. Ich sah es meinem Bindegewebe an. Zudem lag ich zwei Kilo über meinem sonstigen Sommergewicht. Um mich herum lagen viele Paare mit und ohne Kinder. Eine Sommerliebe wäre schön, dachte ich wieder. Ich merkte, wie die letzten arbeitsintensiven Wochen und die Wohnungssuche mir zugesetzt hatten. Ich lag viele Stunden im Sand und entspannte. Den Abend verbrachte ich allein auf der Gartenbank und vor dem PC.

15. Juli

Ich radelte wieder durch den Grunewald zum Strand an der Havelchaussee zu meinem Lieblingsplatz und relaxte. Auf dem Nachhauseweg kaufte ich wie so oft am Wegesrand Obst und Gemüse von Brandenburger Bauern. Den Abend verbrachte ich erneut auf der Gartenbank. Ich war zwei Tage fast völlig allein gewesen und hatte Kraft getankt, war aber auch ein wenig sentimental, sodass ein paar Tränen kamen. Ich holte die Flasche Baileys, die ich für meine Scheidung gekauft hatte, und trank sie leer.

16. Juli

Es sollte der heißeste Tag des Jahres werden mit 38 Grad. Verena hatte mir eine Karte geschrieben: „Sieh nie zurück, nur noch nach vorn." Immer und immer wieder las ich die Worte, dann atmete ich tief durch. Ja, das wollte ich tun! Es hörte sich spannend an, und ich hatte alle Zeit der Welt, zu tun, was ich wollte und mit wem ich wollte. Es nervte mich, dass sich die Gedanken an Metin immer noch durch meine Tage zogen. Es nervte mich, dass alles, was ich zurzeit erlebte und tat bzw. tun musste, eine Folge der Trennung war. Mittlerweile waren zehn Monate vergangen seit der Trennung. Obwohl ich immer noch manch traurige Gedanken hatte und manche Träne vergoss, konnte ich sagen, dass ich über den Berg war. Abends saß ich mit meiner Familie im Garten eines italienischen Restaurants. Wir verbrachten einen wunderschönen Abend mit lustigen Gesprächen. Es war unverändert heiß wie am Tag, was ich sehr genoss. Ich spürte die Freiheit in mir und wollte auf keinen Fall mehr in mein altes Leben zurück. Ich spürte ein starkes Glücksgefühl und war sehr zufrieden mit mir und dem, was ich geschafft hatte. Ich hatte es GESCHAFFT! Diesen Tag würde ich als letzten Meilenstein beschreiben!

17. Juli

Ich schaute mir eine Wohnung an, die mir schon beim Betreten gefiel. Sie war hell mit einer weißen Einbauküche, der Flur war lang und breit, das Bad hatte ein Fenster, und es gab einen Südbalkon. Ich war die Einzige, und diese Wohnung wollte ich haben. Ich rief umgehend nach der Besichtigung die Verwaltung an und ließ mir sagen, welche Unterlagen von mir benötigt würden, um mich zu bewerben. Ich war glücklich. Danach rief ich Victor an, der mich spontan zu sich zum Abendessen einlud. Als ich zwanzig Minuten später bei ihm eintraf, gab es warmes Fladenbrot, Kartoffeln mit Quark und einen Salat. Ich liebte diese einfachen Gerichte. Dazu tranken wir eiskalten Prosecco. Ich erzählte ihm von der schönen Wohnung, von meinen Internet-Bekanntschaften und davon, dass ich es „geschafft" hatte. Ich sprach nicht mehr über Metin und wollte ihn nicht mehr in meine Kommunikation einbauen. Es gab viel schönere und wichtigere Themen. Sicher würde ich auch morgen und übermorgen und die nächsten Wochen noch täglich an ihn denken, aber es würde immer seltener werden, und die Wehmut darüber würde auch weniger werden. Ich würde den einen oder anderen Rückfall haben, so wie ich auch heute noch manchmal ein paar Tränen vergieße, wenn ich an meine verstorbenen Großmütter denke. Es war ein ausgesprochen netter Abend, und ich hatte seit gestern das Gefühl, dass nun mein neues freies Leben endlich beginnen würde. Ich hatte Pläne: Ich würde umziehen und eine große Einweihungsparty geben, mich bald wieder mit meiner Karibik-Crew treffen, vielleicht noch einen Urlaub machen, weiterhin das eine oder andere Date haben und wieder eine Leichtigkeit spüren und endlich meine innere Zufriedenheit und Ruhe genießen. Dabei halfen mir meine morgendlichen Suggestionen.

Mir fiel ein, dass ich geschieden war, und ich hatte keinen Adrenalinstoß mehr. Das Wort hatte für mich nicht mehr die negative Bedeutung, die es bis vor Kurzem noch hatte. Es fühlte sich neutraler an, ich hatte es als einen Teil von mir akzeptiert.

Alles fühlte sich gut an. Vielleicht würde ich bis ins hohe Alter traurig sein über diese Scheidung, aber sie war nun einmal passiert. Ich wollte mir den Satz zu Herzen nehmen, den ich neulich gelesen hatte: „Man muss sich verzeihen. Man soll sich niemals wegen einer Sache anklagen. Unsere menschlichen Fehler passieren. Wir können es nicht mehr rückgängig machen. Aber wir müssen uns verzeihen, aufatmen und nach vorn schauen."

20. Juli

Es ging mir gut! Ich hatte mich befreit! Ich baute den Satz „Ich beerdige meine alte Beziehung" in meine Suggestionen ein. Es waren heiße und schwüle Tage, und die Hitze hatte mein Leben im Griff. Ich fühlte mich wieder wie unter einer Glocke und ging nach der Arbeit im See schwimmen. So könnte es immer bleiben. Nach dem Schwimmen legte ich mich auf mein Bett und ruhte aus. Am Abend ging ich mit Lisa und Kristin zu meinem Lieblings-Spanier. Ich lud sie ein, hatten sie mir doch die ganze Zeit über zur Seite gestanden. Kristin brachte mir wunderschöne pinkfarbene Rosen aus ihrem Garten mit. Von Lisa bekam ich ein Büchlein: „Schön dass es dich gibt – Das kleine Buch der Freundschaft". Wir saßen bei warmer Temperatur bis 1.30 Uhr im Freien, und ich genoss die Gespräche, ohne ihn ein einziges Mal zu erwähnen. Während der Heimfahrt mit dem Auto überkam mich ein Gedanke, dem ich nachgehen musste: Ich bog auf die Autobahn ab und fuhr zu ihm. Ich wollte meine Reaktion testen. Ich parkte auf der Rückseite des Hauses. In seinem Schlafzimmer brannte Licht. Als ich es sah, war ich plötzlich total ruhig. Ich zögerte, mich näher heranzuschleichen, denn ich hatte eine weiße Hose an und Angst, von irgendjemandem gesehen zu werden, oder noch schlimmer, gehört zu werden. Ich ging um den Block und schaute nach ihrem Auto – es war nicht da. Entweder er war allein oder nicht. Es interessierte mich nicht mehr, ich hatte keine einzige Empfindung mehr, was mich sehr beruhigte. Ich fuhr entspannt nach Hause und schlief sehr gut.

21. Juli

Es war ein Samstag. Nach dem Aufwachen dachte ich an meinen nächtlichen Ausflug und verspürte wieder nichts. Was für eine Befreiung! Ich war glücklich.

Ein nettes Date hatte sich gemeldet und fragte nach einem heutigen Treffen. Wir hatten schon einige Mails hin- und hergeschrieben, und ich war etwas aufgeregt, ihn zu treffen. Er hieß Ralph, strahlte eine starke Wärme und Ruhe aus, und ich spürte gleich eine gewisse Vertrautheit. Er fühlte sich gleichermaßen zu mir hingezogen. Er stellte mir Fragen und erzählte dann von seinem Leben. Was ich hörte, gefiel mir, denn er hatte einige Jahre im Ausland verbracht. Als wir uns verabschiedeten, stand fest, dass wir uns beide wiedersehen wollten.

Danach wollte ich zu Patrizia fahren, um in ihren Pool zu springen und mit den Kindern zu spielen, aber es war schon zu spät, sodass ich heimfuhr. Dort war ich wieder allein, machte mir ein kleines Abendessen und wusste zum ersten Mal nach längerer Zeit nichts mit mir anzufangen. Eine gute Gelegenheit, um früh schlafen zu gehen.

22. Juli

Ich schlief bis mittags. Als ich mein Handy anschaltete, hatte ich schon einen Anruf von Ralph. Ich war aufgeregt und rief zurück. Es freute mich, zu bemerken, dass ich wegen eines neuen Mannes Herzklopfen hatte. Wir verabredeten uns zum erneuten Spaziergang im Grunewald, dieses Mal mit seinem sechs Monate alten Hund. Der Hund war natürlich sehr verspielt und wollte umhertollen, deshalb hatten wir keine Ruhe, uns zu unterhalten. Wir konnten nicht mehr als fünf Sätze am Stück sprechen, dann musste er sich um seinen Hund kümmern. Das war mir nicht unrecht, denn ich hatte starkes Herzklopfen und brachte nur wenige intelligente und längere Sätze hervor. Nach dem Spaziergang gingen wir kurz einen Kaffee trinken. Die Vertrautheit von gestern war nicht mehr da, aber wir wollten uns ein drittes Mal auf eine etwas romantischere Weise treffen. Ich schlug ein Picknick vor oder einen Besuch des Reichstags am Abend, um von der Besucherterrasse aus den Sonnenuntergang zu sehen.

Später rief mich Dina an. Sie war wieder in der Stadt und fragte nach meinem Befinden und ob ich Zeit für ein Treffen hätte. Ich konnte antworten, dass es mir gut geht und dass ich es geschafft hatte. Sie gratulierte mir.

Annette und Michaela wollten sich ebenfalls mit mir in der kommenden Woche treffen.

Victor fragte: „Heute Abend Prosecco bei mir?" Normalerweise hätte ich zugesagt, aber wegen meines heutigen Dates wollte ich keinen anderen Mann sehen. Ich antwortete: „Muss heute Abend bügeln. Nächste Woche zusammen schwimmen? Melde mich." Den ganzen Abend noch dachte ich an Ralph und war aufgeregt. Beim nächsten Date sollten wir uns wenigstens küssen, sonst würde ich platzen.

Ich freute mich auf die nächste Woche, hatte ich doch einige schöne Verabredungen mit meinen Freundinnen, die ich zum Teil länger nicht gesehen hatte – und natürlich mein drittes Date mit Ralph. Dazwischen gab es weiterhin aufmunternde Worte und Nachrichten von Richard. So war immer etwas los. Ich musste nur aufpassen, zwischendurch genug Ruhe zu haben. Im Büro war die hohe Arbeitsintensität Gott sei Dank in ein Sommerloch übergegangen.

Ich freute mich auf alles, was kommen würde. Das Leben war spannend. Es lag an mir, aus allem das Beste herauszuholen.

20. September

Verena schickte mir eine Postkarte. Darauf saß ein in Frauenkleidung angezogenes Skelett auf einer Parkbank, darüber stand:

„Waiting for the perfect man ..."

„Hallo, meine Liebste – ich wollte dir schnell die bittere Wahrheit übermitteln. Herzlichst, deine Verena"

30. September

Vieles war passiert! Leider sah und sprach ich Ralph nie wieder. Er ließ nichts mehr von sich hören. Ich kontaktierte ihn per Mail, und er löschte mich. Ich verstand überhaupt nichts mehr, hatte etwas Kummer und vergaß meinen Ex-Mann in dieser Zeit völlig. Ich konstatierte, dass ich mich wieder verlieben konnte, was schön war. Natürlich hatte ich zu viel Phantasie gehabt und Dinge in diesen Mann hineininterpretiert, die nicht da waren, und natürlich analysierte ich die Situation in den folgenden Tagen mit meinen Freundinnen. Richard tröstete mich mit den Worten: „Männer geben sich einhundertzwanzig Prozent Mühe für die Angebetete. Du hast etwas Exzellentes verdient."

Ich bekam die schöne Wohnung, die zweieinhalb Zimmer und einen Südbalkon hatte, und freute mich sehr. Am 16. August erhielt ich den Schlüssel vom Hausmeister. Sie war renoviert worden und mit neuem Laminat versehen, und eine Putzfirma hatte alles blitzblank geputzt. Meine eingelagerten Möbel ließ ich mir zwei Wochen später anliefern. Die wenigen Teile waren in eineinhalb Stunden ausgeladen und in den drei Zimmern verteilt. Patrizia half mir mit ihrem großen Familienauto, nach und nach die Kisten vom Dachboden meiner Eltern zu holen. Die ersten beiden Septemberwochen hatte ich Urlaub und verbrachte ihn damit, die Möbel an die richtigen Stellen zu rücken und die Kisten auszupacken und dabei nochmals auszumisten. Beim Auspacken der Kisten kamen mir manchmal die Tränen, etwa bei der gemeinsam benutzten Bettwäsche, die dann sofort in die Flohmarktkiste wanderte. Ich mistete noch einmal so viel aus, dass es mir schien, als ob ich fast nichts mehr besaß, was ein schönes Gefühl war. Ich wollte kaum noch etwas haben, das mich an meinen Exmann erinnerte. Als ich mit allem fertig war, saß ich zirka dreißig Minuten regungslos auf meinem Sessel. Es waren keine schönen Minuten, ich fühlte mich einsam, lauschte wieder den Minuten und war mir plötzlich bewusst, dass ich allein lebte und wem ich das zu verdanken hatte. Gott sei Dank klingelte das Telefon. Es war ein netter, gut aussehender Mann, den ich einige Tage zuvor auf der Party eines Hotels getroffen hatte. Wir verabredeten uns noch für denselben Abend, und ich war heilfroh, meine Wohnung wieder verlassen zu können. Die folgenden Tage verbrachte ich viel Zeit in Möbelhäusern, Elektronik- und Baumärkten und machte mir pro Zimmer eine Liste mit Anschaffungen. Mir gefielen viele Möbel, aber ich konnte mich nicht aufraffen, sie auch zu kaufen. Ich fühlte mich leer und wurde fast lethargisch, was in krassem Gegensatz zu meinem unruhigen Gemütszustand der letzten Monate stand. Nach und nach kam ich aber zur Ruhe und konnte sogar länger auf einem Stuhl sitzen. Ich verbrachte viele Abende allein, kam zur Ruhe, fing wieder an zu kochen und dachte nach. Natürlich kamen die alten Gedanken wieder. Ich erinnerte mich daran, wie Metin auszog. Ich verglich meinen Auszug mit seinem und ich hatte die schrecklichen Bilder von ihm und ihr plötzlich wieder nah vor Augen. Ich dachte an seine Wohnung und seine Möbel, und mir fiel unsere alte Wohnung wieder ein, dann fühlte ich mich einsam. Ich hätte viel Geld ausgeben können, um mich neu einzurichten, aber ich war innerlich irgendwie auf dem Sprung, und gleichzeitig lähmte mich eine Lethargie. Meine neue Nachbarin, die mir sofort sympathisch war und mit der ich mich gleich zwei Stunden über Gott und die Welt (und Männer) unterhielt, kannte diesen Zustand, den sie bei ihrem Einzug nach einer Trennung selbst erlebt hatte. Mein Zustand äußerte sich zum Beispiel auch darin, dass nach vier Wochen immer noch keine Lampen von den Decken und keine Bilder an den Wänden hingen. Ich hatte nach zehn Jahren, in denen ich nichts Handwerkliches tat, plötzlich Angst vor der Bohrmaschine, vor Dübeln und elektrischen Leitungen. Einige Dates und Thomas halfen mir dabei. Ich war lustlos, die Wohnung zu verschönern und dort außer zum Aufräumen, Putzen und Kochen zu nichts fähig. Alles zu seiner Zeit!

Als mein Urlaub vorbei war, nahm ich wieder am Leben teil. Nach und nach lud ich meine Freundinnen und Freunde zum Essen ein. Sie waren alle von der Wohnung begeistert und beglückwünschten mich. Es tat mir gut, Gäste zu haben, half es mir doch stark, mich in den neuen vier Wänden wohlzufühlen. Victor war einer der Ersten, die kamen, um mir Tipps zu geben. Ich erzählte ihm von meinem Gemütszustand. Er erzählte von einigen Freunden, die nach einer Trennung ihre komplette Wohnung bzw. ihr komplettes Haus neu eingerichtet und danach gemerkt hatten, dass neue Möbel auch nicht glücklich machen. Abschließend sagte er: „Du bist so ein unsagbar irrsinnig netter lieber Mensch. Der Mann, der dich bekommt kann glücklich sein. Du bist so ein wertvoller Mensch." Es tat so gut, diese wundervollen Worte zu hören.

Ich wollte mir erst einmal ein Klavier kaufen. Das würde mich wirklich glücklich machen. Nach und nach würde der Rest folgen, und auch wieder ein neuer Mann, da war ich sicher. Alles zu seiner Zeit! Bis dahin würde ich noch oft an die Irrsinnigkeit meiner Trennung und Scheidung denken. Ich war nun etwas über ein Jahr getrennt, und es erschien mir wie zehn Jahre und gleichzeitig erst wie zehn Wochen. Die Zeit heilte wirklich alle Wunden. Zunächst war der Schmerz verschwunden, nach und nach auch Trauer und Wehmut. Nach zehneinhalb Monaten hatte ich es geschafft, dass es mir wieder sehr gut ging, und genau nach einem Jahr war ich – trotz gelegentlicher Melancholie – glücklich und dankbar, und in einem besonders schönen lebendigen Moment war ich so großzügig, Metin gedanklich zu wünschen, es möge ihm genauso gut gehen. Ein sicheres Zeichen, dass ich abgeschlossen hatte! Gestern sah ich im Fernsehen einen Bericht über die Südtürkei mit ihren herrlichen Buchten. Er verursachte in mir keine Emotionen, noch nicht einmal mehr Wehmut oder Enttäuschung darüber, dass ich diese Region nie mehr mit Metin sehen könnte. Ich war stolz, diese vier Trennungsphasen in zehneinhalb Monaten durchgestanden zu haben. Ich hatte hart daran gearbeitet.

28. Dezember

Im Fernsehen lief RTL Exclusiv: „2007 war das Jahr der Scheidungsschlachten." Mir flossen wasserfallartig und minutenlang die Tränen.

Mai 2008

Es war ein Mittwoch. Ich schrieb an Michaela: „Ich bin seit Samstag vom Segeltörn zurück. Schloss meine Wohnung auf und fühlte mich einsam nach einer schönen Woche mit den anderen. Es ging mir das ganze Wochenende sehr schlecht. Ich hatte einen furchtbaren Rückfall wg. meines Ex und war zwei Tage nur am Heulen. Seit gestern Abend geht's mir wieder gut. Der Rückfall kam in der Heftigkeit überraschend. Zunächst der Törn, danach auf Sardinien am selben Strand gelegen wie damals mit ihm, dann ‚unser Lied' im Radio gehört ... Dass es mich so erwischte, erschrak mich selbst. Man wird wahrscheinlich immer wieder in bestimmten Situationen traurig sein. Nun ist alles wieder okay, ich habe die Gedanken wieder in die richtige Richtung gelenkt. Mit einem neuen Partner würde das nicht passieren. Ich arbeite dran ..."

März 2010

Ich fuhr mit dem Auto an ihm und ihr vorbei, in einer Gegend, in der ich niemals damit gerechnet hätte, sie zu sehen. Vor ihnen lief ein kleines Kind. Mein Herz pochte wie wild, ich musste einige Hundert Meter weiter anhalten, um mich zu beruhigen, was mir nicht gelang. Es ging mir schlecht. Gott sei Dank hatte ich Anna, Kristin und Katja zum Abendessen eingeladen. Während des Erzählens beim Essen fing ich an zu weinen. Sie waren mir eine große, tröstende Hilfe. Mein zweitgrößter Wunsch seit der Scheidung war es, ihm in die Augen zu sehen und wenigstens belanglose Worte reden zu können.

Juni 2012

Es war ein Donnerstag. Im Büro klingelte mein Telefon. Es war Anita, die mir Metin durchstellen wollte. Ich bekam einen Riesenschreck, und mein Herz pochte wild. Ich sammelte mich etwas, bevor ich seine Stimme hörte. Ich stand unter Schock und konnte es nicht fassen: Er sprach zaghaft und bat um ein Treffen. Ich konnte hören, dass er aufgeregt war. Er sagte, seine Seele würde seit vielen Jahren schmerzen, und er wollte mich um Entschuldigung für alles bitten, was er mir angetan hatte. Wir verabredeten uns für den Freitagnachmittag. Ich war übernervös, ihn nach fünf Jahren und drei Monaten wiederzusehen. Mein zweitgrößter Wunsch war in Erfüllung gegangen. Ich konnte es kaum glauben und kam mir vor wie in einem Film. Er holte mich zu Hause ab, und wir fuhren in einen Biergarten, in dem wir uns viele Stunden unterhielten, erst zögerlich und freundlich, dann wie zwei alte Bekannte. Wir sprachen auch darüber, dass wir uns in den Monaten unserer Trennung vor lauter Kummer und Schmerz oft niveaulos verhalten hatten. Er hatte sie nach einem Jahr geheiratet, als sie schwanger wurde. Sie hatten sich vor einigen Monaten getrennt. Sein Sohn war jetzt knapp fünf Jahre alt. Er schämte sich entsetzlich und bat mich wiederholt um Verzeihung für sein Verhalten. Er sagte, dass er sie nicht einen einzigen Tag geliebt hatte und die ganzen Jahre hindurch viel an mich gedacht und sie sogar einmal mit meinem Namen angesprochen hatte. Zwischendurch weinten wir beide. Ich sagte ihm, dass ich ihm alles verziehen hatte und dass es mir sehr gut ginge als zufriedener Single mit einigen Liebschaften in den letzten Jahren, aber leider keinem festen Partner. Wir sprachen über unsere Familien. Gott sei Dank lebte seine Mutter noch, und ich konnte ihr Grüße ausrichten. Ich war während des ganzen Gesprächs angespannt und glücklich zugleich. Er sah sehr gut aus, wie immer, und gab sich Mühe, mir zu erklären, warum sich die Dinge damals so entwickelt hatten. Als der Biergarten schloss, führten wir das Gespräch auf meinem Sofa fort, bis wir zu müde waren und er sich verabschiedete. Wir umarmten uns lange und fest, und es fühlte sich noch etwas vertraut an.

Ich konnte das ganze Wochenende nicht die Wohnung verlassen, da ich praktisch durchweinte, bis auf die Stunden, in denen ich schlief. Dass mein zweitgrößter Wunsch nach den vielen Jahren in Erfüllung gegangen war, konnte ich nicht fassen: Wir hatten uns in die Augen gesehen und uns ausgesprochen. Und ich war froh, dass seine Mutter noch lebte.

16. Juli 2019

Es war auf den Tag genau zwölf Jahre her, dass ich meine Ehe überwunden hatte. Metin und ich trafen uns nach unserem Wiedersehen jedes Jahr ein- bis zweimal. Am Anfang wollte er mich öfter sehen und rief alle zwei Wochen an, um mich zum Kaffee oder Abendessen einzuladen, was mir zu viel war. Er wollte wieder mit mir zusammen sein. Ich dachte darüber nach: Es wäre einfach gewesen, ihn wieder in mein Leben zu integrieren, aber ein Wiederaufleben der Beziehung kam für mich nicht infrage. Ich war reifer geworden. Ich zog mich etwas zurück, aber er war immer für mich da, wenn ich ihn brauchte, zum Beispiel zum Transportieren von Möbeln oder wenn ich ein Problem mit meinem Auto hatte. Er schämte und entschuldigte sich noch oft für sein damaliges Verhalten, für das er nach eigenen Worten in jeder Hinsicht teuer bezahlt hatte.

Wenn ich an die Trennungszeit zurückdenke, kann ich immer noch nicht glauben, dass wir beide uns so schlecht verhielten, wie wir es taten. Aber letztendlich hatte sich alles zum Guten gekehrt.

„Am Ende wird alles gut. Und wenn es noch nicht gut ist, dann ist es noch nicht das Ende" (Oscar Wilde)

Was mir half, um aus dem tiefen Tal herauszukommen:

- mich nicht gehen lassen
- Vitamin B
- Alkohol und Zigaretten (nur in den ersten Wochen; normalerweise trinke und rauche ich gar nicht, nach einigen Wochen hörte ich damit wieder komplett auf)
- der Umzug in das Haus meines Onkels
- einige Sitzungen in einer Selbsthilfegruppe
- reden, reden, reden mit Freundinnen und Familienangehörigen
- viele Gespräche mit Männern, die ich über eine Zeitungsanzeige gefunden hatte und die in derselben Situation waren wie mein Exmann
- entsprechende Bücher und Internetforen
- dieses Tagebuch schreiben
- ein Gespräch mit meiner Hausärztin
- ein Gespräch mit meinem Urologen
- ein Gespräch mit meinem Gynäkologen
- zwei Gespräche mit einem Geistlichen
- viel Selbstreflektion
- vier Gespräche mit einem Psychotherapeuten
- durch den Schmerz hindurchgehen, ihn nicht verdrängen
- ein Urlaub am anderen Ende der Welt
- ein Wochenende mit einem Mann in einer schönen Stadt
- viel Ausgehen, jede Einladung annehmen, zwischendurch Ruhepausen, um zu mir selbst zu kommen
- Autosuggestion, Formeln
- Visualisierung einer glücklichen Zukunft
- Sport

Bewerten Sie dieses Buch auf unserer Homepage!

www.novumverlag.com

Die Autorin

Beatrice Bellmann wurde 1962 in Berlin geboren. Als Kind verschlang sie Bücher, schrieb Kurzgeschichten und Gedichte. Schreiben zieht sich wie ein roter Faden durch ihr Leben. Ihr ursprünglicher Berufswunsch war es, Journalistin zu werden.
Nach dem Abitur begann sie eine Ausbildung als Wirtschaftskorrespondentin der englischen und französischen Sprache. Seit über 30 Jahren arbeitet sie in internationalen Unternehmen im Vertrieb und Marketing. Kommunikation und Empathie sind hierfür unabdingbar.
Ihr Tagebuch war ein wunderbares Instrument, die Trennung und Scheidung zu verarbeiten und zu analysieren. Das gab ihr die Möglichkeit, wieder zielorientiert in ein Leben voller Leichtigkeit zu schauen.

novum VERLAG FÜR NEUAUTOREN

Der Verlag

> *Wer aufhört*
> *besser zu werden,*
> *hat aufgehört*
> *gut zu sein!*

Basierend auf diesem Motto ist es dem novum Verlag ein Anliegen neue Manuskripte aufzuspüren, zu veröffentlichen und deren Autoren langfristig zu fördern. Mittlerweile gilt der 1997 gegründete und mehrfach prämierte Verlag als Spezialist für Neuautoren in Deutschland, Österreich und der Schweiz.

Für jedes neue Manuskript wird innerhalb weniger Wochen eine kostenfreie, unverbindliche Lektorats-Prüfung erstellt.

Weitere Informationen zum Verlag und seinen Büchern finden Sie im Internet unter:

www.novumverlag.com